鬼谷子大商之道

兰彦岭 著

清华大学出版社
北京

版权所有，侵权必究。举报：010-62782989，beiqinquan@tup.tsinghua.edu.cn。

图书在版编目（CIP）数据

鬼谷子大商之道 / 兰彦岭著 . —北京：清华大学出版社，2021.2（2024.6 重印）
ISBN 978-7-302-55874-3

Ⅰ．①鬼… Ⅱ．①兰… Ⅲ．①《鬼谷子》—应用—企业管理 Ⅳ．① F272

中国版本图书馆 CIP 数据核字（2020）第 110016 号

责任编辑：宋丹青
封面设计：谢元明
责任校对：王荣静
责任印制：沈　露

出版发行：清华大学出版社
网　　址：https://www.tup.com.cn，https://www.wqxuetang.com
地　　址：北京清华大学学研大厦 A 座　　邮　编：100084
社 总 机：010-83470000　　邮　购：010-62786544
投稿与读者服务：010-62776969，c-service@tup.tsinghua.edu.cn
质 量 反 馈：010-62772015，zhiliang@tup.tsinghua.edu.cn

印 装 者：三河市东方印刷有限公司
经　　销：全国新华书店
开　　本：170mm×240mm　　印　张：20.25　　字　数：290 千字
版　　次：2021 年 2 月第 1 版　　印　次：2024 年 6 月第 7 次印刷
定　　价：65.00 元

产品编号：085954-01

序一

茅忠群

我很高兴受兰彦岭院长的邀请,为《鬼谷子大商之道》这本书作序。我这个人不太喜欢写东西,一般写序的邀请我基本都推辞掉了,这次主要是"大商之道"这个主题吸引了我。

事实上,方太自2008年开始全面导入中华优秀传统文化,并以十六字方针"中学明道,西学优术,中西合璧,以道御术"为指引,不断探索把中华优秀文化与西方现代管理进行完美的融合,以形成具有中国特色的中西合璧的文化体系或管理体系,这个过程也是不断探寻大商之道的过程。何谓大商?按照方太文化的理念,大商就是成就伟大企业的企业家。何谓伟大企业?伟大企业不仅是个经济组织,还是一个社会组织。作为经济组织,要满足并创造顾客的合理需求,满足人民对美好生活的向往;而作为社会组织,要积极承担社会责任,不断导人向善,促进人类社会的真善美。换个角度讲,即是要让顾客得安心、员工得成长、社会得正气、经营可持续。所以,大商之道就是成就伟大企业的道路、宗旨和理念。

任何想要成为大商、寻求大商之道的企业家应当首先问自己三个问题:第一,为什么?即我为什么创办企业?我创办企业的目的、意义和价值到底是什么?能够为顾客、为社会、为国家乃至为人类带来怎样的意义和价值?才能无愧于伟大企业;第二,成什么?即我要创办一家怎样的企业,才能称得上伟大企业;第三,信什么?即企业应该拥有怎样的信念信仰,才能与伟大企业相符。对这三个问题的回答,就是企业的使命、愿景和价值观,即企业的

"三观"。方太的最新使命是"为了亿万家庭的幸福";方太的愿景是"成为一家伟大的企业";方太的核心价值观是"人品、企品、产品三品合一"。从企业"三观"就可以看出企业家的追求,看出企业家的格局和境界。大商必然具有相当的格局和境界。企业家想成为大商,就应当首先提升自己的格局和境界。如何提升?身之主宰便是心,应当从中华文化的核心密码"心"上下功夫,即建设心灵品质,开发心灵宝藏。所以,大商要首先建设自己的心灵品质,从而提升自己的格局和境界,再帮助他人建设心灵品质、享受美好生活、实现幸福人生。

以上是我对"大商之道"的一些感悟,供读者参考。本书对于如何探寻"大商之道",如何实现从小商到大商的"蛇龙之化",给出了很多有价值的思考。"求木之长者,必固其根本;欲流之远者,必浚其泉源",作者从大商之道的本源出发,引用了《一代大商孟洛川》当中李士鹏教导孟洛川的大商之道秘传心法:陶朱商经石中玉,鬼谷兵法璧有瑕,大商之道何处寻,半部《论语》治天下;以及孟洛川对大商之道的八字感悟:财自道生,利缘义取。作者以大商修炼十二字诀,结合鬼谷子智慧稍加变化,作为提纲挈领:道与术、常与变、利与害、捭与阖、取与予、方与圆、大商无算,对应本书各个章节,结构清晰,逻辑缜密。全书整体上道术结合,以道御术,旁征博引,娓娓道来,值得一读。

特此作序,与各位读者朋友共飨!

2019 年 10 月

序二

修涞贵
修正集团董事长

中国是一个文化早熟的国家。早在春秋时期，就已形成百家争鸣的局面。老子的道，孔子的仁，商鞅的法，孙子的兵，鬼谷子的"捭阖"……百花齐放，异彩纷呈。以史鉴今，我们早已深知前秦诸子百家代表着中国的顶级智慧。而当今的社会、生活、商业、为人处世等，都能在这些中国顶级智慧中找到灵感和答案。

我所熟悉的兰彦岭先生，多年来致力于弘扬中华传统文化，探究本源大道，并始终着力于实证体道，学以致用。他的呕心之作《鬼谷子大商之道》向我们展示了鬼谷子先生的纵横智慧，古往今来商业奇才的纵横之道；向我们揭示了一个企业在当今多方角逐和多维竞争的业态下，既要讲求规则，又要讲"道"、讲"法"、讲"理"，并在实际经营中，合理运用"权谋"之术。"权谋"是什么？是方法，是手段，是循序渐进的思考、说话、做事、成事。

鬼谷子智慧的核心讲"捭阖"，用"门"的一开一闭，映射人生竞技场上的说话与沉默、出入与进退、收与放、取与舍。万千世界，各行各业，都交织、浓缩着百千种思想、理念、智慧与力量。沉浮其间的我们，95%是基本相似的，差别往往在于那5%。而这5%，就是小商和大商的根本区别。何为大商？就是商者的大境界、大格局、大思想、大智慧、大决心。由此，大商的目标也就不是把企业做大，而是把企业做伟大！为人类社会作出伟大的贡献。我想这5%所包含的基本内容就在于此，我个人所在的修正药业，践行修元正本、造福苍生的理念，追求内圣正己、外王修人的目标，就是区别于95%同业的大商之路，一条永远修德正心、开创无限的修正之路。

商者无疆，但有道，有边界，有所为有所不为。从这个层面上讲，商业活动是一种修炼。一个企业从无到有、从弱到强的发展历程，实则是一个商人从小商到大商、不断提升自己心性的过程，更是一个人学经商之道、学借势之法、学权谋之术而最终走向人生圆融、人性至善的修正之旅。由此而言，我们就大致悟得了鬼谷子所讲的"捭阖"，其实是在讲"心"的"开与合"。

兰彦岭先生青年才俊，才思遄飞，慕名交心久矣。兰先生从传统智慧中汲取智慧营养，而又善于赋予新时代的关联内容。讲究师古不泥，经世致用，可谓是鬼谷子智慧的体悟者、继承者、创新者。我们交其人，读其书，岂不也是在向两千年前的鬼谷子贤圣先师问道参机？善哉！善哉！

《鬼谷子大商之道》此书开启了一扇智慧之门。愿读者开卷有益，启心悟道，纵横天下。

2019年10月30日

自序：观乎人文以化成天下

兰彦岭

今天的中国正以空前的热情拥抱现代社会的工业文明和互联网经济的生活方式，中国正在快速融入世界。伴随着中国与世界的商品交换，各自文明也在不断地碰撞交融。穿西装、吃西餐、过洋节、看好莱坞大片已经成为许多国人生活的一部分。当我们沉浸在现代文明带来的方便和娱乐的同时，我们发现许多现代人尤其是年轻人，对中国优秀的传统文化的认识之肤浅让人惊讶。

改革开放40多年来，中国经济创造了诸多奇迹，在这样的历史巨变过程中，大批优秀的企业和企业家运用西方的管理理论、思想、方法，壮大了企业，成就了事业。但伴随着时间的推移，西方管理学的不足和偏颇也日益明显，而这些不足和偏颇却意外地在中国传统文化之中找到了解决之道。这就迫使我们学习历史和前人的思想，从前人的经验和教训中得到启示。如此，把中国古代治理思想的精髓与现代企业管理的理论和实践融合起来，也就显得十分必要。

事实上，中国历代政治家和思想家为我们留下许多治国之道与管理之道，在今天依然具有很强的现实意义。中国是一个文化早熟的国家。早在春秋战国时期，就形成了"百家争鸣"的局面，从管理哲学上讲，百家之中最主要的是六家，即以老子、庄子为代表的道家，以孔子、孟子为代表的儒家，以鬼谷子为代表的纵横家，以孙武、孙膑为代表的兵家，以墨翟为代表的墨家和以商鞅、韩非为代表的法家。

春秋战国百家的哲学思想中,蕴含着极其丰富的辩证思维方式和治理之道。先秦以降的历代政治家和哲学家、史学家,在他们的著作中,也总结出了丰富多彩的治国之道。例如,黄石公的《素书》,司马迁的《史记》,刘向的《战国策》,班固的《汉书》,陈寿的《三国志》,司马光的《资治通鉴》,唐代史学家吴兢的《贞观政要》,宋代范祖禹的《帝学》,明代张居正的《帝鉴》等,都含有极其丰富的统御之道和管理思维,有待我们进一步研究、挖掘和学习。

在中国源远流长的历史长河中,在体现人类巅峰智慧的诸子百家中,鬼谷子写出了《鬼谷子》一书,对心理学、说服谈判学、领导统御学、决策学和预测学等方面进行论述,成为纵横家的"胜经",孕育出苏秦、张仪、孙膑、庞涓等将相之才,影响和启发了商祖白圭、大商吕不韦、瑞蚨祥创始人孟洛川等。

中国最早将兵家、纵横家智慧应用于商贾经营的是战国时期"善为商贾"的洛阳人白圭。在经营策略上,采取"人弃我取,人取我与"的原则,乐观时变,善于掌握气象规律,把握经营时机,在丰年时大量收储粮食而在歉年出售,从中获取巨大利润。从孙武的为将之道的"智信仁勇严"和鬼谷子的"安徐正静"受到启发,他总结出,一个成功的商人,必须具备"智"(审时度势、灵活应变),"勇"(有胆有识,果敢决断),"仁"(权衡取予,追求平衡),"强"(意志坚定、冷静应对)四种素养。白圭被后世商人尊为商祖。第二次世界大战后,日本企业家大桥武夫写出了《鬼谷子与经营谋略》《千古奇谋三十六计》《用兵法经营》,将中国的兵家、纵横家的竞争思维应用于企业经营管理,形成了兵法经营管理学派。

无论从历史观点还是从现代应用,都证明了中国的"经史子集"中蕴含的智慧,尤其是鬼谷子智慧在应对危机、走出困境方面所体现出的华夏文明和中华智慧。我们完全有理由、有能力运用这些智慧,应对各种危机,使我们的国家、社会、企业直面国际金融危机给我们带来的不利影响,最终走出困境。

在实践层面上,司马迁的《史记·货殖列传》中整理和撰述了计然七策、陶朱公范蠡、子贡、白圭等大商的经营思想。

自明中叶以后,随着资本主义的萌芽,许多知识分子开始从事商业活动,出现了儒商及其帮派,其中最有名的有徽商、晋商、潮汕商等。胡雪岩、乔致庸就是杰出代表。

这些商人在商贾经营中,能够自觉地把中国传统文化的智慧运用于管理,并在实践中提出了新的管理思想。此外,还有明清以来的中华老字号店铺的经营之道,如北京的瑞蚨祥、王致和、同仁堂、全聚德、六必居等。它们之所以能够长久不衰,必有其成功的秘诀,需要我们认真探讨和总结。

改革开放以来,中国也涌现出大批的优秀企业家,如张瑞敏、任正非、曹德旺,还有互联网经济中诞生的商界新秀马云、李彦宏、马化腾、雷军、刘强东,令世界刮目相看。修正药业的修涞贵、方太厨具的茅忠群、美团的王兴、今日头条的张一鸣,亦为业界翘楚,其商道及经营策略,值得学习研究。由此可见,由理论层面和实践层面构成的中国管理思想是极为丰富的。

对于这些管理文化资源,要站在现代管理的高度,对其进行现代转换,注入时代精神,进行新的诠释。如使其成为构建中国管理哲学思想体系的有用资源,意义宏大!

本书就是总结中外企业经营之理,解析大商之道。明了做事成事之法,了悟人生大智慧,从而实现修身、齐家、治企之大愿!我们也开发:"鬼谷子大商之道"的课程,目的是:让草根创业者通过这堂课实现"蛇龙之变",是指功成业就;使成功的企业家达到"僧佛之化",是指境界提升。

习近平主席曾多次提出,要通过学习研究优秀传统文化,吸收前人在修身处事和治国理政等方面的智慧和经验,养浩然正气,塑高尚的人格,不断地提高人文素质和精神的境界。

什么是传统文化?传是传承,统是正统、是系统。文化是什么概念?按照《周易》上的说法"观乎人文以化成天下",文化,就是观察了人间百态,凝聚起来的价值观念,可以化育人心、化身行为的文明。传统文化就是传承数千年来的正统的系统的能够教化人心、指导人们行为的文明。传统文化不是一类知识,而是一种血缘——一个民族代代相传可以辨别出自己的血缘。人只有存在于历史文化传统中,才是一个真正意义上的现代人,它就像是一个基因、一个密码,存在于华夏儿女的血液里。如果您是一位家长,如果您也希望自己的孩子拥有君子之风、过人才智,那就让您的孩子早日接触传统文化;如果您现在已是成人,也没关系,这个密码就存在于我们的血液里。师旷劝学晋平公说:"少而好学,如日出之阳;壮而好学,如日中之光;老而好学,如秉烛之明。"(西汉经学家刘向《说苑》)因此,学习、践行、传承优秀的传统文化是我们这代人义不容辞的责任!

今天,中国在经济方面均取得了举世瞩目的成就,物质文明获得了长足的发展与进步,但我们不能遗忘祖宗遗训、疏离民族之魂,我们要成为一个最有信仰的民族。面对世界,我们响亮地提出"重启国学智慧,重铸信仰国魂"。

《论语·宪问》记载,子路向孔子求教君子之道,孔子给出三个递进关系的答案:修己以敬,修己以安人,修己以安百姓。这也是《大学》讲的是人生追求的三个层次:修身、齐家、治国平天下。我所倡导的:践行社会主义核心价值观、塑造中华传统家道家风、铸就百年基业大商之魂,也是从修身、齐家、治企到担当社会责任三个层级展开讨论。

成就百年基业的不仅是一个企业,更是一种文化的传承。中国的企业家,在借鉴西方管理理念的同时,更当汲取国学之智慧,领悟圣贤之气象,正所谓"良贾何负名臣,大商笑看书生"。前任联合国秘书长潘基文,在就职演说中也引用中国古代哲学家老子的名言"天之道,利而不害;圣人之道,为而不争"。他更强调应将这种不朽的智慧应用到今天的工作中,在百家和鸣的思想中,找到行动上的统一。身处一个拥有五千年文明史的国家,拥有系统、完整和高层次文明的管理思想,无疑能够为当代中国企业的发展提供精神源泉和智力启发。

让史家之明鉴,助您进退有时;儒家之进取,助您自强不息;周易之精微,助您知化通变;兵家之权谋,助您纵横捭阖;禅宗之飘逸,助您超尘脱俗;道家之逍遥,助您心旷神怡;法家之刑名,助您规矩方圆;医家之养生,助您青山常在。

"士不可以不弘毅,任重而道远",我们要学习、践行、弘扬中华优秀传统文化,让信仰回归,让文化传承,百家和鸣,古为今用,让我们光耀国人、辉耀国魂!

2019年12月日于北京兰香书屋

目录

第一部分　为什么中国商人要学大商之道

第一讲　东西方管理文化辨析　　　　　　　　　　　　　　　　/002

第二讲　中国当代大商之品格　　　　　　　　　　　　　　　　/004

第三讲　大商之道的奥秘：无用之用，方为大用　　　　　　　　/005

第四讲　从中华传统经典中学习大商之道　　　　　　　　　　　/008

第五讲　为什么要学习大商之道　　　　　　　　　　　　　　　/014

第六讲　大商必须具备四个条件　　　　　　　　　　　　　　　/016

第二部分　小商到大商，距离有多远

第一讲　何为商人？何为大商名贾　　　　　　　　　　　　　　/020

第二讲　大商气势——籴入惊风雨，粜出泣鬼神　　　　　　　　/027

第三讲　大商思维——井蛙不可语海，夏虫不可语冰　　　　　　/031

第四讲　大商成就——良贾何负名臣，大商笑看书生　　　　　　/035

第五讲　大商之志——欲授之学，先问其志　　　　　　　　　　/037

第六讲　大商之学——草商、儒商、商儒和哲商　　　　　　　　/042

第七讲　大商修炼——十二颗珠子　　　　　　　　　　　　　　/045

第三部分　明析道与术：内圣而外王

第一讲　悟道明道，蛇龙之变　　　　　　　　　　　　　　　　/056

第二讲　道与术的五个层面：道魂法术器　　　　　　　　　　/059

第三讲　大商的自我修炼之道：由妖到仙有多远　　　　　　/063

第四讲　从小商到大商的"六道轮回"　　　　　　　　　　/068

第五讲　商圣之术：三谋三略　　　　　　　　　　　　　　/086

第六讲　大商之道的十个策略　　　　　　　　　　　　　　/094

第七讲　秤里乾坤，大商至诚　　　　　　　　　　　　　　/099

第四部分　洞察常与变：如何获得卓识远见

第一讲　常与变的奥义　　　　　　　　　　　　　　　　　/106

第二讲　顺时趋势——时势不仅造英雄，而且造大商　　　　/107

第三讲　如何把握常与变——远见卓识是这样炼成的　　　　/110

第四讲　敏锐——蜎飞蠕动，存亡枢机　　　　　　　　　　/113

第五讲　情报——买卖赔赚，行情占半　　　　　　　　　　/118

第六讲　超前——人无我有，人有我优　　　　　　　　　　/121

第七讲　求变——变化无穷，各有所归　　　　　　　　　　/124

第八讲　方法——鬼谷量权，审时度势　　　　　　　　　　/129

第九讲　速度——机不可失，时不再来　　　　　　　　　　/132

第五部分　权衡利与害：如何科学决策

第一讲　决策关乎生死——将失一令、兵败身死　　　　　　/138

第二讲　决策人的修炼——鬼谷子帮你由内而外提升决策力　/140

第三讲　如何打造决策团队——360度全方位减少思维死角　/143

第四讲　如何科学决策1——鬼谷子系统化的科学决策流程　/146

第五讲　如何科学决策2——鬼谷子科学决策的基本原则　　/151

第六讲　鬼谷子决策七法　　　　　　　　　　　　　　　　/156

第七讲　理清自己的价值序列，是你做决定的前提　　　　　/162

第六部分　玩转捭与阖：路演智慧

第一讲　好好说话——鬼谷子捭阖之道　/166

第二讲　经商从政的条件——身、言、书、判　/169

第三讲　路演是大商立身御世的必修课　/173

第四讲　言善以始其事，言恶以终其谋——鬼谷子说服法则　/178

第五讲　路演说服心法：攻心为上、谈笑用兵　/181

第六讲　鬼谷子路演说服十六字诀　/182

第七讲　如何把需要变想要——塑造产品价值的九大法则　/183

第八讲　路演的作用——借路演把产品价值表达出来　/187

第九讲　路演的秘诀1——路演销讲的四个流程　/190

第十讲　路演的秘诀2——路演中如何推介项目　/191

第十一讲　路演的秘诀3——如何让项目和理念深入人心　/192

第十二讲　路演营销心理学——从意识催眠到情绪引爆　/194

第十三讲　言有象，事有比——路演魔力是这样炼成的　/197

第十四讲　路演营销的技术——从零开始玩转会议行销　/200

第十五讲　路演登台要诀：稳场、稳神、稳口　/203

第十六讲　路演关键词：活色生香、眉飞色舞、手舞足蹈　/204

第十七讲　路演中如何让别人听你讲　/207

第十八讲　路演要懂的鬼谷子定位学　/207

第七部分　掌握取与予：如何整合天下资源

第一讲　鬼谷子合纵思维与整合之道　/212

第二讲　什么是资源整合——万物不为我所有，但皆可为我所用　/214

第三讲　资源整合原则——互补、相知、共利　/218

第四讲　资源整合之魂——神奇的六句话　/218

第五讲　欲取先予——爱人者人必爱之，利人者人必利之　/219

第六讲	财自道生，利缘义取——给出感情，给出价值	/222
第七讲	精神施与——别说自己一无所有就无法给予	/223
第八讲	如何运用取予之道整合人脉资源	/227
第九讲	如何运用取予之道合伙做大做强	/231
第十讲	如何运用取予之道让客户长久合作	/235
第十一讲	取予整合中必须牢记的戒条	/238

第八部分　活用方与圆：谈判绝学

第一讲	鬼谷子方圆谈判智慧	/244
第二讲	谈判的价值——谈判让一切皆有可能	/245
第三讲	利润靠谈判——谈判谈下的每一分钱，都是净利润	/246
第四讲	双赢谈判——得到自己想要的，并让对方感觉赢了	/248
第五讲	女开发商和钉子户的对决——双赢谈判八大技巧	/252
第六讲	谈判中不可不知的六大要点	/256
第七讲	鬼谷子谈判策略的六个过程	/257
第八讲	谈判中的套路——双簧成交法	/263
第九讲	谈判绝杀技：没学之前真傻瓜，学了以后真恐怖	/264

第九部分　彻悟生与死：否极泰来

第一讲	为什么而活——乔布斯的生死感言	/268
第二讲	每个人都知道自己的起点，但并不知道自己的终点	/270
第三讲	企业生死录——大商由盛转衰的教训	/273
第四讲	自杀重生，他杀死亡——破产演练	/275
第五讲	否极泰来——易经中的大商成败智慧	/279

第十部分　大商无算：格局和境界

第一讲　大商无算，大道无名　　　　　　　　　　　　　　　　/286

第二讲　小商做事，大商做人——不计较才是大境界　　　　　　/289

第三讲　范蠡救子的启示——别让小算计害了你　　　　　　　　/292

第四讲　大商无域——打破地域限制，放眼天下皆生意　　　　　/294

第五讲　大商无界——永远不要"爱"上一个行业　　　　　　　/297

第六讲　回报社会——心怀苍生，大爱无言　　　　　　　　　　/299

后　记　　　　　　　　　　　　　　　　　　　　　　　　　　/303

第一部分

为什么中国商人要学大商之道

第一讲　东西方管理文化辨析

不同的地域决定不同的生产方式,不同的生产方式决定着不同的生活习惯和思维方式,由此形成了不同的文化特征!

中国古代文明是典型的农耕文明。农耕文明的主要资源是土地,人们依赖土地生息繁衍,生于斯长于斯,最终落叶归根,回归大地。围绕土地制造工具,进行劳作,日出而作,日落而息,是自给自足的经济!人们对土地的依赖是无法替代的,追求安全感。这种几千年来的农耕文明,决定了中国人过的是定居的生活,就意味着打交道的大都是亲友、乡邻,是熟人圈子,重感情,讲道义。靠道德约束,用道德教化,所以中国人讲的是一情、二理、三法。

海洋文明的特点表现在思想上是开放性,性格特征上是征服性和冒险性,生活方式上是流浪性和飘荡性。他们追求冒险和创新,混的是生人的世界,所以,不太注重亲情,靠法律约束,注重契约精神。讲的是一法、二理、三情。

中国文化崇尚圣贤,以儒家思想为主流文化,相信人皆可为尧舜,人性本善,以教化为主,重视领导艺术;西方文化崇尚英雄,以基督文明为主流文化,认为人是有原罪的,人性本恶,以管理为主要手段。

什么是西方管理?主要包括四大板块:计划、组织、领导、控制。只有这样管理,才会有高效的业绩。为什么?因为"人之初,性本懒",要有目标和计划,于是就有了具体的执行时间表。过程对了,结果才对,所以要过程管控、绩效考核,以"管"为主要的手段。然而,东方领导是以"道、德、仁、义、礼"为框架,以"内圣外王"的理念,以"引导"为主要手段。它主要是用来解决"为什么要做这个事情"的问题。这是使命、责任和价值观的问题。这是一种深化到内心的动力,会让团队斗志昂扬。

西方企业管理理论讲"企业不赚钱就是犯罪",中国商道讲"君子爱财,取之有道"。西方企业管理理论追求利益最大化,中国商道追求心理和利益的平衡点,以期长远。

如果只有西方目标管理,人会赚钱,但不一定会快乐,这样就变成了赚钱的机器。如果只有东方智慧的宣导,没有具体的管束过程,那么结果也无法掌控。如果把东西方文化结合在一起,会不会更好一些?用西方管理抓团队,业绩辉煌;用东方智慧领人心,斗志昂扬!如此一来,从老板到员工,又赚钱又快乐。鉴于以上观点,我决定开创大商之道课程,决心把东西方文化结合在一起,这就是东西两仪大成智慧。

现代商业社会,企业的管理制度和商业发展形势大多是以西方的思维体系和模式建立的,往往以西方成功的企业运作模式为蓝本,复制或者模仿出企业自身的管理和发展模式。这就导致企业文化的根基虚浮不扎实,遇到问题和瓶颈的时候缺乏破局和创新的能力,一味地仿效只能维持短暂的繁荣,在企业做大、做强、做久的发展过程中终将遇到阻碍。

作为一个拥有五千年文明史的国家,作为一个注重管理,拥有系统、完整和高层次管理思想的文明,无疑能够为当代中国企业的发展提供精神源泉和智力启发,这也正是"国学热"在企业中越来越有市场的主要原因。

从整个文明的发展史来讲,五千年的中国王朝变更发展史就是一部部国家管理史,无数优秀的中华儿女为当代中国留下了丰富的文化遗产。在整个人类文明史上,黄帝是第一个把"天地人和谐"的思想用在国家治理上,这种和谐理念正是当代中国社会提倡和谐急需的精神食粮,也是企业家应该努力践行的管理理念。

很多企业家解决温饱,并且把企业做大、做强之后,在谋求做久的道路上往往受挫,中国有一个家族企业的魔咒叫作"富不过三",即民营企业在发展中往往面临后劲不足、生命力不长久的局面。相比郑州康百万庄园400年的历史,中华人民共和国成立前晋商平均160年的寿命,中国的民营企业显得脆弱而渺小。究其根本是因为很少有企业家用中国传统的思维去挖掘中国管理的思想。

第二讲　中国当代大商之品格

如果用中华文化的标准来衡量,中国当代的大商有张瑞敏、任正非、曹德旺、柳传志、修涞贵、茅忠群等。他们有着共同的品格:沉稳干练、远见卓识、能言善道和博雅通达。

海尔集团创始人张瑞敏,70多岁了,思维依然非常超前。他喜欢并推崇一本书,叫《量子领导者》。对于这本书,他不是随便读读而已,而是真正践行。

什么叫量子领导者？我们知道,以前的管理学是在牛顿力学原理下逐渐完善的理论,可在未来机会不确定、岗位不确定的大变革时代,企业运营必须在岗创业化、公司平台化、人力资源动态化、人人创客化。在岗创业化,鼓励在职创业;公司为什么要转为平台化？因为只有平台才能实现员工在职创业。未来的大公司一定是平台化的公司,为员工搭建平台,为客户搭建平台,为用户搭建平台。人力资源动态化,就是说合适就干,不合适就离开。人人创客化,即每个人都是量子,都是能量球,公司领导的价值就在于把每个人的能量球激发,让每个人在公司创造更大的价值,创造更多的红利。

从全球管理学来看,除了西蒙的"战略管理"、德鲁克的"组织变革"、特劳特的"定位",到现在新提出来一个"量子管理"。全世界第一个践行量子管理的企业就是张瑞敏的海尔。在海尔,每一个员工都是独立的作战单位,每一个部门、每一个事业部都是独立合作的团队,这就叫量子领导者。张瑞敏就是这样一个先知先觉先行者。

作为一名大商,张瑞敏从不懈怠,始终让自己的思想保持最鲜活的状态。他每年都要读上百本书,其中最爱读的三本书是《老子》《论语》和《孙子兵法》。张瑞敏说:"《老子》帮助我确立企业经营发展的大局观,《论语》培育我威武不能屈、贫贱不能移,勇于进取、刚健有为的浩然正气,《孙子兵法》帮助我形成具体的管理方法和企业竞争谋略……"他最大的爱好是研究企业经营哲学,一边丰富自己的理论架构,一边在实践中身体力行。他说:"我在企业里扮演两个角色,一个是设计师,另一个是牧师。"设计师的角色,决定了他要为企业制定发展战略,确保企业朝着正确的方向前行;牧师的角色是布道,注重教化引导的力量。这就是海尔文化。

所以,作为一名商人,拼到最后绝不是刀剑交锋,而是文化的力量。

第三讲　大商之道的奥秘:无用之用,方为大用

作为一名商人,我们为什么要学中国传统文化?这对我们成为大商到底有什么用呢?对于这个问题,我们需要返回儒家和道家的哲学层面来继续解读。

道家经典《道德经》讲的是宇宙观、世界观,《论语》讲的是伦理观、人生观,《孙子兵法》讲的是运筹学。这是三家让我们决胜千里之外的学问。张瑞敏靠着这三本书,打造了世界品牌海尔。他对《道德经》研究颇深,曾写过一段这样的读书笔记——

我对《道德经》中的一句话感触颇深——软弱胜刚强。在旧的版本里面对这句话的评价是消极的。它说明了一种转化的过程,弱可以转强,小可以转大,问题是你怎么来看待。做企业你永远处在弱势,如果能把自己放在一个弱者的位置,你就有目标可以永远前进。

老子曾说过这样一段话,对我影响很大。老子说:"吾有三宝,持而保之,一曰慈,二曰俭,三曰不敢为天下先。"谦卑带来的结果是什么?就是"夫唯不争,故无尤"。正因为与万物无争,所以就不会出现过失与偏差。

正所谓上善如水,水处卑下,善于迂回,知迂回则无损。有一句箴言说得

好:"当我们大为谦卑的时候,便是我们最近于伟大的时候。"海尔集团在自己的经理管理哲学中,就贯彻了这样一条重要原则——处卑下。

你看,深谙老子之道的张瑞敏非常低调,从来不张扬,所以他可以做到基业长青。邓小平老人家运用道家思想,为中国定下发展基调——稳住阵脚,冷眼旁观,韬光养晦,永不争霸。集中精力发展中国经济,才有 2016 年中国国内生产总值占世界份额 14.8% 的惊人成绩,成为全球第二大经济体。如果中国改革开放刚开始,立刻宣扬——我要称霸天下,我要当老大!请问大家,中国还会有这么好的发展环境吗?所以,张瑞敏对《道德经》特别偏爱,并且将它化作海尔集团发展的战略管理哲学。他特别推崇《道德经》的两点内容。

其一,无形的东西比有形的重要,无形是道的灵魂。所以在海尔的管理战略中,海尔人格外看重企业文化、品牌塑造、企业声誉等。

其二,《道德经》的动态辩证观。海尔人强调以变应变、否定自我、追求卓越等根本性理念,都是深深根植于老子的传统智慧的土壤中的。

"苹果教父"乔布斯说:"我愿意把我所有的科技去换取和苏格拉底相处的一个下午。"他为什么要拿自己有用的东西去换无用的事物呢?根本原因就在于他认识到"无用之用,方为大用"的道理。为什么说"有用之用,往往有毒"呢?有些管理教程告诉我们,操作一记下,操作二记下,回去以后就这样做。对吗?每个企业千差万别,怎么能照抄呢?经营公司哪有千篇一律的东西?永远不要学别人的商业模式,适合别人的未必适合你,你要学的是他的商业思维。永远不要学别人的管理模式,你要学的是他的管理哲学。

一个只是为了追求有用而去学习的人,是很难有大的作为的。耶鲁大学校长理查德·莱文曾说:"如果一个学生从耶鲁大学毕业后,居然拥有了某种很专业的知识和技能,这是耶鲁教育最大的失败。"他认为,专业的知识和技能是学生根据自己的意愿,在大学毕业后才需要去学习和掌握的东西,那不是耶鲁大学教育的任务。

他说大学教育的三大目的：一是培养完善的人格；二是培养一个合格的社会公民；三是培养一种卓越的思维。

关于大学第一个教育目的，在目前中国还比较遗憾。大学教育的第二个目的是培养合格的社会公民。什么叫合格的公民？首先你的学历要在平均线以上；其次收入在平均线以上，不能靠社会救济；最后你愿意也能担当起社会责任。大学教育的第三个目的是培养卓越的思维。什么叫教育？就是当你把学校教给你的所有东西忘掉以后，沉淀在你身上的东西，这才是教育的目的。即你的理论建构、见识和思维能力。四书之首《大学》的第一句说："大学之道，在明明德，在亲民，在止于至善。"你看，大学教育的目的就在于教你如何做人。亲民，社会责任；止于至善，以达致至善为终极目标。为什么今日的中国大学不教这些东西了？因为《大学》这本书现在不讲了，我们抛弃了中华优秀传统文化的精髓，陷入一种文化迷失。

什么叫"无用之用，方为大用"？使命、责任、价值观、哲学思维，这些都是无用之用。在今天这个社会，掌握一门过硬的技术固然重要，你可以以此谋生，但真正成为领导的往往是那些博学多识、能言善道之人。第一博学，不博学怎么领导众人？第二多识，有见识有远见。第三能言善道，有演说沟通的能力。具备这三点，你才有可能变成领袖级人物。无论是中国的大学，还是世界的大学，越是名校越重视形而上的问题，即哲学及理论。

作为一名商人，我们是学一门管理技术重要，还是学会领导哲学重要？学会管理技术，你最多做到中层；只有学了领袖智慧，才能变成企业家。所以，《鬼谷子大商之道》就是一门扎根于中华优秀传统文化深处的领导哲学。看似无用，其实大用。正如中国画的留白，大商之道的奥秘就藏在"无用"之间。

第四讲　从中华传统经典中学习大商之道

中国文化经典深藏着大商智慧。事实上,中国历代政治家和思想家为我们留下很多的治国之道与管理之道。中国是一个文化早熟的国家。早在春秋战国时期,就形成了"百家争鸣"的局面,从管理哲学上讲,百家之中最主要的是六家,即以老子、庄子为代表的道家,以孔子、孟子为代表的儒家,以鬼谷子为代表的纵横家,以孙武、孙膑为代表的兵家,以墨翟为代表的墨家和以商鞅、韩非为代表的法家。

"人心惟危,道心惟微;惟精惟一,允执厥中。"这十六个字便是儒学乃至中国文化传统的精髓。这十六个字源于尧舜禹禅让的故事。当尧把帝位传给舜以及舜把帝位传给禹的时候,所托付的是天下与百姓的重任,是华夏文明的火种;而谆谆嘱咐代代相传的便是以"心"为主题的这十六个汉字。可见其中寓意深刻,意义非凡。其含义为:人心变幻莫测,道心中正入微,唯精唯一是道心的心法,我们要真诚地保持唯精唯一之道,不改变、不变换自己的理想和目标,最后使人心与道心和合,执中而行。

中医之"中",乃阴阳和合,阴阳和谐,一个人一旦阴阳失调,那就有病了,把失调的阴阳调回到和合的状态,就为"医",这是中医之要义。做人做事到做企业,何尝不是如此？说话如沐春风,做事恰到好处,批评点到为止。不追求利益最大化,而是追求利益和心理平衡,才是永续经营之道！

修正药业集团提出的"修元正本,造福苍生"的企业宗旨,其实,其核心意义就在于让人们及时修整,"过分"或"不及",把握好根本方向和度,以达到"致中和"的正确目标,在"成长中修正,在修正中成长"的修正哲学,创造了修正药业从负债425万元到年650亿元资产的药业明星。

修正药业董事长修涞贵说:"世界上的错误只有两个,一个是过,另一个是不及。过错,过错,过了就是错,不及就是达不到,也是错误,修正的目的,是达到致中和,致中和不是不好,而是非常好,也就是什么事情都要把握好度的问题,修正哲学其实是个人永续发展之本,也是企业基业长青之根,是缔造优秀和卓越的大智慧。"

鬼谷子说:"非独忠、信、仁、义也,中正而已矣。"

意思是圣人处事之道,不在于表面讲忠、信、仁、义,而是寻求到合乎事理的中正之道。中华民族崇尚阴阳和合的智慧,从伏羲画八卦到周文王演《周易》,逐渐渗透到每个中国人的骨髓深处。谋略的最高境界不在于阳谋或阴谋,而在于中正调和。真正的圣人和智者,大都遵从"知其白,守其黑"的行为准则。白代表忠、信、仁、义等阳之道,黑代表隐秘藏匿等阴之道。如果你想建功立业,一方面要知晓履行阳光道义,另一方面要守住密谋之机,将两者完美结合,达到一种"中正圆融"的境界,这样你距成功就不远了。

以《道德经》来说,书中藏着动态变化的辩证观。中国文化的主要内容就是讲变化,《易经》《道德经》《鬼谷子》都是教你如何在变化中找到不变的规律。因为你掌握了规律,就可以洞察趋势;洞察趋势,就能知道事物发展的方向。掌握趋势,即可为众生之先。这个时代,从来都是那些先知先觉者领导后知后觉者,开发不知不觉者,淘汰没有感觉者。成功的关键就在于,如何让自己变成先知先觉?一件事在发生之前大家都没预料到,唯有我预料到。这就是鬼谷子常说的:"常有事于人,人莫能先。先事而至,此最难为。"意思就是,常常有重要的事情发生,不管是机会还是危险,没有谁能比你更先预料到它。在事情发生之前准备好对策,这是最难做到的。比如海尔,在企业文化上强调以变应变、追求卓越,其理念深深植根于中华传统文化的土壤中。

在实践层面上,司马迁的《货殖列传》中整理和撰述了计然、陶朱公范蠡、子贡、白圭等大商的经营思想。

自明中叶以后,随着资本主义的萌芽,许多知识分子开始从事商业活动,出现了儒商及其帮派,其中最有名的有徽商、晋商、潮汕商等。

在这些商人的商贾经营中,他们能够自觉地把中国传统文化的智慧运用于管理,并在实践中提出了新的管理思想。此外,还有明清以来的中华老字号店的经营之道，如北京的瑞蚨祥、王致和、同仁堂、全聚德、六必居等。它们之所以能够长久不衰，必有其成功的秘诀，需要我们认真探讨和总结。

"康百万"是明清以来对河洛康应魁家族的统称。有明一代，康家子弟把河南的粮、棉、油等运销山东，又把山东的盐及海产品运销河南，康氏开始发家。此后，他们凭借黄河、洛河舟楫之便，通过航运贸易，经营盐业、木材、粮食、棉花、丝绸、钱庄、药材等生意。康氏家族横跨明、清、民国三个历史时期，富裕十三代400余年，富甲豫、鲁、陕三省，船行洛、黄、运、沂、泾、渭六河，成为豫商典范。康百万庄园有一处匾额，是这样写的：

船行六河须防不世风浪
耜耕三省当思创业维艰

此联挂于主宅区一院的过厅内，这副楹联上联的意思是说康家商业运输船虽然行遍中原六河、生意兴隆，但要时时防备意外的发生；下联讲康家的田地遍及豫鲁陕三省，但家大业大之时更应常想到创业的艰辛。

友以义交情可久
财从道取利方长

此联挂于栈房区二院的贵宾室外，意思是说，朋友相互交往，要以"义"为重，只有在"义"的基础上才能感情持久。财富的积累要依"道"而行，取之有道、诚信为本，才能源远流长。这里的"道""义"是指国家、人民的大义之道，是指遵循各种法律制度、规范准则及社会道德。

指囷周济今犹在
焚券高风世所稀

此联挂于栈房区三院的先贤堂外,这里讲述的是康应魁"庆寿焚券"的故事,在康应魁75岁大寿时,族人和乡亲来为他祝寿。康应魁心系百姓,不让乡亲为其送礼,还命各地相公把当地发放的借款债券整理出来,让各栈房把多年难以讨回的契约和孤寡老人、残疾人的借债契约统统交到他的手里。他让老相公把债券上的银子数量统计清楚,登记造册,记录借债人姓名及银两数目。在寒暄祝贺、酒过三巡之后,一把火当众烧掉了族人和乡亲欠债的账目,百姓纷纷高呼"活财神",老百姓都称康家为大善人。康家秉承"义中求财,财归于义"的优秀传统,庆寿焚券,赈济灾民,忠孝节义,留下了较好的口碑,赢得了民心和盛誉!

暗暗思量百计不如阴骘好
明明检点万般唯有读书高

此联挂于栈房区三院的过厅外,意思是说,为人要常读书,不断检查自己的言行,提高自身修养,为善不扬名、独处不作恶,广积德、多助人,这样就会得到暗中庇佑,赐予福禄寿。反之,想方设法算计别人,到头来都是一场枉然。这体现出康家日行善事、谨言慎行、重视教育的家训风范。

主宅区:一院过厅留余匾

此匾挂于主宅区一院过厅内,由巩县清代进士牛瑄所写,这里引用了南宋留耕道人王伯大的四句座右铭"留有余,不尽之巧以还造化;留有余,不尽之禄以还朝廷;留有余,不尽之财以还百姓;留有余,不尽之福以还子孙"。"留余"思想要求不可穷尽一切利益归己所有,要实现一定程度的利益均衡,保持人与社会、自然关系的和谐,相伴相生,谋正当利,适可而止。康家把古人颇具哲理意味的留余忌尽思想,作为自己的家教世代传承。

富甲神州帆影物流三千里

德崇河洛光风霁月四百年

此联挂于康百万庄园大门入口处，概括康百万家族兴盛400年、富甲三省、船行六河的发展历程。康家运河生意曾遍及洛河、黄河、运河、泾河、渭河、沂河数千公里，由此可见其家族商业昌盛繁荣之态势。康家不仅在商道上恒运通达，更是将诗书礼义贯穿于整个家族的发展中，推崇河洛文化，博施广济、与人为善，这也是其家族声望得以传播400余年的渊源。

对于这些传统管理文化资源，现代的领导者如何站在现代管理的高度，对其进行现代转换，注入时代精神，进行新的诠释，使其成为构建中国管理哲学思想体系的有用资源，意义宏大！

事实上，领导真正的价值不在于处理具体问题，因为具体问题有职业经理人。领导的最大价值在于两个：定战略，用干部。定战略要有：第一，完善的、系统的理论；第二，辩证的思维；第三，敏锐的嗅觉。没有完善的、系统的理论，思维上就会有漏洞。没有辩证的思维，考虑就会不周全。没有敏锐的嗅觉，就不能洞察社会的变化。领导应该关心哪些事情？应该关心非正常的事情，关注反常的信息。为什么？因为一个正常的事情，公司有常规制度，按照执行处理就可以了。正常的人事安排，下面有管理者帮你打理。越是反常事情、反常信息，背后往往藏着危机。危机危机，要么是危险，要么是机会。是机会，就要利用机会、创造价值；如果发现是隐患，就要提前避免危险。这才是领导者存在的价值。

一个领导要想拥有洞察趋势的预先力，必须要有健康的身体、辩证的思维、敏锐的嗅觉。而在这三个方面的修炼，中国有个绝世独立的人做得很好，这个人就是鬼谷子。他所著的《鬼谷子》是中华文化中吐露着芳香和艳丽的一朵奇葩，集合了揣摩心理学、说服谈判学、领导统御学和决策学。就拿决策学来说，鬼谷子专门有《决篇》来教大家如何做决策。可以说，鬼谷子是一部包罗万象、内涵丰富的奇书，你所需要的大商智慧就在其字里行间。

其实,大老板只需要做三件事:第一,做对决策;第二,用对总经理(用谁当总经理,这也是决策);第三,整合公司所需的资源。这三件事至关重要,其他的事都可以不干。为什么做决策很重要?因为成就一个伟大的事业,没有10年、15年以上的努力难以造就,但是让一个企业倒下来,只需要领导做一个愚蠢的决策!用谁执行决策,是否用对了人,往往决定事业成败。用错一个人,会让你后悔莫及。另外,老板到外边去整合资源。你看国家领导人每天忙着做什么事情?一是开会,统一思想、做决策;二是出访世界各国家、地区,整合资源。具体的事情由相关部门去落实。

总经理也只做三件事:第一,执行老板决策;第二,履行总经理职责;第三,用好整合来的资源。对于一家公司来说,老板不要经常待在公司。你不到外边看,怎么知道外边趋势在变化?你不到市场去,怎么把握市场脉搏?你不跟顾客交流,怎么知道顾客的心理需要?再说老板在公司里,就会不由自主想管公司的事,那还要总经理干吗?但总经理要坚守在公司里,因为总经理是过程管控者。不抓过程,结果怎么控制?什么叫管理?所谓管理,就是把员工应该做的事情规划到位、安排到位、落实追踪到位,如此而已。总经理要用好老板整合来的资源,资源只有用起来才有价值,而总经理就是将资源变现的具体执行人员。

对于公司最高领导来说,鬼谷子是一门教你如何把握经营大道的学问。如何科学做决策?如何把决策传递给下属,并让下属自动自发执行?如何整合资源?如何商务谈判?如果治理一个企业,一定要弄明白对内是治理关系,对外是合纵连横的关系。

如果我们想从小商做到大商的境界,有必要从这些传统文化经典中学习大商之道。这就是本书的初衷,既有一种中华民族崛起的责任感和使命感,又有一种为中国商人做大做强走向世界暗助推力的紧迫感。时不我待,中国最好的发展机遇稍纵即逝,所以我们每一个创业者都应该抓住当前最好的时代机遇,从观念到行动全面更新自己,凤凰涅槃、浴火重生,从小商升华为大商的境界。让我们翻开本书,为中华之崛起而学习,为中华之崛起而创业!

第五讲 为什么要学习大商之道

作为一名商人，我们必须要懂领导之道。领导之道在于道、魂、法、术、器，道是做正确的事，魂是为什么做事，法是如何做事，术是正确地做事，器是拿什么工具做事。在春秋战国时期的诸子百家中，唯有一个人是系统地讲解如何做谋划、如何做决策、如何合纵连横、如何统驭团队，就个人就是鬼谷子。鬼谷子长于修身养性，精于心理揣摩，深明刚柔之势，通晓纵横捭阖之术，独具通天之智。历史上由于他的出现，才有了纵横家的深谋、兵家的锐利、法家的霸道、儒家的刚柔并济和道家的待机而动。

鬼谷子的学问主要有四大门类：兵法战阵、数学预测、沟通说服、修身养性。他的学生当官的是相国，比如苏秦、张仪；打仗的是将军，比如孙膑、庞涓；他还启发了商祖白圭。那么白圭都有什么经商的独门秘诀呢？

在经营策略上，采取"人弃我取，人取我与"的原则，乐观时变，善于掌握气象规律，把握经营时机，在丰年时大量收储粮食而在歉年出售，从中获取巨大利润。从孙武的为将之道的"智信仁勇严"和鬼谷子的"安徐正静"受到启发，他总结出，一个成功的商人，必须具备"智"（审时度势，灵活应变），"勇"（有胆有识，果敢决断），"仁"（权衡取予，追求平衡），"强"（意志坚定，冷静应对）四种素养。白圭被后世商人尊为商祖。

巴菲特说他多年来保持投资不败的神话，源自一句话："人们贪婪的时候我恐惧，人们恐惧的时候我贪婪。"此理论和商祖白圭的商训"人弃我取，人取我予"如出一辙。投资也好，商业也好，就是发现被众人低估的价值，低价买进，当大家都意识到它的价值的时候，我再把它高价卖出去，就这样从中间赚取差价。

2009年11月，中央电视台《商道》栏目专访稻盛和夫。主持人问："稻盛先生，当听到别人称您为经营之圣的时候，您心情如何？"稻盛和夫回答："我不是经营的圣人，我是个普通的人。我只是努力从中国的圣人、贤人那里学习他们的思想,然后竭尽全力地去实践这些思想。另外,我还有一个宗教的影响,就是佛教。我把中国古圣先贤的这些哲学思想,还有宗教里优秀的哲学思想,作为我人生中的一个行动指针,然后进行实践。很多人把我称为经营之圣,我感到有些过奖了。如果说我是经营之圣的话,那么学习这些哲学思想的人,人人都可能成为经营之圣。"主持人又问:"面对正在崛起的中国新一代企业家,您有什么好的建议吗?"稻盛和夫说:"我认为中国人,有商业方面非常好的才能。从历史上看也的确如此。有很多华侨,在世界各地都取得了经营的成功。总的来说,中国人具备了商才。中国人虽然在赚钱方面非常有才能,但如果只是赚钱、只考虑赚钱的话,那就会在这个过程中失去自我。在中国的传统文化中也提到了'人应该要做什么、应该注意什么',我认为中国的企业家,应该学习中国古代的文化,学习古圣先贤的那些思想,再重新认识、审视古典文化,避免误入歧途。我认为这是非常重要的。"

你看,我们中国人上稻盛和夫一堂课价格不菲,学到的竟然还是咱们中国自己的哲学。中华优秀传统文化,为什么在别人那里就能成为大商之道的罗盘和灯塔呢?值得反思。

有首诗写得好:"陶朱商经石中玉,鬼谷兵法璧有瑕。大商之道何处寻,半部论语治天下。"这首诗是写给谁的?写给山东大商孟洛川的。当时民谣是:"河南康百万,山东袁子兰,两个活财神,赶不上旧军的孟洛川。"那么,孟洛川是谁呢?

孟洛川是山东章丘人,中华老字号瑞蚨祥少东家。因为他三伯父身体不好,有一天就把资产交给孟洛川。18岁那年,他继承父业,在北京、天津、济南有六处商号。初入商海,孟洛川一身豪情,准备在北京打出一片天地来。他认为自己财大气粗,没有钱搞不定的事情。谁知,他刚到北京就把一件事情搞砸了,得罪了北京恭亲王奕䜣的儿子澄贝勒。澄贝勒联合官差,把瑞蚨祥在北京的商号抄了,北京商号总经理被他当场气死,临死之前说:"瑞蚨祥交给少东家,瑞蚨祥必亡!"

第一次出来办事就办砸了,孟洛川连死的心都有。但孟洛川很幸运,有三个人帮助他。第一他有一个伟大的妈妈,一直给他精神支持与物质资助;第二他有一个贤惠的妻子,勤俭持家、料理家务,让他心无旁骛地到外边打拼;第三他有一个很好的合伙人,叫孟觐侯。除此以外,他的人生当中还有一个授业老恩师,叫李士鹏。李士鹏一堂课彻底改变孟洛川一生的命运。这堂课就叫大商之道。正因为这堂课,改变了孟洛川对商人的认识和经商的理解,孟洛川走上了大商之路。课程的内容在下文中会分享和分析。

第六讲　大商必须具备四个条件

一个人要想成为大商,需要具备什么条件呢?

有人说,今天是一个大众创业、万众创新的时代,其实这不一定对。要知道,人分两种:一种叫自用人才,自己可以开创性地展开工作,这种人适合创业;另一种人叫被用人才,只有在别人领导下才能把事情做好,这种人并不适合经商。一个人是否适合经商,是否具备大商潜质,首先要看他有没有慧根。当年萧何的学问和社会地位比刘邦高多了,但为什么刘邦是老大?诸葛亮能力很厉害,但为什么刘备是老板,而他要给刘备打工?有些人是需要在别人的领导下才能把工作做好的。因为很多知识分子都有患得患失的性格弱点,知道得越多,顾虑也就越多,所以需要有魄力的人出来领导。

一般来说,当老板必须具备四个条件。

有眼力。看人看得透,机会抓得住。领导者的领导艺术中,识人用人是重要的一招。用对了人,他的使命就已经成功一半了。鬼谷子说:"内以养气,外以知人。养志,则心通矣;知人,则分职明矣。"领导者因为能够养志,所以他的神志清明、心明如镜,用来看人、知人,就不会看错了人、用错了人。譬如:诸葛亮错用了马谡,失去了街亭等三城。其实,刘备临终时,对诸葛亮说:"马谡,言过其实,终无大用。"诸葛亮不以为然。司马懿亲率大军来夺街亭,诸葛亮用一个从来没有独当一面过的马谡去守街亭,却把身经百战、有胆有识的大将赵云闲置在列柳城,结果一败涂地。即使后来挥泪斩了马谡,再也没能恢复祁山伐魏的气势,直到他遗恨而终。由此可见,看人方面,刘备要比诸葛亮高明。

有魄力。为什么知识分子办企业很少做得好的?因为,知识分子遇事患得患失,不敢担责任,不能当机立断,筹划是需要多谋,但做决策是需要勇气和魄力的。不愿担责任就没魄力,没魄力哪有魅力?当机立断是大商必备的一种素质。当断不断,必受其乱,遇到机会犹豫不决,机会就此错失。但做决策太快,有可能会留下隐患,因为失去了思考的时间。所以,决策力真是一种特质。

有远见。人与人比的就是目光的远近。庸人看的是眼前的蝇头小利,高人看的是未来的利或长远的利,如果现在让各位回到10年前,重新走过,我相信大家都会变成富翁,因为什么时候买股票、什么时候买房产你最了解。为什么有些人比你赚钱多?因为他在10年前就看到了今天的市场。如果你看得比别人远,能把未来3年看透,必然可以引领行业的发展。这就是远见的价值。

有魅力。如果你没有魅力,就没有办法吸引更多的人才在你身边。"山深则兽归之,渊深则龙归之",为什么月亮不围绕你来转?因为你还不是地球。为什么地球不围绕你来转?因为你不是太阳。

眼力、魄力、远见、魅力,这些东西能学来吗?答案是学不来的,因为这些东西都需要长期的修炼。修炼的前提是要有慧根。慧根即天赋,创业经商是要有天赋的。只有慧根还不够,还要会跟对人,有高人引领、高人指导。跟对了领导,等于找对平台,可以让你成就一生;跟对了老师,就找对了方法,让你智慧一生。

拜谁为师,长大以后你会成为谁。一个人一生中有三个老师很重要:第一个老师是小学一年级的班主任,决定孩子一生的学习习惯;第二个老师是大学毕业以后,你参加工作时第一个带你的那个班组长,他的工作作风可能会影响你的一生;第三个老师是你的创业导师或人生教练。如果岳飞不遇到周侗,永远就是一个农民;如果孟洛川不遇到师父李士鹏,永远是一个小商小贩。这就叫"鸟随鸾凤飞腾远,人伴贤良品自高"。

孟洛川遭遇重大挫折时遇到了好的老师,李士鹏给他讲了一堂课,让他醍醐灌顶,从而顿悟大商真谛。所以,我们首先要悟道明道,在观念上发生蛇龙之变。如果一个领导者不能明道、不能正心,至多是一个老板,而无法实现蛇龙之变。一代大商孟洛川,展开一条通向大商的修炼之路,对我们这一代正在成长中的企业家来说,有着非常深远的意义。

曾经有人问我:"兰老师,我的企业现在遇到瓶颈了,您能不能指导我?"我说:"对不起,不是你的企业遇到瓶颈了,是你遇到瓶颈了。"又有人问:"兰老师,现在我需要转型了,您能不能指导?""对不起,不是你企业需要转型了,是你的大脑需要转型。"还有人问:"兰老师,我企业需要升级,怎么办?""对不起,不是你的企业需要升级,是你的大脑需要升级。"

如果老板不改变,企业一切都不会变化,但是99%的老板都希望自己的团队改变,希望自己的员工改变,他没想到如果自己不改变,他的团队永远不可能改变。很多老板最想干的一件事情就是请某个老师做一次培训,引进一种系统,把自己彻底解放了。对不起,如果老板不解放,这个工具永远对你没有用。

很多人抱怨:"为什么我很努力,结果一直不如意?为什么我一直向前,结果就没有赚到钱?"那一定是别人做了和你不一样的事情。没有人可以随随便便成功,背后一定有成功的道理。对当代企业家来讲,悟透鬼谷子大商之道可谓是当务之急。

第二部分

小商到大商,距离有多远

第一讲　何为商人？何为大商名贾

今天我们生活在太平盛世，应该发自内心地感到幸运。为什么？据《太平广记》中说："宁为太平犬，不为乱世人。"在太平盛世，现世安稳，免受兵火之灾。我们要对今日的幸福知足和感恩。然而，有人却说了，我们来到世上是要做英雄的，岂能在现世安稳中虚度和沉沦？只有在乱世，我们才能实现自己的英雄梦。正所谓，沧海横流，方显英雄本色！你看秦始皇、刘邦、赵匡胤、诸葛亮等人，哪个不是乱世崛起？

事实上，和平年代亦有英雄，更多的英雄不是厮杀在疆场，而是在不见硝烟的商场。在今天这个经济战国时代，大众群体崇拜和追随的是为社会创造价值，生财有道的大商名贾。一个商人人生的价值，一看他为社会创造的价值，二看他银行卡上的数字。没有富足的财富做后盾，即使是武林高手也将沦落到街头卖艺的下场。这样的情景屡见不鲜。

改革开放之后，经商蔚然成风。天下熙熙皆为利来，天下攘攘皆为利往。下到贩夫走卒，上到地产、金融大鳄，个个都以商人自居。然而，你知道商人的定义和起源吗？你知道小商和大商的区别吗？大商名贾是每个商人梦寐以求的目标，但你知道其标准和要求是什么吗？

让我们先来看看商人的起源。什么是商人？从小的范围说，商人就是指从事买卖和贸易活动的人。从大的范围说，一切从事工商业生产、经营或服务的企业家和老板都是商人。我国早期的商人比较原始和简单，大概产生于传说中的神农氏时代。

据《周易·系辞下》中记载："神农氏作，列廛于国，日中为市，致天下之民，聚天下之货，交易而退，各得其所。"廛，是指房屋。这段话大概意思说，神农氏在位时，就出现了一列列的沿街店铺，每天中午开设集市，招引各地的民众，汇聚了天下各地的货物。交易完成后纷纷退去离开，大家各自得到了自己想要的东西。

可见,中国商人出现的历史是很早的。不仅如此,考古学家还在北京周口店山顶洞人居住的遗址发现了贝壳和赤铁矿碎片,而这些东西不可能是山顶洞附近所产,只能是从外地交易而来的。这意味着中国商业活动的出现距今大约有3万年之久。随着时间的推移,有一批人专门从事商品交换,并从中赚取利润,这一批人就是中国最早的商人。随着生产力水平不断提高,人们有了生产剩余,就有了物质交换,最早的物质交换即易物,贸易就诞生了。这样一来,住在平原地方的人只需要专心种好庄稼,让产量尽可能地提高;住在草原上的人只专心放牧,把牛羊养得肥肥的;负责打铁的人就千锤百炼、精益求精,只需要做出好的产品……而商人则在中间进行贸易,解除了他们的后顾之忧,大大提高了生产效率。由此来看,商人在人类发展史上所起到的作用功莫大焉,绝不像中国古代重农抑商所刻意贬抑的那样无足轻重。

在中国商人成长的路途上,有两个重要人物不得不提。这两个人是谁呢?一个叫相土,一个叫王亥。这两个人到底有着怎样独特的意义呢?

据《世本·作篇》记载:"相土作乘马,亥作服牛。"相土是商族先祖阏伯之孙,王亥则是阏伯六世孙。这里所说的"乘马",即相土骑乘野马,作为远途代步工具;"服牛"则是指王亥通过独门手段驯服了执拗的牛,用来拉车搬运货物。一个致千里,一个载千斤,这不仅大大减轻了人类的负担,更是让商人做起生意来得心应手。

这两人都是商族的子孙,商族人在贸易方面自驯服马牛之后,就迅速在众多竞争者中脱颖而出。为什么我们叫那些出来做生意的人"商人"呢?原来与商族人大规模经营活动有关。王亥的七世孙,你知道是谁吗?商汤!商朝的开国鼻祖。商族,这是一个依靠商业贸易而强盛起来的氏族。随着物质财富的积累和军事实力的强大,商汤终于战败了夏桀,由此改朝换代。在商朝,人们之间的贸易活动更加频繁,经济更加繁荣。

即使在后来农耕文明为主的周王朝取代商朝之后,商人这个群体也没有随之消亡,而是像一股强大的暗流,无时无刻不涌动在历史深处。直至今日,商人的巨大能量得到更加淋漓尽致的展现。现在很多年轻人以经商为荣,以成为大商名贾为毕生追求的梦想,不管你出身如何,不管你学历如何,不管你来自何方,不管你是放牛娃还是富二代,只要你有智慧、够努力,都能出来闯荡一番,选准自己看好的领域创业经商,一个个大商小商就像无数条河流,汇聚成推动中国走向世界的滔天巨浪!

正所谓"不想当将军的士兵不是好兵",既然我们选择了经商这条路,我们就要朝着大商名贾的目标去努力。然而,何为大商名贾?在电视剧《一代大商孟洛川》中,瑞蚨祥少东家孟洛川由于初出茅庐就遭遇挫折,认识到自己的浅薄和不足,于是拜通晓阴阳、熟读《鬼谷子》的名士李士鹏为师。开堂第一课,师徒两人就有了一段关于大商名贾的精彩对话——

李士鹏:古人云:"欲授之学,先问其志。"

孟洛川:学生之志,在于大商名贾。

李士鹏:何为大商?

孟洛川:货通天下,利射四海。

李士鹏:何为名贾?

孟洛川:字号立百世不朽,财富积万贯有余。

李士鹏:依你想来,如何才能作为一个大商名贾呢?

孟洛川:商谚有云,熟读生意经,买卖做得精,想来,只要生意做大、做好、做精,自然就离大商名贾不远了。

李士鹏:你都有哪些生意经,说来听听。

孟洛川:贵出如粪土,贱取如珠玉;生意做独市,买卖抢先行;三分利吃利,七分利吃本;同本不同利,差别在算计。百里不贩樵,千里能贩枣。小店买个便,大店买个全。不怕店门破,就怕店无货。货到街头死,人到市中活。南瓜再大本地卖,辣椒再小穿省过。

李士鹏:够了! 这就是你的生意经?就凭这些贩夫小商的俚谚俗语,你就能成为一个大商名贾?白日做梦! 夫大商者,胸存纵横四海之志,怀抱吞吐宇宙之气，其学通于大道，其功接于社稷，其势欻入惊风雨，桀出泣鬼神，正所谓良贾何负名臣，大商笑看书生。大商之经商，有如伊尹、姜子牙之于治国，孙子、吴起之于用兵，商鞅之于变法，其学问之精深，道法之玄奥，意气之闳远，境界之高明，岂是你这等空想妄论、俚谚俗语所能达到的？可笑之极！

通过上述对话，我们可以得知，初涉商海的孟洛川所理解的大商就是"货通天下，利射四海"，所谓名贾就是"字号立百世不朽，财富积万贯有余"。当然，这种理解没错。然而，这只是大商名贾外在所呈现出来的表象，其真正的内涵却是孟洛川师傅最后所说的一番话。真正的大商，则是"胸存纵横四海之志，怀抱吞吐宇宙之气"，所创造的财富不仅富可敌国，而且对整个社会的影响不亚于治国名臣。大商之道玄奥精深，境界深远高明，值得我们每个人深入学习。我们只有遵循了大商之道，才能获得外在所呈现的一切，财富如潮水滔滔而来，不过是翻手为云、覆手为雨这般简单。此种境界绝非小商小贩所能想象的。

纵观四海，有哪些人可被称作大商呢？司马迁在《史记·货殖列传》中记载的大商有范蠡、子贡、白圭等，这些是先秦之前的大商。明清、近代大商有沈万三、胡雪岩、乔致庸、孟洛川、康百万等一批声名显赫之人。关于中国著名大商，我们整理出这样一份名单——

商业始祖——王　亥

慈善商圣——范　蠡

儒商鼻祖——子　贡

智慧商祖——白　圭

营国巨商——吕不韦

堪比财神——沈万三

第一富翁——伍秉鉴

商业巨族——乔致庸

财自道生——孟洛川

红顶商人——胡雪岩

一代钱王——王　炽

……

　　在国外,石油巨头约翰·洛克菲勒、钢铁大王安德鲁·卡内基、汽车大鳄亨利·福特、微软创始人比尔·盖茨、"股神"巴菲特等;在当代中国,有张瑞敏、任正非、曹德旺、宗庆后、修涞贵、茅忠群……这些商人有一个共同点,就是格局很大、顺时趋势、富有远见,所做生意可用大手笔来形容,称得上"籴入惊风雨,粜出泣鬼神",而且在行为模式上大都怀仁好义。更重要的是,他们普遍热衷于公益事业。像范蠡,是中国历史上弃政从商第一人,多次经商成巨富,多次散尽家财,自号陶朱公,被后人奉为商圣。像瑞蚨祥的孟洛川,在经营中始终信奉"财自道生,利缘义取"原则。常年设立社仓,每遇荒年赈济灾民、捐衣施粥;修文庙,尊崇中华圣贤;设义学,助力教育事业;还捐资修撰《山东通志》等。这一系列公益行为让孟洛川在当时就博得慈善家的称号,世人夸赞"一孟皆善"。

　　作为当代商人,我们最关心的是如何从小商小贩走向大商名贾?如何从老板完成到企业家的蜕变?首先我们要比较下老板和企业家的不同。什么叫老板?老板老是板着脸,而企业家老是笑呵呵。这是表面上看得见的区别,其背后隐藏的是人内心的巨大区别。拥有生意和企业的人,不管生意大小盈亏,都是老板,但拥有企业的未必是企业家。什么叫企业家?大家看企业家的"企"是怎么写的?一个人,一个止,踮起脚之意。"企望"就是踮起脚尖向前看。企业家的"企",就是告诉大家要有清晰的远见。我对企业家的定义是这样的——拥有生意,并把生意做到一定规模,经济效益与社会效益并重,有深重的社会责任感,有自己独到的经营哲学,同时对未来富有远见,具备这些素质才能称为企业家。

　　《鬼谷子·捭阖》开篇说:"粤若稽古,圣人之在天地间也,为众生之先。""粤若"在这里是发语词,没有实际意义。"稽"是考察,"稽古"就是考察古代的历史。考察古代历史之后,我们可以得知圣人为什么能在天地之间被称为圣人,这是因为他是芸芸众生中的先知先觉者。

你看,鬼谷子给"圣人"下的定义就是先知先觉者。关于圣人,中国传统文化推崇极高,这是一种至善至美人格的象征,只有那些才德全尽者才有资格当此称号。为什么说圣人是先知先觉者呢?在简体字中,圣由"又"和"土"构成,又是手的象形,土代表大地,即一只手上遮天、下盖地,真是至高无上。这代表着权势、地位和威严。从古代开始,老子、庄子、孔子、孟子这些人都被我们称为圣人,另外一些开明有能力的君王也被我们称为"圣君"。在现代社会,什么人是这样的?除了伟大的领导之外,就是内圣外王的大商了!越是权势和仁德兼备的大商越能突出体现这一点。在甲骨文中,圣的写法是"聖":上左有"耳"以表倾听洞察,因为耳朵能听,所以能获取丰富信息,从而通达天地万物之理;上右有"口"代表作为大商要具有口才演说能力,能够教化大众、激励员工;下边"王"三横一竖,三横即天道、地道、人道,一竖即参通此三道,参通此三道者可为"王","王"有王者风范和王者之德,从而成为众商之首。这个字看似简单其实很深刻,告诉了我们做大商的理想和追求。

大商犹如圣人一般能够做到先知先觉、引领一时之风尚,而小商则总是跟在他们身后。大商的所作所为,让隐藏在黑暗中的商业规律变得明晰,于是做什么事都可以成功。所以有人说,先知先觉是智者,后知后觉者是愚者,不知不觉是迷者。《孟子·万章下》:"天之生斯民也,使先知觉后知,使先觉觉后觉。"先知道的大商开悟那些后知道的小商,这都是老天早就安排好的法则。在这里,"知"是知道,经理性分析而懂得的道理;"觉"是觉悟,是一种只可意会不可言传的感受力,如同佛祖的拈花而笑。所以你要从小商成为一个先知先觉的"大商",必须要有理性的分析能力和感性的顿悟慧根,这样才可以做"众生之先"。

领众商之先,洞察未来、把握趋势,再加上经营有术,这一切都是为解决

"利"的问题。然而,如果你想从小商跃为大商,除了擅长聚财之道,还必须满足以下三个条件。

第一,奉义。羊群吃草,商人逐利,这没错,不过我们必须让自己明确一点,一个商人要想成为大商,就不能总是盯着蝇头小利,不能以聚敛财富为终极目标,而应该以经世济民为人生己任。只有胸怀天下,志在为天下苍生谋福利,你的事业才能做到全天下。信奉什么,你才能成为什么。一开始就走大道,方能成大商。这是奉义。

第二,信义。在现实中,很多商人为了谋取利益不择手段,坑蒙拐骗、假冒伪劣无所不用其极,这样的做法必然走不远,也做不大。如果你想成为大商,就要在经营中坚守诚信,货真价实、童叟无欺,为自己塑造良好口碑。这是信义。

第三,行义。看一个商人能否成为大商,不要看他拥有多少财富,而是要看他如何使用这些财富。看一个人如何花钱比看其如何赚钱更能见其品格气度高低。穷则独善其身,达则兼济天下。大商怀着一颗乐善好施的心,大则资助国家安邦定国,小则修路办学。此为行义。

一个商人只有同时具备赚钱谋略和大商之道,才有可能成为未来的大商。所谓的大商之道,可用八个字进行概括,即"义利并举,内圣外王"。只要义,不求利,非商也;只求利,不要义,奸商也。只有义利并举,方是大商之道。

在个人修为修炼方面,我们要遵从"内圣外王"的原则。"内圣",就是内在品德、人格、能力的完善,可依照《鬼谷子·本经阴符》等内炼智慧来修炼,修出"胸存纵横四海之志,怀抱吞吐宇宙之气"这般大气象、大格局;"外王",即对外行事的谋略和手段,可用鬼谷子飞箝、忤合、揣、摩、权等策让自己纵横捭阖,从而顺利实现大愿、成就大业。

第二讲 大商气势——笙入惊风雨,笔出泣鬼神

世人之所以艳羡和崇拜大商,无不是被大商的气势所折服。而大商的气势最突出的表现无非是他们的财势。没错,财富才是一个商人的标配。一切不赚钱的商人,哪怕把自己吹得再天花乱坠都是耍流氓。大家常说财大气粗,有财势才有气势,有气势才有人气,大商之所以能成为众星捧月的风云人物,与这一点密不可分。

然而,一个商人拥有多少财富才叫有财势呢?这要因人而异。一些小商觉得每年赚100万就很知足了;对有的商人来说,1000万是常态;而对另外一些商人来说,一个亿也是小菜一碟;对某些巨商来说,则动辄上百亿的收入。此等阵势岂是普通的小商小贩所能想象的?

在这里,我为大家介绍下中华老字号瑞蚨祥。瑞蚨祥,1862年(清同治元年)创建于济南府章丘县旧军镇,创始人孟传珊是孟子的后裔。"瑞蚨祥"这个名字取得特别好,究竟好在哪里呢?其中瑞蚨祥的"蚨",源自晋代干宝《搜神记》中所记载:"南方有虫……又名青蚨,形似蝉而稍大,味辛美,可食。生子必依草叶,大如蚕子,取其子,母即飞来,不以远近。虽潜取其子,母必知处。以母血涂钱八十一文,以子血涂钱八十一文,每市物,或先用母钱,或先用子钱,皆复飞归,轮转无已。故《淮南子》以之还钱,名曰'青蚨'。"青蚨的魔力实在惊异,用它的血涂抹的钱花出去之后还能再飞回来,可见这对商人来说是多么吉祥的瑞兆。所以这个名字既具有丰厚的文化底蕴,又包含美好的期待。

事实上,瑞蚨祥的确生意兴隆、财源广进,并在一代大商孟洛川的管理运作下,商号遍布天下,经营项目有布匹、绸缎、绣品、皮货、织染、茶叶、首饰乃至钱庄、当铺等,在北京、天津、沈阳、包头、上海、苏州、扬州、青岛等全国各商业重镇几乎都有布局。瑞蚨祥声名显赫一时,成为世人眼中当之无愧的名牌产品。

关于瑞蚨祥,旧北京曾有"头戴马聚源,身穿瑞蚨祥,脚蹬内联升,腰缠四大恒"的顺口溜,意思就是头戴马聚源帽店的帽子最尊贵,身穿用瑞蚨祥的绸布做的衣服最光彩,脚蹬内联升靴鞋店的鞋最荣耀,腰里缠着四大恒(晋商衰败之后,由浙江人创办的恒兴、恒和、恒利、恒源四大钱庄)的银票最富有。瑞蚨祥的服装成为街头巷尾传颂的品牌,足见其独占鳌头、如日中天的气势。当时的新闻界称孟洛川为"金融巨头",同时在民间流传着这样的歌谣:"河南康百万,山东袁子兰,两个活财神,赶不上旧军的孟洛川。"康百万是谁?康百万不是具体指某个人,而是明清以来对康应魁家族的统称,一直富裕了十二代、400多年,因慈禧太后的册封而名扬天下。其家族依靠大河之便利,靠航运发迹。富甲三省,船行六河,土地达18万亩,财富无以计数,民间称其"马跑千里不吃别家草,人行千里尽是康家田!"气势之盛,令人咂舌。即使如此,竟然还抵不上孟洛川的财势,那么孟洛川又是怎样一种显赫风光的景象呢?

据《儒商孟氏祥字号》记载:至1934年,孟洛川分别在北平、上海、天津、济南、青岛等地设立商号达几十处,有员工千余人,房产3 000余间。资本总额在光绪二十六年(1900)以前约40万两银子,到1927年年利总额已达300万两白银。孟洛川除投资企业外,还广置田宅。在章丘有田产2 300余亩,另在山东沾化、利津、泰安、莱芜置有庄田。章丘之住宅为六进院落,前厅后楼、左右厢房共近百间原籍章丘,孟家佣人达百余人。

在当时那个生产力落后的时代,孟家的年利总额竟然高达300万两白银!这是什么概念?有人觉得这没什么,1两银子不就相当于今天的1块钱吗?其实完全不是这样的,在古代银子是很缺的,清朝末年差不多10两银子就能购置一亩良田了!一般老百姓,一年的吃穿用度2两银子就足够了。所以可见孟洛川在当时财势之大,已经不是平头老百姓所能想象的程度了。

瑞蚨祥的气势不仅表现在财力雄厚方面,还表现在其深入人心的品牌影响力。除了人人以身穿瑞蚨祥丝绸为荣耀之外,中华人民共和国成立时天安门城楼升起的第一面五星红旗的面料也是由瑞蚨祥提供的。这意味着瑞蚨祥的品牌对消费者的影响力,无论是领袖还是平民都对瑞蚨祥青睐有加。其品牌冲击之势犹如黄河之水天上来,对消费者心理的占据是如此彻底和深远。

不过,一个商人如果只是拥有财富和品牌影响力还不能称得上有气势,大商的气势同时还充分体现在他们的商业行动上。不鸣则已,一鸣惊人,在贸易活动中不出手则已,一出手必将牵动众人神经,让同行瞠目结舌。其格局之大,其气势之猛,正所谓"其势籴入惊风雨,巢出泣鬼神",买入和卖出都是大手笔运作,犹如石破天惊。

在电视剧《一代大商孟洛川》中有这样一个案例:由于山东地区爆发棉灾,各家经营土布的商号面临货源紧缺问题,纷纷大幅度提高销售价格,山东布业因此陷入一团混乱。就在这个时候,孟洛川发现了一种由洋纱和土纱混织而成的洋经土纬布,他采取的办法是大规模采购这种布,以此来平抑山东省府布价,挽救即将崩溃的布行。

这真可谓一举三得之策:第一,帮山东巡抚丁宝桢解决了为布匹行业忧虑之事;第二,让山东老百姓都可用上价格便宜的布料;第三,让自己在这次大手笔运作中大赚一笔。当其他同行商人考虑如何提高销售价格小赚一笔的时候,他考虑的则是政府领导、全省市场以及百姓日常生活的大事。如此大商的格局和气势足以甩开各类小商十万八千里了。

晚清大商胡雪岩曾说:"你有一县的眼光,做一县的生意;你有一省的眼光,做一省的生意;你有天下的眼光,做天下的生意。"这里所说的不仅仅是指眼光,更是一个商人的格局和气势。如果没有这样的气势,总是偏安一隅,在蜗牛角上做文章,那么到手的财富也难免会失去。事实就是这样,气势的大小、强弱是大商和小商的一个重要区别。

既然气势那么重要,我们应该如何散发气势呢?《鬼谷子·本经阴符七术》中给出解决方案是:"散势法鸷鸟。"大商不出手则已,一出手要像鸷鸟一样。鸷鸟是指凶猛的鸟,如鹰、雕、枭等。势是气势、形势,势能之下所形成的爆发性冲击力。散势即利用巨大的势能发散冲击力，就像凶猛的鸷鸟，一旦遇到捕捉目标或强敌，又或面临利害攸关或事态突变时，就迅猛厉捷，运用爆发性的冲击力一举取胜。作为大商，要该出手时就出手，以迅雷不及掩耳之势重拳出击。威势不发则已，一经发动必有雷霆万钧的能量。

然而，这种威势的爆发力到底是从何而来呢？鬼谷子说："散势者，神之使也。"意思就是，向外散发威势，是由内在的精神力量驱动的。一个人拥有强大的精神和气场，是否就可以随时随地发散自己的威势呢？鬼谷子的答案是否定的。鬼谷子说："用之，必循间而动。"意思就是，要散发威势，一定要抓住有利之机采取行动。这里的"间"是什么？是间隙、机会。在运用威势时，一定要等到市场出现机会、空隙以及竞争对手出现错失、疏漏再出手，这就叫循间而动。一个商人即使拥有内在实力和雄厚资本也不要贸然行动，就像孟洛川，在同样面临货源紧缺时，没有胡乱出击、自乱阵脚，而是静下心、沉住气，观察和捕捉市场的机会和竞争同行的破绽，然后以雷霆之势出手，一气呵成做成一笔大生意。

如果机会是现成的，我们可以"循间而动"，如果机会不明显或者看不见，我们应该怎么办？鬼谷子说："威肃，内盛，推间而行之，则势散。"意思就是，如果自己的威势充盈，内气强盛，并能利用对方的间隙而采取行动，那么威势便可以发散出去。鬼谷子的解决方案是三点：一是威肃，集中精力、认真干事；二是内盛，修炼内功、强盛心志；三是推间而行，推动和创造机会来行动。一个商人要想从小商成为大商，必须先让自己修炼大商的气势和格局。如果学会了鬼谷子的内炼之道和纵横捭阖之策，距离大商的目标还会远吗？

第三讲　大商思维——井蛙不可语海，夏虫不可语冰

小商和大商虽然都是商人，但思维的层次却差别很大。正如《庄子·外篇·秋水》中所说："井蛙不可以语于海者，拘于虚也；夏虫不可以语于冰者，笃于时也……"小商就像井底之蛙，看不到大海的辽阔，这是空间的局限。就像夏虫，无法活到冬天，所以无法知道冰是什么，这是时间的局限。一个商人的认知思维往往会限制其自身的想象力和发展格局。

话说有两头狼来到草原：一头狼很失落，因为它看不见一只羊，这是视力；另一头狼很兴奋，因为它知道有草就会有羊，这是视野。无论视力还是视野，都源于思维模式的差异。小商看到的只是眼前，大商却看到了未来。就像下棋，看一步走一步，这是小商；大商走一步能看两步、三步。区别就在眼光的远近。

关于大商思维，汉代司马迁在《史记·货殖列传》中记载了一个从小吏到大商的故事："宣曲任氏之先，为督道仓吏。秦之败也，豪杰皆争取金玉，而任氏独窖仓粟。楚汉相距荥阳也，民不得耕种，米石至万，而豪杰金玉尽归任氏，任氏以此起富。"意思就是，秦朝末年，山东宣曲地方有个姓任的人，担任督道县的粮仓小官吏。督道县是边疆重地，驻守了很多官兵，储藏了大量粮草和用来犒赏士兵的金银珠宝。有一天，大家听到大秦帝国的军队被刘邦的起义军打败，作为帝国的皇帝子婴投降了，国都咸阳也被占领了。群龙无首，官员和百姓都混乱了，豪杰纷纷争抢金银珠宝，而对仓库里的粮食却无人问津。在他们眼中，粮食价格低廉，再说也不方便随身携带。但任氏就不这样想了，他认为，不管是谁到什么时候都要吃饭，不吃饭人就会死，兵荒马乱的时代，田地必定荒废，粮食将更加珍贵。于是，任氏带领家人挖了很多地窖，将这些无人要的粮食都封藏在自家地窖里。事情的发展也是按照他预想的剧本上演的，秦朝灭亡之后，楚王项羽和汉王刘邦又进行了四五年的战争。大片田地荒芜，粮食越来越珍贵，价格越来越高，当初争抢金银珠宝的豪杰及

更多富贵人家纷纷把手里的宝贝拿来换粮,任氏因此发迹成为巨富。

不过,故事到此并没有结束。在完成财富原始积累之后,任氏开始布局自己的商业王国。他将手里的财富投资农田畜牧业,并且做大笔的货物贸易,实现了钱生钱的滚雪球效应。就这样,他打造了一个富可敌国的任氏家族,其富贵权势延续了好几代人。可以说,这就是一个大商人发迹和壮大的真实写照。他的思维模式对我们有着深刻的启示。大商的思维是符合未来政治经济形势以及市场供求规律的,而大多数人则如那些纷纷争抢的豪杰,看到的都是表层的东西,所以哪怕拥有无穷的蛮力,也不会有大成就。

为什么有些人距离大商之路遥不可期?其根本原因就在于思维方式的不同。当任氏乱世囤粮的时候,肯定有很多人笑他太傻,这么低贱的东西还当成宝贝存起来,不是徒劳无功吗?这就像大商当初做的事情,很多人看不懂,无法理解,甚至给予挖苦讽刺。这就是我们思维的局限性。事实上,每一批大商的造就大都符合这样的思维逻辑——当别人不明白他在做什么的时候,他明白自己在做什么;当别人不理解他在做什么的时候,他理解自己在做什么;当别人明白了,他富有了;当别人理解了,他成功了;当别人看到他的成功开始跟风时,他已经成大商了!

关于大商思维,除了任氏乱世囤粮之外,《夷坚志》中还记载了一个故事:宋朝的时候,临安城大面积发生火灾,很多商家的店铺都因此被引上大火。其中一位裴姓商人,在第一时间召集人力广为搜罗,购买了一大批竹木砖瓦等建筑材料囤积起来。果然,等火灾以后,人们都开始考虑如何在废墟上重建家园,裴氏商人因此而财源滚滚。他的这一举动不仅让自己赚了大钱,而且充分满足了当时人们最迫切的需要,真可谓两全其美。

这个世界上,个人或小商凭借一技之长或许能活得不错,然而你要知道,凭借专业技能赚大钱是比较难的。对大多数人来说,要修炼成行业顶级人物比登天还难,除了刻苦训练,还需要天赋。这些人才真正拥有大商的思维。他们最擅长的是什么?是整合资源。所以大商必须具备整合思维。小商只看到树木,而大商则看到整片森林。

思维决定行动。站在未来看现在，一切都在预料之中。站在现在看未来，一切都在把握之中。圣人能看到千年不变的规律，像老子、鬼谷子，是哲学家；王者能看到百年的变局，开创一片帝业；卓越的企业家能看到10年以后的发展趋势，是商界领袖。如果你能看到3年以后的行业发展，你会混得不错；有的人从来不看前路，所以他只能活在现在。所以，维护公司当前核心业务的同时，要用3年以后的眼光去发现替代性业务；在发展替代性业务的同时，还要用5年以后的眼光去培养种子业务。

不管是商业模式，还是公司人才的培养，都是如此。看一个人，不要看他的现在，要看他的未来。喝水在口渴之前，休息在疲劳之前，结识人脉要在他成名之前。

吕不韦是阳翟的大商人，他往来各地，以低价买进，高价卖出，家产巨万。

公元前265年，秦国的安国君被立为太子。安国君一个庶出的儿子异人作为秦国的人质被派到赵国。因为秦赵世仇，秦国多次攻打赵国，赵国并不礼遇异人。异人乘的车马和日常的财用都不富足，生活困窘。

吕不韦到邯郸去做生意，见到异人后大喜，说："异人就像一件奇货，可以囤积居奇，以待高价售出。"（成语"奇货可居"的出典）

吕不韦于是归家与父亲说："耕田可获利几倍呢？"父亲说："10倍。"吕不韦又问："贩卖珠玉，可获利几倍呢？"父亲说："百倍。"吕不韦又问："立一个国家的君主，可获利几倍呢？"父亲说："无数。"吕不韦说："如今努力耕田劳作，还不能做到丰衣足食；若是拥君建国则可泽被后世。我决定去做这笔买卖。"

吕不韦对异人说："如果公子听信我，我有办法让您回国，且能继承王位。我私下听说安国君非常宠爱华阳夫人，华阳夫人无子，但她能参与选立世子，只能从她身上下手。您很贫窘，又客居在此，也拿不出什么来献给亲长，结交宾客。我吕不韦虽然不富有，但我愿意拿出千金来为您西去秦国游说，侍奉安国君和华阳夫人，让他们立您为世子。"异人拜谢道："如果实现了您的计划，我愿意分秦国的土地和您共享。"

吕不韦有一个绝美而善舞的姬妾，异人在吕不韦家中筵席上看到此女后非常喜欢，就站起身来向吕不韦祝酒，请求把此女赐给他。吕不韦很生气，但转念一想，已经为异人破费了大量家产，为的是借以钓取奇货，于是就献出了这个女子。之后，此女生下儿子名政（秦始皇嬴政），异人就立此姬为夫人。加上吕不韦的一番整合运作，他首先说服秦王最宠爱的华阳夫人认秦异人为儿子。在华阳夫人的举荐下，异人被立为世子，安国君后，异人继位，为秦庄襄王。庄襄王尊奉华阳夫人为太后。公元前249年（庄襄王元年），任命吕不韦为丞相，封为文信侯，河南洛阳十万户作为他的食邑。吕不韦家有奴仆万人。

大家看看，吕不韦是否具有大商的投资思维？是否具有整合资源的能力？如果秦异人是得宠的太子，请问吕不韦还有机会接近他吗？他还能收获这么大的回报吗？

看一个人不要看现在，要看他的未来。不要小看任何人，不要得罪小人物。因为大人物都是从小人物成长起来的。所以，眼光短浅的人看现在，有能耐的人看长远，这叫深谋远虑。

大商的思维，除了以上这些，还需要与人为善、广结义士。如果你要驰骋商场，请记住这样一句话：以钱为圆心，以行动为半径画个圆，钱会越来越远；以爱为圆心，以行动为半径画个圆，钱会像浪潮一般来到你的身边。你所拥有的财富永远是因为你为别人创造价值的结果。如果你对自己的收入不满意，只能证明一件事情——你为别人、为社会创造的价值还不够。所以，你给出的越多，你得到的才会越多。从某种意义上说，这就是大商的思维和智慧。当然，这只是说出大商思维的极少部分奥妙，更多奥秘本书将为你一一揭秘。

第四讲　大商成就——良贾何负名臣，大商笑看书生

对众多小商、中商来说，成为大商的目标就像一座灯塔，指引自己前进，不知懈怠。大家渴望拥有大商那样的成就和荣耀。然而，你知道一个大商所能达到的最高成就是什么吗？

电视剧《一代大商孟洛川》中有这样一句话："良贾何负名臣，大商笑看书生。"意思就是说，一个拥有高尚品德且实力很强的大商，其成就是不亚于名臣的。书生们总是喜欢激扬文字、指点江山，个别人甚至陶醉于孤芳自赏中不可自拔。与之相比，大商用自己的智慧和行动促使货通天下、利射四海，足以反衬书生的狭隘。这句话淋漓尽致地道出了古今中外大商的抱负和情怀。

事实上，何止良贾不负名臣，很多名臣本身就是商人出身，如管仲、范蠡、白圭、吕不韦等，他们既是商贾，又是名臣，他们用商人思维治国理政，取得了令世人震惊的成就。他们用实际行动证明经商不是末流。经济基础决定上层建筑，一个国家要想富国强兵，践行商道是比较见效的方法。有人在经商活动中积累了大量经验，用于治国；或把治国的经验运用于后来的经商，两者智慧融会贯通，由"求术"到"求道"，由"求利"到"大商"，由"大商"到"名臣"，他们的人生真正抵达了"达则兼济天下"的境界。

你知道越王勾践是如何打败吴国的吗？有人问，不是卧薪尝胆吗？卧薪尝胆、励精图治只是一个方面，更重要的是运用商业智慧。勾践身边有个谋臣叫范蠡，同时也是一名出色的商人。勾践先是采用范蠡的建议卧薪尝胆，不忘报仇雪耻，还贿赂吴王夫差并赠美女西施，以此麻痹敌人斗志。同时赠送木料，让吴国大兴土木，建筑豪华宫殿，消耗吴国财政实力。有一天，一个绝佳的机会出现，即吴国遭遇大旱。在范蠡的倡导和谋划下，越国开始大规模收购吴国粮食，从而导致吴国粮库空虚。第二年，吴国由于严重缺乏粮食，暴发大面积饥荒，人民吃不饱饭，人心抱怨浮动。此时越国正式发兵攻打吴

国,犹如摧枯拉朽般顺利。仔细思考一下,我们就能发现,越王勾践之所以能打败吴国,范蠡的商业智慧不可小觑,表面看是在做一桩跨国的粮食买卖,实际上却是谋国之道。

从这一点来看,你还敢小瞧商贾的大智慧吗?大商与名臣从本质上原本都是相通的。范蠡因帮勾践立了大功而被封为上将军,可是他深知勾践这人"长颈鸟喙",可与共患难,不可与同安乐,于是选择退隐江湖。退隐之后,范蠡来到齐国,改名为鸱夷子皮(指古代用牛皮做的酒器,也就是"酒囊皮子"的意思),带子孙和门徒在海边开荒耕耘,并大规模开展商业活动,只用了几年时间就积累千万家财。不过,范蠡并不贪慕钱财,而是散财行善,恩惠乡民。不料这件事被齐王知晓,他无比钦佩范蠡的贤良智慧,特邀他入国都临淄,并授他相国之职。可是范蠡深知道家"功成身退"的道理,他认为,居官致于卿相,治家能致千金;对白手起家的自己来说,已经到了顶点。如此这般久受尊名,终不是什么好事。任相国名臣远不如做一个大商自在,于是再次辞官隐退,向齐王归还相印,而且豪爽地散尽了家财。

范蠡又一次漂泊迁徙。这次他来到陶地,以布衣之身重新开始经商活动。在把握经济规律的基础上,他运用神出鬼没的商业智慧,没过几年时间,他再一次成为当地的大商巨富,由于定居在陶,所以自号陶朱公。当地的民众都被他的经商之道和仁德所折服,都尊崇陶朱公为财神,同时范蠡还被后人奉为商圣——中华商人之鼻祖。

人生得意须尽欢,莫使金樽空对月。范蠡功成身退,泛舟五湖,何其快哉!行大商之道积万贯家财,何其畅哉!怀仁义之德散尽家财,何其豪哉!想当初,在越王勾践旗下,与范蠡同朝为官的还有文种。文种因为贪慕官位,知进不知退,后来被勾践猜忌而杀掉。如此名臣的人生不令人闻之悲叹吗?纵观范蠡的人生,可以说完美诠释了"良贾何负名臣,大商笑看书生"这句话的真正含义。

范蠡其人,不愧是财神和商圣,担得起大商的楷模!你看他,当官是相国、打仗是将军、经商是商圣,名满天下、功成身退。如此快意人生,才是大商应该追求的最高境界！我们不仅要做一个有能力的人，而且要做一个有本事的人。有能力是智商高，有本事是智商高加情商高。智商高的人成绩好，情商高的人往往混得好。我们的目标是要做一个像范蠡这样有本事的人，一个有资格笑看书生和名臣的大商。

第五讲　大商之志——欲授之学，先问其志

志是大商的起点。俗话说："有志不在年高，无志空长百岁。"在电视剧《一代大商孟洛川》中，师傅李士鹏先打探孟洛川的志向："古人云：'欲授之学，先问其志'。"孟洛川的回答是"学生之志，在于大商名贾。"言辞斩钉截铁，可见志向之坚决。

孟洛川小时候，曾系统地接受四书五经教育，但他天性顽皮，对商业充满极大兴趣，立志长大后当一名商人。他最喜欢的游戏项目是一个人数砖计瓦。

有一次，孟洛川因为逃学，被母亲高氏发现，罚他跪在大厅悔过。管家看到这一幕，就走过来劝说孟洛川，而孟洛川则跟管家玩起了计数游戏。他问管家："你做我们家的大管家，可知道建这座厅堂用了多少砖瓦？一共用了多少时日？"管家一下子被问懵了，只好摇头说不知道。孟洛川却掰着指头算起来，精细地将所用砖石和所需工时都说了出来。

这件事让管家非常惊异，他反映给孟母高氏以及当时掌事的孟洛川三伯父孟传珽。从那以后，大家都知道了孟洛川在商业方面的志向和兴趣，不再强迫他走仕途一道，而是有意让他参与房建预算、年终盘账等相关事宜。每当大家遇到难题一时解不开时，孟洛川总能提出让人豁然开朗的好思路。

等孟洛川长到十几岁时，对经商和管理之道都已经烂熟于心，跃跃欲试

要在商场做一番丰功伟业。1868年,他被授权掌管庆祥、瑞生祥等商号,由此开启他的大商之旅。

一个人有什么样的志向,未来就会有什么样的成就。孟洛川就是一个例子。除了孟洛川,晋商的群体崛起更是说明了这一点。为什么明清时代山西出大商?为什么晋商能够自明以来称雄天下500年?其中一个重要原因就是志向的作用。在当时举国崇尚"学而优则仕"的时候,山西民风则反其道而行之,孩子们很小就立下成为大商的志向。当地流行民谣曰:"有儿开商店,强如做知县","秀才进字号——改邪归正"。你看,当地人认为孩子长大做一名商人比走仕途更好,学业最优秀的孩子不是踏入仕途,而是学而优则商。当地父母的口头禅是:"人养好儿子,只要有三人,大子雷履泰,次子毛鸿翙,三子无出息,也是程大佩。"雷履泰是日升昌大掌柜、总经理,第一家山西票号就是他创建的,号称票号始祖。毛鸿翙初为日升昌副经理,后来参与创办蔚泰厚票号,成为第一任经理。程大佩后来也担任过日升昌票号经理。这是山西民众的商界偶像。他们认为从商方能实现人生价值,那时中进士当官,正常收入抵不上山西票号一个普通掌柜的收入,也怪不得他们崇商重利了。

雍正二年(1724),时任山西巡抚刘於义在呈给雍正皇帝的一封奏折中写道:"山右积习,重利之念甚于重名。子孙后续者,多入贸易一途,其次宁为胥吏,至中材以下方使之读书应试,以故士风卑靡。"意思就是说,山西这边的民风重利不重名,子孙后代大都走贸易商业一道,材质太差的才让读书应试。对于这一观点,雍正十分认同,他朱批道:"山右大约商贾居首,其次者犹肯力农,再次者谋入营伍,最下者方令读书。朕所悉知,习俗殊可笑。"这种情况雍正也完全知晓,但依然表示无法理解。正如19世纪美国淘金热一样,大量的山西有志男儿奔赴经商之道,走南闯北、不畏艰辛,所以才涌现出一批又一批大商巨贾。

对晋人而言,经商是值得用生命为之拼搏的大事业。明代著名晋商席铭曾说:"大丈夫苟不能立功名于世,仰岂为汗粒之偶,不能树基业于家哉!于是历吴越、游楚魏、泛江湖……起家巨万金。"由此可见晋商的志向之大,绝不肯居人之后。清代纪晓岚也记载过晋商的志向和拼搏精神："山西人多商于外,十余岁辄从人学贸易,俟蓄积有资,始归纳妇。"意思就是说,山西人从十几岁就出去学贸易经商了,等在外赚到钱积攒一定资本后,才开始回归家乡娶媳妇成家。字里行间透着一股"不成巨富誓不返乡"的悲壮感。

从孟洛川和晋商的成长来看,一个人能否成为大商,立志相当关键。你努力的方向在哪里,你的成就就会在哪里。志向就像生命的火焰,能量由此引爆。比如曹操,许邵曾评价曰:"治世之能臣,乱世之奸雄。"为什么曹操能叱咤三国?要么成为能臣,要么成为奸雄,志向决定了他绝不会甘心做一个平庸之人。你看曹操晚年写的诗句:"老骥伏枥,志在千里;烈士暮年,壮心不已。"虽然人年龄很大了,但是人老心不老,壮志依然在胸,内心的火焰依然处于激情燃烧的状态。我们现代人可以从中获得什么启示呢?如果你想从小商、中商跃升为大商,就需要曹操这种老骥伏枥的壮志以及熊熊燃烧的激情。

那么,我们应该如何蓄养自己的"志"呢?在此鬼谷子给出了合理的建议。

《鬼谷子·本经阴符》中说:"养志法灵龟。"鬼谷子倡导我们要向灵龟学习。灵龟有什么地方值得我们效法学习的呢?下面让我们一起来看看乌龟的几大优点。

一、灵龟寿极长、阅历深、见识广。灵龟的确是长寿动物,俗称"千年王八万年龟"。另外灵龟见多识广、点子多,中国民间一直有"龟丞相"的传说。一个商人如果具有灵龟这样的阅历和见识,何愁事业不成?

二、灵龟的壳甲厚实坚固,一看就有坚实、厚重和稳健感。灵龟踏实、稳重,而不是浅薄、浮躁,不像容易激动的驴子,一句话不对,立刻面红脖粗、拍案而起。鬼谷子在此告诉我们,一个商人要想成就非凡事业,要像灵龟一样具备踏实稳重的特质。

三、灵龟喜静、耐得住寂寞。一个人只有坐得住冷板凳,才能做得出好学问。只有耐得住寂寞,才能坚持到最后。每个成功人士都有一段回想起来把自己感动到落泪的经历,在那段时光里,会有人不理解,会有人嘲讽,会有人劝他放弃,但正是因为他坚持下来,于是才有今天。如何才能耐得住寂寞？这需要我们耐得住别人的"咒语"。

孙悟空在五行山下被压500年,有一天唐僧来了。孙悟空说:"师父救我。"唐僧问:"我如何救你？"孙悟空说:"你把上面的唵嘛呢叭咪吽咒语给揭掉就行了。"

你看,孙悟空并不是怕那座山,而是受不了别人对他的咒语。唐僧把咒语揭下后,孙悟空说:"师父你走远些,再远些！"唐僧捂住耳朵,只见山崩地裂。走自己的路,让别人去说吧！在这一刻,他有了新的名字:行者。他不再在乎别人的看法,不再在乎别人的评价。他踏上一条让自己走向成功的大道,所以叫行者。

我们在创业过程中也是如此,不管做什么事都有人说你不行、你不能干、没前途,这些话就像咒语。要知道,言语是有魔力的,可成人也可杀人。如果你的志向不够明确、意志不够坚定,很快就被杀死了。

在追寻大商梦想的路上,你的最大阻碍者是谁？如果你是一个卖东西的,知道最难搞定的是谁吗？最难搞定的是你的亲戚朋友。一旦你有什么想法和决定,往往越是亲近的人越难说服;你做任何事,拉你后腿的也往往是你最亲近的人。因为他们爱你,怕你受伤害,所以才不想让你干这个干那个。鬼谷子告诉我们,一个人要想发大愿、成大业,必须像乌龟那样沉静、坚定、耐住寂寞。只要方向对,就要坚持,否则在"咒语"下,你的梦想必将成为泡影。

四、灵龟具有超强的意志力。灵龟不轻于行动,在一个地方可待上几年、几十年,甚至几百年,不容易受干扰,由此可见乌龟坚韧的性格。

你看,原来灵龟身上有这么多优点,怪不得鬼谷子号召我们要向乌龟学习养志之法。

为什么我们要养志呢？鬼谷子分析道:"志不养,则心气不固;心气不固,则思虑不达;思虑不达,则志意不实;志意不实,则应对不猛;应对不猛,则志失而心气虚;志失而心气虚,则丧其神矣。"意思就是说,如果志气得不到培养,那么心气就不稳固;心气不稳固,思路便不通达;思路不通达,意志便不坚实;意志不坚实,应对能力就不强;应对能力不强,就会意志丧失和心气衰弱;意志丧失和心气衰弱,说明他的精神颓丧了。

鬼谷子认为,养志很重要,不养志的后果很严重——从心气不固到思虑不达。如果一个人心气不稳固,干什么都会缺乏定性,常常心有余力不足,就像车胎瘪了,气压不足。思虑不达,考虑问题就会草率盲目,做不到高瞻远瞩、滴水不漏,干起事来必然顾此失彼、半途而废。"志意不实,则应对不猛",如果没有强大的意志力,一个人的应对能力就不会强。应对能力最突出的表现就是反应快,对人判断能力强,做起事来游刃有余。

"应对不猛,则志失而心气虚;志失而心气虚,则丧其神矣。"心气虚则说明心气不够、心气衰落,这就是我们俗话说的精神颓废,即鬼谷子所说:"丧其神矣。"精神颓废的结果,往往就是混日子,半死不活。很多商人往往会陷入这样的误区:一番辉煌之后,发现自己当年的闯劲没了,开始原地踏步、得过且过。这样的话,所积攒的财富再继续增加就比较艰难,心气也不如当年高了,有了职业倦怠,工作只是混日子,当一天和尚撞一天钟而已。

鬼谷子说:"养志者,心气之思不达也。"意思就是,我们为什么要养志?这是因为如果不养志,心神思虑便不能畅达。很多人看到这句话就有点不懂了,养志与心神畅达有什么关系呢?原来这与五脏五行五气的相生相克有关。根据《黄帝内经》的观点,金生水,水生木,木生火,火生土,土生金;金克木,木克土,土克水,水克火,火克金。在五行相生相克理论中,我们可以看到水克火。水在五脏中对应为肾,在五气中对应为志;火在五脏中对应为心,在五气中对应为神。所以鬼谷子说肾志的充足与否决定着心神的畅达。由此可见,一个人如果肾出了毛病必然志衰,志衰必然导致心神散乱,心神散乱必将功败垂成、望洋兴叹。

鬼谷子说:"有所欲,志存而思之。志者,欲之使也。欲多则心散,心散则志衰,志衰则思不达也。"意思就是说,一个人如果有了某种欲望,老是放在心里考虑,那么志向便被欲望所役使。如果欲望太多,就会心神散乱。心神散乱,就会意志衰弱。意志衰弱,思想就不会清晰畅达。志向是一个人欲望的代表。欲望是一把双刃剑,没有欲望,人不为人,只有死人没有欲望。如果欲望过多,则必将心神散乱。放纵欲望,必将导致远大志向付诸东流。多找一个女友,就多分一笔财富,要命的并不是分你财产,而是把你的心分走了。心分走了,神必不守舍,就不能集中精力干事业。所以鬼谷子说:"欲多则心散,心散则志衰。"今天想干这个,明天想干那个,像无头苍蝇一样四处乱窜。遇到事情就不知道该干什么,该想到的事情都想不到,考虑不周全。

为什么许多原本十分英明的商人到了晚年被批为"老糊涂"?归根结底就在于欲望过多、志衰心散。《道德经》十二章中说:"五色令人目盲;五音令人耳聋;五味令人口爽;驰骋畋猎,令人心发狂;难得之货,令人行妨。"说的就是这个道理。一个人如果迷失于五色,就会变成瞎子;如果迷失于五音,就会变成聋子;如果迷失于五味,则会生口舌之疾;如果迷失于猎场,则心狂发疯;如果迷失于贵重财物,则可能铤而走险,遭受牢狱之灾。如果到了这个地步,别说建功立业了,等待你的必将是一事无成、身败名裂!所以,鬼谷子最后给商人的忠告就是——要想培养大商之志,必须牢记"节欲"两个字。

第六讲 大商之学——草商、儒商、商儒和哲商

商人,尤其是做一名成功的商人,是一种荣耀的象征。然而,商人与商人之间是有区别的,有大小之分,有草莽、智慧之别。那么,我们如何才能让自己从小商成为大商?如何才能提高自己的经商水平呢?唯有学习和修炼。

凡大商都热爱学习,哪怕学历不高,但自学知识未必少。在春秋战国时期,有巨商子贡拜师于孔子;在如今,有众多著名企业家手捧书卷如饥似渴。

比如李嘉诚,从早年创业开始,一直保持着两个习惯:一是睡觉之前一定要看书,非专业书籍,他会抓重点看,如果跟公司的专业有关,就算再难读懂,他也会把它看完;二是晚饭之后,一定要看十几二十分钟的英文电视,不仅要看,还要跟着大声说,不断获取新知识,思想始终保持新鲜活跃。你看,事业干得这么大的人还在努力学习,我们又有什么偷懒的理由呢?我们又有什么逃避学习的借口呢?由此可见,学习是大商成长之必修课。

从学识结构角度来看,我将商人群体归纳为四种境界。

第一种境界是草商。 所谓草商,就是草莽商人。他们就像商业丛林中的土狼,冲锋陷阵、不知疲倦,生存欲望强烈,富有冒险精神,只要嗅到一丝商机和利益的味道,就犹如嗅到血腥味一样激情四射、迅猛进攻。一般来说,这类商人能凭着直觉、经验和战斗精神,及时捕捉商机,把一件事情做得很好,并从中实现盈利。然而,草商的缺点是理论架构不够、思考力不足,缺乏远见和系统性谋略,甚至有些时候见利忘义、不择手段,所以很难做大做强,一旦事业做到某个阶段就会遇到发展瓶颈。在中国,至少有80%的商人可归入这一类。

第二种境界是儒商。 所谓儒商,从字面理解应该是具有儒家知识和儒家风范的商人。不过,古代的"儒"不单指儒家,是指拥有文化知识的人。一般来说,由文化人转为商人的群体被称为儒商。他们放下文化人的清高,用知识和理论来武装自己,勇敢投身于商业活动之中。因为有知识和理论指导,他们就像商业丛林中的猎豹,不仅能迅速捕捉商机,而且行动进退有序,懂得运用谋略玩转各种关系,同时信奉"君子爱财,取之有道""仁义礼智信""不义而富且贵,于我如浮云""穷则独善其身,达则兼济天下"等商道准则,妥善协调义利之间的矛盾,有一定的商业道德底线和社会责任感。这类商人既有儒者的品德、知识和智慧,同时又拥有世俗商人的财富和成功。早期儒商有陶朱公、子贡、白圭等,明清时期儒商群体有徽商、晋商、淮商、闽商等,近当代著名儒商有邵逸夫、霍英东等人。在商人群体中,儒商所占比例不超20%。

第三种境界是商儒。所谓商儒,就是商人在经营活动中逐渐发现自己知识理论的不足,于是开始有意学习修炼,逐步提高自己的知识和理论架构。可以说,这是商人群体中的一帮自觉学习者,目的是让自己成为一个有理论修养的老板。学习理论、把握规律很重要,经验代表过去,指导不了未来,只有把经验上升为理论,才能指导未来。凡大商在商业的运作都有一套自己独有的理论和方法。这就是商儒!由商入儒,由商入道,渐臻至境。商儒侧重于商,学习是为了让自己拥有理论体系,从而更好地指导经营,最终成为一代大商。

第四种境界是哲商。所谓哲商,是商人和哲人的结合体。所谓哲人,就是智者。智者未必是大商,大商中的佼佼者必是智者。一个成功的大商,随着自己经商思想的成熟,逐渐梳理出一套自己的智慧体系。他们用圣贤和哲人的眼光看待问题,目光高远、境界开阔,做事步步为营,一切都在掌控和计划之中。他们的所作所为或许众人无法理解,但十几年后,时间会证明他们的正确。他们不仅一手打造出自己的商业帝国,而且实现了"立德、立功、立言"三不朽的人生目标。另外,他们信奉"小商靠智,大商靠德"的原则,用大格局和大胸怀来容纳人才和资源,所到之处,百川归海、众人帮扶。他们经商犹如姜子牙、伊尹治国,暗合天时、地利、人和之道,上升到圣贤和哲人的高度。

在这四种境界中,最低一级商人为草商,他们最擅长野蛮生长,在改革开放初期竞争不充分的状态下,不少草莽商人凭借冒险精神小有所成,但后来因为缺乏理论的指导,无法把握商业规律的运行趋势,很多草商的事业开始停滞不前,面临新时代的转型挑战。接下来为儒商,比儒商更高明的叫商儒,是商人群体中的理论家与思想家。最后是哲商,其经营达到一种出神入化的境地,创造了一套自己的经营哲学,这正是大商的境界。

什么叫大商?大商的经商,必以"君子爱财,取之有道"为原则,以"穷则独善其家,达则兼济天下"为胸怀,以"捭阖阴阳,合纵连横"为策略,以"千里之行,始于足下"为决心,敞开心胸、广结义士,博施济众,将中国文化与中国商道完美结合。比如晋商,中国非常厉害的一个商帮,其代表人物乔致庸是中过举人的人。由此可见,如果一个商人没有一定理论的修养,没有一套道德规范来指导自己,他一定不可能成为大商。所以从草商到儒商到商儒,再到最后的哲商,整个过程就是从蛇到龙的蜕变,我们称之为蛇龙之化、僧佛之变!

第七讲　大商修炼——十二颗珠子

　　从小商到大商的成长之路,看似简单,其实不啻由蛇到龙、由僧到佛的蜕变,必然需要一番艰辛的修炼。在晚清商业圈,曾流行这样一句俗语:"南有胡雪岩,北有孟洛川。"这两人是晚清最著名的大商人,胡雪岩被誉为红顶商人,擅长官商联合和金融运作,而孟洛川则是以实业经营为主导。相较起来,孟洛川的经营思想更为成熟。他究竟是如何从小商修成大商的呢?作为现代商人,我们能向他学到什么呢?

　　先让我们看下电视剧《一代大商孟洛川》中一段对话——

　　李士鹏:我这里有12颗珠子,道与术,取与予,利与害,常与变,方与圆,生与死,这就是我们的功课。你每通过一课,就可以得到一颗珠子。12颗珠子,你全部得到,就可以结业而入道了。

　　孟洛川:师傅,我需要多长时间才能拿齐这12颗珠子?

　　李士鹏:悟性高,或者12天就能得到,悟性低,或者12年也不能够。

　　孟洛川:好,师傅,你开讲吧。

　　孟洛川在跟师傅学习大商之道过程中,师傅给了他一串珠子,这串珠子一共12颗,每颗上面雕刻着一个字,两两相配,分别是:道与术、取与予、利与害、常与变、方与圆、生与死。这12颗珠子上的字正是大商修炼之独门心法。李师傅一丝不苟精心讲解,让孟洛川顿时醍醐灌顶、眼界全开。孟洛川悟性极高,很快掌握要领,并在坚守商道之本的基础上,修炼自己审时度势、沟通权变、联系各色人物、调和各种矛盾、明辨祸福利弊、运输货物、商略价格、拓展市场等各方面的能力,从此叱咤商海,终成一代大商名贾。如果你能彻悟这十二字诀,并且做到身体力行,那么你距大商目标就不远了。可以说,《一代大商孟洛川》为我们展示了一条通往大商的修炼之路,对正在成长的企业家来说具有非常深远的启发意义。虽然每个从商之人都有自己独特的环境和背景,但是在成长的过程中要面对的事情,却都离不开贯穿剧中整个故事的那一串珠子所带出的内容。

不过,大商的修炼除了这十二字诀以外,还需根据鬼谷子的智慧增加捭与阖及大商无算的要点。在本书中,我将这十二字诀合理增添并调整顺序,尽力完善全书的内容框架,具体如下:道与术、常与变、利与害、捭与阖、取与予、方与圆、生与死、大商无算。可以说,一个商人只有活学活用以上这些心法要诀,才能让自己拥有完善有效的理论体系和行动准则。

下面我来为大家简要概述本书的内容要点。

一、道与术

关于道与术,《一代大商孟洛川》中的论述是这样的:

李士鹏:大凡天下之学问,万事成败,皆不出道与术这两大范畴。道是河、术是舟,道是舵、术是桨。无河无以载舟,无舟难以渡河;无舵则无方向,无桨则无动力。所以道是方向,术是方法。道是法则,术是谋略。现在,你告诉我你想到的第一颗珠子,选择的是道还是术?

孟洛川:我选术。

李士鹏：为什么要先选择术呢？

孟洛川：刚才师傅您说了，道是舵，术是桨，我想桨应该比舵重要一些。

李士鹏：何以见得？

孟洛川：一艘船在水里头行进，如果只有舵没有桨的话，那是没有办法前进的，可是反之，如果有桨而无舵则不然。

李士鹏：难道，你就不怕触礁或者驶入漩涡吗？

孟洛川：如果熟悉那条河，就不至于吧？

李士鹏：还有呢？

孟洛川：在商场上争赢取胜，方法和谋略是最重要的，方向和法则，那就是其次了。

李士鹏：谋者，韬略也。《汉书·艺文志》云：谋略，以正守国，以奇用兵，先计而后战，天下之谋略。无论应用于何时何事，时谋、地谋、人谋这三则。陶朱公著有《陶朱商经十八法》，分为"三谋"和"三略"，是为人谋、事谋、物谋；货略、价略、市略，这三谋三略乃《陶朱商经十八法》之要义，你要深领其意。

道，最早出自老子所著《道德经》，开篇曰"道可道，非常道，名可名，非常名"，又在第二十五章曰"有物混成，先天地生。寂兮寥兮，独立而不改，周行而不殆，可以为天地母。吾不知其名，强字之曰：道。"可见，道是中华民族独创的一种认识世界本源规律的一个字。道即规律，术即方法。对于两者的关系，剧中孟洛川的师傅形象地进行比喻："道是河、术是舟，道是舵、术是桨。无河无以载舟，无舟难以渡河；无舵则无方向，无桨则无动力。"道是方向、原则、规律以及内心的修持，了悟了道，你才能洞察商业的本质是什么；术是方法、手段、策略、技巧。方法要从属于方向，道德要驾驭才能。道是术的前提，术是道的呈现。大道无形、大商无算，正所谓"财自道生，利缘义取"。作为一名商人，如果你不能明道、不能正心，那么你至多是一个小老板，很难突破自身局限成为大商。

如果一个商人想成为大商,务必明道务本。商业的本质是为人民服务,你能为多少人提供服务,你就能创造多大的财富。所谓的产品、服务、营销、商业模式……这些都是术的层面,都是为服务人民而产生的。小成者依术布局,中成者依法造势,大成者顺道立框!洞悉道与术可以让你明道修德、神采飞扬、思维周密、通达事理、多谋善断、知机权变!

那么,我们该如何修炼大商所需的道与术呢?运用鬼谷子智慧,助自己修炼内圣外王之道。如果你修至内圣外王境界,道与术将尽在掌握之中,此时大商之路还会远吗?具体内容请翻阅本书第三部分——明晰道与术:内圣而外王。

二、常与变

常是什么?根据东汉许慎《说文解字》中解读:"常,下裙也。"本意是古人常穿的下裙,具有恒定不变之义,引申含义有平常、普通,更进一步引申为规律、准则。比如我们常说的三纲五常,就是古代人与人相处的常用准则,五常即仁义礼智信。再如《荀子·天论》中说:"天行有常,不为尧存,不为桀亡。"这里的"常"就是普遍存在的客观规律。变是什么?即变化、变易,事物发展存在的动态规律。比如中华文化源头《易经》,就是一本专门讲解变化的学问,《孙子兵法》也是研究变化的军事著作,《鬼谷子》更是一本处处渗透着变化哲学的经典。这几部经典说明一个道理:万事万物是不断变化的,变化是有规律的,规律是可以认知的,掌握了规律,未来是可以预测的。一个人的能力有四个境界:第一个境界叫狂剑乱舞,没有章法,没有路数,遇感到什么就随机应变;第二个境界叫认真学习,学到一定的理论,那叫招招有术、有章有法,经过一段融会贯通以后会达到第三个境界;第三个境界叫佩剑在身,一般不需要用招式,不需要拔剑,一旦拔剑,那就是拔剑必见血、出招必杀人;第四个最高境界叫挂剑在墙、人剑合一,心中无剑,手中无剑。什么意思?因为到这个境界摘花飞叶皆可伤人,到了大道无形的境界。要想达到最高境界,就必须洞察常与变的背后的玄机,并将之运用到实际工作和生活中去。

要知道,常与变的关系不是恒定不变的,关键取决于人。正所谓"谋事在人,成事在天"。事物由常而变乃是一柄双刃之剑,既可变而为利,亦可变而为弊。常中求变,因势利导才行。生行莫入,熟行莫出,生意忌变,买卖求稳。兵无常势,水无常形。变化无常难求财,墨守成规同样必遭淘汰。至于如何把握其中的分寸,那就是"运用之妙,存乎一心"。

作为一名商人,如果你不能洞察常与变的奥妙,如何能够拥有远见卓识?没有远见卓识,又如何能在商场立足?如果你能预测未来,必能先人一步;如果能领先三年,必有两年暴利!如果你不懂国家政策,何以顺风?不了解行业趋势,何以顺水?不能顺风顺水,何以基业长青,走得长远?具体内容请翻阅本书第四部分——洞察常与变:如何获得卓识远见。

三、利与害

利,即一个事物能给人带来的利益和好处;害,即一个事物给人带来的损害和坏处。关于利害的重要性,《史记·龟策列传》中说:"先知利害,察于祸福。"一件事能不能做,一定要先知道其背后所隐藏的利害祸福,这样才能作出正确的决策。《孙子兵法·作战篇》中说:"不尽知用兵之害,则不能得用兵之利矣。"在作战之前,一定要先权衡用兵的害处,这样才能知道能不能战,以及如何在战争中获取更多的利益。我们的商业决策,更要权衡利害。对商人来说,利益就是生命线。羊群逐草,商人趋利,这是天经地义的事情。然而,凡事有一利必有一害,利益之中藏着害,害的背后又可能隐藏着利。如何判断和决策?这一切都需要我们权衡和选择。智者之虑,必取舍于利害之间。具体内容请翻阅本书第五部分——权衡利与害:如何科学决策。

四、捭与阖

《鬼谷子·捭阖》篇中说:"捭阖者,天地之道。捭阖者,以变动阴阳,四时开闭,以化万物。"在这里,捭是打开、接纳、进取之义;阖是闭合、拒绝、等待之义。如果你想成为一个具有说服力的人,必须懂得捭阖之道,而掌握了捭阖之道,你就学会了说话的艺术。鬼谷子接着说:"捭阖者,道之大化,说之变也,吉凶大命系焉。必豫审其变化。口者,心之门户也。心者,神之主也。"意思就是,捭阖是万事万物的变化的基本规律,也是游说之中必须遵循的道理,所以一定要预先周详地研究阴阳开合变化的规律,吉凶存亡的关键全系于一捭一阖之间。在商业活动中,掌握捭阖之道是你有效提高说服、路演效果的不二法门。路演能力是从小商迈向大商的必备技能。具体内容请翻阅第六部分——玩转捭与阖:路演智慧。

五、取与予

取,是获取;予,是给予。一个商人只有读懂了取予之道,才算真正领悟商业的真谛。只有学会了取予之道,才算真正掌握了资源整合和合作共赢的法则。关于取与予,电视剧《一代大商孟洛川》中有过一段这样的对话——

李士鹏:生意的目的是什么?

孟洛川:取利。

李士鹏:不错,生意的目的就是取利,但是有的时候,取利之前却需要给予。

孟洛川:师傅,这是不是咱们总说的那种先吃小亏,后占大便宜?

李士鹏:非也,这是小见识,先予而后取则是大智慧。孟三,这里有大小两个苹果,让你选择,你会选择哪一个呢?

孟三:我拿那个小的。

孟洛川：我拿那个大的。

李士鹏：你认为这种获利的结果怎么样？

孟洛川：我觉得挺合理呀，孟三愿意选小的，我愿意选大的。各有所需嘛。

李士鹏：这种看似圆满的结果，是因为孟三奉行了先人后己的原则，当天下一部分人奉行这个原则的时候，这就意味着这一部分人必定要吃亏，而另一部分人则要占便宜，时间一长，吃亏的人肯定不干。孟三，你说呢？那么下次再让你选择拿苹果，你会选择哪一个呢？

孟三：我拿那大的。

李士鹏：你看，他也要拿大苹果，现在你们两个人同时都想要拿这个大苹果，这就产生了矛盾。

孟洛川：我还拿这个大苹果，我们商量一个合理的补偿办法。这个大苹果在市面上的价值是四文钱，小苹果在市面上的价值是两文钱，我补偿一文钱给孟三，你还拿这个小苹果，如此一来我们两个人拿到的全都是三文钱的价值，我们之间的矛盾就可以合理地解决了。

李士鹏：如果说拿大苹果是取，那么补偿对方一文钱就是予，这其中的道理，你能领悟出来了吧？

孟洛川：我明白了，师傅，这个道理是平衡。在经商的过程中或者是日常生活中，如果利益双方得不到平衡，那么就会产生矛盾和冲突。如果矛盾和冲突得不到合理的解决办法，那么最终谁的目的都达不到。予，就是合理解决这一矛盾冲突的最好办法。通过这一办法实现了利益各方之间的平衡，最后达到了取的目的，我说的对吗？师傅。

李士鹏：然也，你曾多次问过我，大商与小商的区别，现在这不是有了答案了吗？

孟洛川：于己有利而于人无利者，小商也；于己有利而于人亦有利，大商也；于人有利，于己无利者，非商也；损人之利以利己之利者，奸商也。

每个人都想获得最大的利益,这正是资源整合和合作共赢的难点所在。如果你能解决这个问题,那么你必将无往而不胜。李嘉诚与人合作的秘诀是什么?他说:"如果利润10%是合理的,本来你可以拿到11%,但还是拿9%为上策,因为只有这样才会有后续的生意源源而来。"其中蕴藏的就是取予之道。如果你想成为一代大商,就要懂得取予之道。欲取先予,小予小取,大予大取,不予不取,只有懂得取予,你才能整合更多的资源,从而获取更多的利益。具体内容请翻阅本书第七部分——掌握取与予:如何整合天下资源。

六、方与圆

中国近现代爱国主义者和民主主义教育家黄炎培曾这样告诫儿子:"和若春风,肃若秋霜;取象于钱,外圆内方。"意思就是,温和似春风,严肃像秋霜。效法铜钱外圆内方的形象,外圆融让你左右逢源,内方正让你挺立有度。总之,做人做事当方圆并用,该方则方、该圆则圆。中国第一个明确提出"方圆之道"的人是谁?目前来看是鬼谷子。

鬼谷子说:"如阴与阳,如阳与阴;如圆与方,如方与圆。未见形,圆以道之;既见形,方以事之。"(《鬼谷子·反应》)意思就是,有时阴柔变阳刚,有时阳刚变阴柔,有时阴柔与阳刚结合使用;有时圆融,有时方正,方正与圆融相互协调搭配。在对方的基本情形尚不明朗时,便采用圆融灵活之道来诱导他;如果基本情况已经清楚,就用既定的方略处理事情。虽然两点之间的直线最短,但有时候为了达到目的,却要迂回行动。曲直之道,即方圆之道,直中见曲,曲中见直,方中有圆,圆中有方。外圆内方,这是经商之道、为人处世之道。为人应该内心方正,处事应该手段圆融。好比一个车轮,中间的轴孔不方不直,就难以固定到车轴上,轮廓若是不圆不曲,车轮就无法转动行路。天圆地方,无限广阔。人在其中,微如芥子。然而,掌握了方圆之道的大智慧,天地就会变得很小,人生就会变得伟大。因为此时的你已经真正看清了世界,真正读懂了自己。

在商务谈判中,我们更有必要掌握方圆之道。方圆有致,谈判才能顺风顺水。这是中国式谈判的独门秘诀。具体内容请翻阅本书第八部分——活用方与圆:谈判绝学。

七、生与死

什么是生死?《荀子·礼论》如此定义:"生,人之始也;死,人之终也。"每个人都好生恶死,这是一种与生俱来的本能。然而,道家的庄子却视"悦生而恶死"为人生的一大迷误,他认为一个人要想获得生命的"自由",就必须超脱生死。我们只有看破生与死,才能活出生命的价值,以及在面对死亡威胁的时候向死而生。按照《周易》的说法,如果我们遵循了生命的规律,就能很好地活出自我,同时随时做到居安思危,从而逢凶化吉、否极泰来。关于生死,鬼谷子说:"观阴阳之开阖以命物,知存亡之门户,筹策万类之终始,达人心之理,见变化之朕焉,而守司其门户。"(《鬼谷子·捭阖》)作为一名商人,学好鬼谷阴阳之道,可帮你守住生死存亡门户,让你居安思危,洞察商业活动中生死存亡变化的征兆,从而未雨绸缪,不仅获得事业的成功,而且能帮你把此生活得有意义。人生短短几十年,如白驹过隙,弹指一挥间。也许我们做不到"生的伟大,死的光荣",但必须尽量做到问心无悔、问心无愧。具体内容请翻阅本书第九部分——彻悟生与死:否极泰来。

八、大商无算

小商人小算盘,大商人大算盘。小商人斤斤计较,大商人无算无不算。二者的区别在哪里?就在格局和境界。一个商人做到超一流,一定是格局、境界、胸怀、眼量的比拼。什么叫格局?你的价值观是什么?你为什么做这件事情?为什么做这件事比如何做好这件事情还要重要?什么叫境界?境界是站的高度。如果哪天乌云密布,黑云压顶,我们的心情会莫名其妙地感觉不舒服。可是,当我们坐着飞机冲破云层以后发现,不管下面多么黑云压城,在云层上面永远是丽日当空,永远是蓝天白云。莫道浮云终蔽日,只因未到更高层。等你到了更高层,你会发现——那些斤斤计较、那些蝇头小利,在你面前根本就不算事儿。之所以看不惯是因为胸怀不够大,是因为看不穿,是因为你的高度还不够高。你的境界决定你的事业能走多远,你的心胸决定你的事业能做多大。

在电视剧《一代大商孟洛川》中,孟洛川的师傅为他上的最后一堂课是泰山观日出。孟洛川登到极顶,顿悟"地到无边山为界,山登绝顶我为峰"的高远和博大。晚年,孟洛川带儿孙再次登上泰山,望着东方升起的太阳,儿子问他:"父亲,您这一生的经商之道是什么?"孟洛川在泰山顶上默然沉思,最后吐出四个字:"大商无算!"

诚然,一个名垂青史的商人,他们所计算的绝非个人小账,往往是心怀天下,将国家民族和人民的利益放在前面。正是如此,你担负的社会责任有多大,你的价值就有多大,你所获得的回报才会源源不断,生意才会经久不衰。企业家最终比的是胸怀与境界,这就叫蛇龙之化、僧佛之变。具体内容请翻阅本书第十部分——大商无算:格局和境界。

第三部分

明析道与术：内圣而外王

第一讲　悟道明道，蛇龙之变

学习大商之道，首先要弄清"道"这个字的含义。

"道"这个字，上为"首"，下为"走"。"道"的核心为"首"，首就是头。为什么？下至民众、上至领袖，区别在哪个位置？区别就在首与足。凡做一件事，大家先由脑袋来想，再由脚去走，谋定而后动。道是规律、规范。道和路在一起，叫道路；道与德在一起，叫"道德"；道与理在一起，叫"道理"；道和商在一起，叫"商道"。康百万庄园有副对联写得好：

经商要有商经经商才能有道
用人先被人用用人方可有度

你看，中华文化的学问就藏在文字里，明白了文字才能明白道理。中国文字具有觉悟思维。西方文字大都由字母组成，看到它可以拼读；中国的文字是象形文字，看到它你就知道是什么意思。中国的文字写出来就是"符"，符是什么？符是人类揭开奥秘的一把钥匙。你把这个字念出来，就叫作咒。为什么我们要诵读经典？孔子说："诵诗读书，与古人居；读书诵诗，与古人谋。"（《孔子集语·劝学》）这句话什么意思？你买本经典放在家里，就等于与圣人同居。你把这个书读出来，就等于和圣人对话。

关于诵经学道功课，《玄门日诵早晚功课经·序》曰："功课者，克功也。克自己之功，修自己之道也。经之为经，是前圣之心宗；咒之为咒，乃古仙之妙法。诵之诚者则经明，行之笃者则法验。经明则道契于内，法验则术彰于外。经明法验而两全，内功外行而俱有。"

通过这段话可知，经为前圣之心宗，即古代圣人参天地万物彻悟的心得体会。刘勰在《文心雕龙》中曰："恒久之至道，不刊之鸿教。"古圣先贤将这些永恒真理撰写成书，就是我们所谓的"经"。可见，大道就藏在古圣先贤的经书里。学道悟道,到底是看书有效,还是读书更有效?我认为当然是读书。古人所谓读书,不是拿起任何一本书都叫读书,这书特指四书。哪四书?《大学》《中庸》《论语》《孟子》。诵经是指诵读经典,第一个必读经典为《易经》,第二个是《道德经》。有俗语说"胖和尚,瘦道士"。为什么?因为读的经典不一样。凡信道之人,多眉长,读《道德经》可以提高人的智慧,可以延长人的寿命,所以道家一般都长寿。我们讲"鬼谷子大商之道",为什么开场要诵经?为了让大家开口。舌乃心之苗,舌头一动心门就开了。一个人心里不高兴,想不开的时候,他就不想说话。一个人只要一说话,心情立刻就放松了。

那么,如何读经学道?据《毛诗序》中说:"诗者,志之所之也,在心为志,发言为诗,情动于中而形于言,言之不足,故嗟叹之,嗟叹之不足,故咏歌之,咏歌之不足,不知手之舞之足之蹈之也。"什么意思?诗言志、歌抒情,诗是抒发自己志向,歌是抒发情感,当内心有触动了,要开口把它讲出来。言之不足嗟叹之,什么意思?当语言不足以表达内心喜悦怎么办?拍手叫好,这叫嗟叹之。嗟叹之不足,咏歌之。当拍手叫好不足以表达自己内心怎么办?要唱出来。"咏歌之不足,不知手之舞之足之蹈之也",意思就是唱也不能表达内心怎么办?就要手舞足蹈。在这里,古人告诉我们读经学道的方法,即眼睛看着,嘴巴讲着,手里还要比画着,这样才能自得其乐、乐在其中。

什么叫道?是对规律的了解、原则的坚守、趋势的把握、内心的修持。道,即做正确的事;术,即正确地做事。

让我们继续讲"道"这个字。大家看,上面两短横"– –",下边一长横"—",代表什么意思?在《易经》当中,上面两短横叫作阴爻,阴爻是坤德。坤德第一大美德是包容。大地广袤而厚实,能包容一切。你挑剔一个人,就会失去这个人。你欣赏一个人,就可以赢得这个人。你可以包容这个世界上所有的人,你能被这个世界上所有人包容。第二大美德是配合。坤德也指女德,做女人讲究相夫教子,相夫是帮助、配合;教子是成人之美。而坤德又是老二哲学,代表地区是江淮文化。江淮文化的代表是绍兴,而绍兴出师爷。

师爷最能包容他的主公,最能成人之美。下面一长横在《易经》中叫阳爻,阳爻代表乾德。《易经·乾卦》曰:"天行健,君子以自强而不息。"乾德的代表文化是湖湘文化。

在家庭中,男人要自强不息,家族才能兴旺发达;女人要厚德载物,才能营造一个和谐幸福的家庭。在国家中,国家主席要自强不息,国家才能繁荣昌盛;国务院总理相当于宰相,要有仁爱之心,要推行德政,才能建立幸福和谐的社会。在部队中,首长要自强不息;政委要厚德载物。在企业中,董事长要自强不息,企业才能够快速发展;总经理要面临不同个性的员工、不一样的客户,必须厚德载物。

《易经·系辞上》中说:"一阴一阳之谓道,继之者善也,成之者性也。"所以,一个人要兼具自强不息和厚德载物的秉性才能成就大事。在东方的治理智慧中,团长和政委一个抓业务,一个抓思想教育。思想教育有时候比业务更重要,如果一个人想不通了,再强的能力未必能创造好的业绩。而一个人即便没有更多的知识、更多的能力,但是他愿意做,往往就能做得很好。在单位里面,销售冠军往往不是学历最高、最聪明的,但往往是行动力最强的那一个。道是中华民族独创的一种认识世界本源规律的一个字。道是无形的规律,所以不可言说,能够说得具体的道,就不是恒常的规律。由此可见,老子认为,道就是恒定不变的法则。

那么,鬼谷子对道的认识又是怎样的呢?鬼谷子说:"持枢,谓春生、夏长、秋收、冬藏,天之正也。不可干而逆之。逆之者,虽成必败。"(《鬼谷子·持枢》)意思就是,所谓持枢,即抓住关键,就是说春天播种、夏天生长、秋季收获、冬天储藏,这是四时运行的自然法则。不可干预和违背这个自然规律。违背自然规律,事情即便偶尔成功了,终归也会失败。鬼谷子说"天之正也","正"是什么意思?即天道法则,天地运行的规律。宇宙万物最大的规律就是平衡,空气密度不均衡而形成风;地壳结构不均衡而有地震;人心不平衡会有矛盾;体内阴阳不平衡会有疾病产生。我们学鬼谷子学什么?本部分开宗明义就告诉我们要掌握宇宙大道的关键,按照自然规律办事。如果我们能做到按自然规律办事,就好像拥有一只运转天地之轴的手一样,做什么事都不会出现大方向上的错误。

鬼谷子倡导"道法自然",这是中华传统文化的精要所在。作为一名商人,我们都要牢记——违背大道规律必将遭受惩罚,杀鸡取卵、涸泽而渔是愚人才做的急功近利、目光短浅的行为。只有把握天道,才能未雨绸缪、决胜未来。做正确的事,顺应道就能获得吉利;做错乱的事,违背道必将遭受凶灾。作为现代商人,我们要想实现修身齐家治国平天下的"内圣外王"之人生理想,必须牢记鬼谷子在《持枢》篇中告诉我们的大道真谛。这是一个商人悟道明道的关键所在。一个商人只有做到了悟道明道,才能实现蛇龙之化、僧佛之变。

第二讲 道与术的五个层面:道魂法术器

一个老板要想从小商跃至大商,必须要有一套系统的道与术。关于道术,我们可以看作大商必备的领袖智慧。掌握了这套道术,无论是战略制定还是具体执行,都将帮你事半功倍。中国古人将这套理论分成五个层级——道、魂、法、术、器。

一、道

道是规律、原则、趋势、方向,我们首先要悟道明道,解决做什么才更符合趋势和方向的问题。比如我们去上海,即使你出行的理由充分、精神状态很好(魂);购票、乘车的流程和方法都是对的(法);你经常出差,各个环节都应对自如(术);并且你乘坐的这列高铁性能良好,司机驾驶一流(器);但只要你乘坐的列车方向错了,你就会距目的地越来越远。我们做什么事,必须"以道为先",如果"道"的问题没有得到解决,无论你在"魂、法、术、器"环节做得再好也无济于事。这就是道的意义。参悟大道,以求商业妙谛,指导成功人生。可以说,通大道者,可达上乘境界。关于这一点,我们在前文已讲过很多,在此不再赘述。

二、魂

魂是为什么做这个事。比如一个电灯泡,当它没通电的时候就是一个玻璃体,一旦通了电,就会光彩夺目。我们在经商过程中,也要明白这一点——当员工不知道为什么做这件事的时候,他就会每天不知所措,饱受煎熬;他一旦明白为什么做这件事情,认识到做这件事的价值,就会乐此不疲,为此而献身。大家想想,天下最难带的是哪个团队?水泊梁山。所有上山来的人,都是带着凶器来的,多数人身上都有命案。现在我问大家,如果让你带领这一群杀人犯,你会怎么带?上山来的人必须做业务,梁山的业务是干什么?杀人放火、打家劫舍就是他们的业务。你让李逵去劫道,特擅长;你让时迁去偷盗,老本行;可是让八十万禁军教头林冲去劫道,他就放不下面子。但凡上山来的必须做业务,林冲没办法只能下山了。因为他对职业不认同,怕别人认出自己,怕人说"林冲竟然干强盗了",于是他就黑纱罩面,怕别人认出他来。为什么?对职业不认同。后来领导换了,王伦换成宋江。宋江大旗一竖——替天行道!经宋江的这番思想教育,林冲披挂在身,拿着尖枪冲在前面,一下子当了宋江的急先锋。我问大家,为什么林冲这个员工换了领导,工作热情就完全不一样了呢?因为思想教育、精神灵魂得到了全新塑造。一个员工从心理上认同不认同你的企业,这就是魂的问题。什么叫魂?魂就是为什么要做这件事情。

三、法

法是什么？以"道"为基础制定的不可违背的一套规则体系，是经过长期经验梳理出的能达成结果的途径和方法，如法律、法规、制度、流程。我们在企业当中讲的"法"是什么？即商业模式、管理模式、投融资模式、企业规章制度等，这些都是法的层面。一个人精通某项技能，逐渐就能琢磨出一套独特的方法（类似于操作手册），从而使自己工作效率更高，甚至专门收徒传法，让独门技艺发扬光大。佛道中人把法比喻成木筏，修行之人必须要靠这个木筏自渡，才有希望到达彼岸。道家把法比作阶梯，修行之人要靠这个阶梯，一步步提高自身的境界，才能日有增进，并最终顿悟，从而跳出三界外，不在五行中。法，有时候要靠高人指点和传授。

南北朝时期，慧可禅师前往少室山向达摩祖师求法，站在洞外，直到积雪淹没膝盖都没挪动一下。达摩祖师才心生一丝怜悯，问："汝久立雪中，当求何事？"慧可禅师答："唯愿和尚慈悲，开甘露门，广度群品。"达摩祖师说："诸佛无上妙道，旷劫精勤，难行能行，非忍而忍。岂以小德小智，轻心慢心，欲冀真乘，徒劳勤苦。"意思就是，你想用小德小智、轻心慢心来求高深佛法，真是徒劳无功、痴人说梦。听了这样一番话，慧可暗下决心，咔嚓一刀砍断了自己的左臂。达摩祖师终被感动，决定传授佛法与他，并说了一番话："诸佛最初求道，为法忘形，汝今断臂吾前，求亦可在。"你看，为求法忘记自己的形体，宁愿断臂，这样的精神真够执着和疯狂的。没有高人指点，靠自己闭门造车，势必会走很多弯路。跟对人，做对事，你才有机会得到法。由此可见，法也是十分重要的，一个人通达于法，即可达中乘境界。

四、术

什么叫术？达成结果的技术与技巧，追求实际的功用。不同行业有不同的技术要求。研究原子弹的就要专心研究好核反应堆，煮茶叶蛋的就要掌握好火候和味道,搞软件开发的要把代码整得滚瓜烂熟,搞投资的你要玩转研究报告。如果你是做财务工作的,账本都看不懂,这不是笑话吗?这是什么?这就是术。术是学问最基本的要求。如果一个人通达术数,可居于下乘境界,做个优秀的基层员工绰绰有余。

五、器

《论语·卫灵公》中说:"工欲善其事,必先利其器。"什么叫器?即你所借用的工具。一个公司的员工要想把手头的活干好,工具一定要给力,这样才能得心应手。先秦荀子在《劝学》中说:"登高而招,臂非加长也,而见者远;顺风而呼,声非加疾也,而闻者彰。假舆马者,非利足也,而致千里;假舟楫者,非能水也,而绝江河。君子生非异也,善假于物也。"为什么顺风而呼,声非加疾而闻者彰?因为我借用了风力。你为什么能横渡大江大河?并不是你擅长游泳,而是你借助了舟楫。擅长借用工具,是人和动物的最大区别。如果借用工具,一个小孩能打败一个身强力壮的大人。你说工具重要不重要?如果你说工具不重要,为什么在金庸武侠小说里大家都去争那个倚天剑、屠龙刀?一般来说,在一家企业内部,除了常用的硬件工具外,还包括各类计划报表、各类总结、各类文件管理、考勤管理、表单制定、制度规范制定、部门培训、部门招聘、各类信息化等一系列工具的使用。这些都是"器"的范畴。

然而,我们要认识到——器永远不是最重要的。我曾带公司的高层看过一部电影《卧虎藏龙:青冥宝剑》,这部电影表面看是一部江湖武侠片,实际上谈的就是道和器的关系。

话说青冥宝剑为青龙所化,为张三丰所用,谁拿到青冥宝剑就能号令江湖。于是,江湖各派都争这个青冥宝剑,一个是代表正派的武当,这个青冥宝剑掌握在孟思昭大侠手中;反派是戴帮主,他一心要争这个青冥宝剑。后来,孟思昭和戴帮主两人相遇。戴帮主拿一把刀,而孟思昭拿青冥宝剑,刀剑相逢,同时脱手而飞。此时,戴帮主一心只想争青冥宝剑。剑在上,刀在下,当戴帮主争剑的时候,孟思昭抓到了他的刀,向前一推,就把戴帮主刺于刀下。戴帮主临死之前说了这样一句话:我一生都在追这个剑,结果我把剑追到手了,却死在了自己的刀下。电影最终的感悟是——江湖之争不在神器,而在道义。

什么叫道义?侠义、情义、正义和大义合在一起,即为道义。重感情叫情义,路见不平拔刀相助叫侠义,做你该做的事是正义,为国家苍生是大义。真正的江湖之争不在这个武器多么厉害,而在使用武器的这个人。只有用道、魂驾驭这个器,一切才会有意义。

所谓大商之道,其实就是这五个字:道、魂、法、术、器。道是做正确的事,魂是为什么做事,法是如何做事,术是正确地做事,器是拿什么工具做事。中国文化讲的是道与魂,西方文化讲的是法、术、器。不过遗憾的是,如今国内90%的企业都把目光聚焦在法、术、器的层面。外行求器,初者求术,深者求魂,行家求道,而道才是决定成败的最终因素。今天的商人,只有把东西方文化结合在一起,用道和魂驾驭法、术、器,才是完善的一套领导之道,方能踏上大商之道,正所谓"以正治国,以奇用兵,以无为安天下"。

第三讲 大商的自我修炼之道:由妖到仙有多远

让我们继续讲"道"这个字。前面已经说过,上面两短横是阴爻,代表坤德,"地势坤,君子以厚德载物";下面一长横是阳爻,代表乾道,"天行健,君子以自强不息"。那么,有了这两个品质还不行,还需要有一个字,叫自己的"自"。两横与"自"组合到一起是什么?首,人的头。除了头,"首"还代表什么?代表领导、首长。为什么要加一个自己的"自"?人的情绪是不断波动的。如果人的情绪在低谷,这个字叫俗,这个人就变成俗人,有了俗气。可如果人的情绪不在低谷而在山上,这个字就叫仙,于是这个人就成了仙人,有了仙气。所以,你是俗人还是仙人,就看你对自己内心的掌控。

关于道的修炼,中国四大名著之一《西游记》讲得比较透彻。一部《西游记》表面讲的是神话传说,实际讲的是修仙之道。孙悟空在什么地方修炼?原书第一回中这样描述:

猴王道:"望你指与我那神仙住处,却好拜访去也。"樵夫道:"不远,不远。此山叫作灵台方寸山。山中有座斜月三星洞。"

什么叫灵台方寸山?方寸在哪儿?天突穴和膻中穴中间的地方叫方寸（见图3-1）。方寸对应的背后的穴位就叫灵台（见图3-2）。

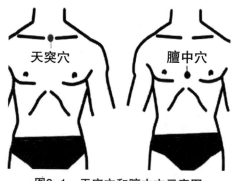

图3-1　天突穴和膻中穴示意图

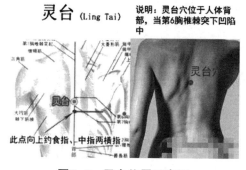

图3-2　灵台位置示意图

在方寸和灵台之间有一个地方叫"斜月三星洞"。什么叫斜月三星洞？是心。大家看"心"这个字，弯钩像不像斜月？三个点像不像三颗星？而心正好位于方寸和灵台中间的胸腔里。其实，孙悟空一直就在自己心中修炼，不是远在十万八千里之外的天边。大家看他后来在什么地方修行成佛了？在西天灵山取回真经，又回到自己的心头。

关于这一玄机，《西游记》第八十五回对此如数泄露——

却说唐僧辞别了钦法国王，师徒四人欣然上路。正欢喜处，忽见一座高山，凶凶的有些凶气，唐僧见了，渐觉惊惶，满身麻木，神思不安。悟空笑道："你把乌巢禅师的《多心经》早已忘了？"唐僧道："我记得。"悟空道："佛在灵山莫远求，灵山只在汝心头。人人有个灵山塔，好向灵山塔下修。"唐僧道："徒弟，我岂不知？若依此四句，千经万典，也只是修心。"悟空道："不消说了，心净孤明独照，心存万境皆清。差错些儿成惰懈，千年万载不成功。但要一片志诚，雷音只在眼下。似你这般恐惧惊惶，神思不安，大道远矣，雷音亦远矣。且莫胡疑，随我去。"那唐僧闻言，心神顿爽，万虑皆休。

孙悟空作的这首诗有何深意？"佛在灵山莫远求，灵山只在汝心头。人人有个灵山塔，好向灵山塔下修。"唐僧一语道破："千经万典，也只是修心。"想当年禅宗二祖慧可求教达摩祖师，万般哀求："师父，我心绪不宁，请为我安心！"达摩反问道："把你的心拿来，我替你安。"慧可这下为难了，说："我拿不出我的心。"达摩用手一指道："那我已把你的心安好了！"这番对话什么意思？你的心原本就在自己身上，根本不需要别人来安。安心只能靠自己，顿悟只能靠自己。所以取经就是修心，而佛就在自己心中。孙悟空向谁学？菩提祖师。大家看菩提祖师是何等装扮？身穿道家的鹤氅，手里拿着一本《论语》，嘴里讲的是佛法，学的是儒、释、道三家。后来，孙悟空的成就首先是齐天大圣，这是儒家；然后被压到五行山下，人在山下是仙；最后，他来到西天取回真经，变成佛。

所以，整个《西游记》讲的就是修道修佛、超凡入圣的学问。孙悟空最初学成归来，首先遇到谁？混世魔王，这家伙抢了他的洞。混世魔王是乾卦，说的就是孙悟空自己，刚刚学成归来，天不怕地不怕就是混世魔王。孙悟空把他的刀夺了过来，一刀下去劈开，于是乾卦变成坤卦了。具体见乾卦和坤卦的示意图（图3-3）。

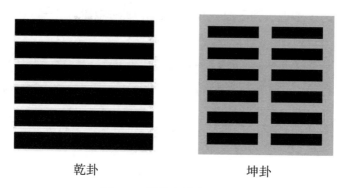

图3-3　乾卦和坤卦示意图

中间的空隙像不像被一刀劈开的样子？如果一个人只知道自强不息，想干什么就干什么，那就是混世魔王；如果知道了自己该做什么、不该做什么，就有了胸怀和境界，也就有了坤德，就能西天成仙。这样一来，天和地在一起，人格就完善了。天地交合在一起，这是泰卦（图3-4）。原来叫妖猴，后来变成仙猴了。

图3-4　泰卦

我问大家妖和仙的区别是什么？妖和仙的共同点是什么？都是能量很大，法力无边。区别在于有没有厚德，只有自强不息你只是妖，厚德载物才有可能变成仙。你能掌控自己的情绪，就能掌控自己的命运；你能掌控听众的情绪，就可以主导演讲的气氛；你能掌控客户的情绪，就可以主导销售的过程；你能掌控员工的情绪，就可以推动组织的发展。那么，一个商人修炼的最高境界是什么呢？对此鬼谷子给出了完整的答案。

鬼谷子说："安、徐、正、静，其被节无不肉。善与而不静，虚心平意，以待倾损。右主位。"（《鬼谷子·符言》）意思就是，能够修炼到安详、从容、正直、沉静，就具有怀柔的统御之道，而臣民无不受其恩泽；与之相反，如果君主喜欢干预、扰乱臣民的生活秩序，躁动不能沉静下来，胸无大志、意志平平，等待他的可能就是倾覆败亡。以上是讲君王如何安于君位的道理。

对于大商气质的修炼，鬼谷子在此重点强调了四个关键字：安、徐、正、静。安是安详，徐是从容，正即正直，静为沉静。如果一个国家领导人能够做到安详、从容、正直、沉静，宽宏大度，则国家清平，天下丰腴。如果一个企业领导人能够做到这四点，则生意兴隆、蒸蒸日上。作为一名商人，这四个字是我们必须修炼的领导风范和职业操守。

按照鬼谷子的说法，一个人就是要修炼长者风度。什么是长者？人生越丰富，入世越深，悟道越难。人间的事情都不知道，怎么可能会成道呢？所以，第一要有年龄、有阅历；第二要睿智；第三要有胸怀。所谓长者风度，就是安详、从容、正直、沉静。所以，作为一名商人，如果你修炼到最高境界，说话的语气就会不急不缓，声调不高不低，一切风云变幻尽在掌握。如果一切都在掌控之中，你还会生什么气？明代洪应明在《菜根谭》中说："无事常如有事时提防，才可以弥意外之变；有事常如无事时镇定，方可以消局中之危。"

大商的自我修炼，其核心就在于对自己情绪的把握。不过，有时候下属做的事情实在不像话，必须表达愤慨之情，那该怎么办？对此我有一个秘诀。你可以提前告诉大家，明早开会的时候，会提到什么问题，我要拍一下桌子，发一分钟脾气。这叫有计划、有策略地发脾气，而不是真的生气。记住，只有无能的人才会发脾气。因为他对这个事没办法、无能为力,就只能发脾气了。如果你想把自己修炼出大商的境界,就要修炼到这种程度——如观音菩萨,哪怕再生气,也只是笑着说:"你这猴头。"做到这样,还有什么事情可以烦恼你?还有什么事情摆不平呢?

大家看"道"这个字的学问大不大?这还不算完,知"道"以后你还要做到,所以需要再加上"走之底"。知道再加上做到,那就是知行合一。你看,自强不息、厚德载物、掌控情绪,最后做到知行合一,这就是大商之道、领袖之道。"道"的本身还有能言善道之义,代表商人必备的卓越沟通能力。这一切共同构成一名商人的成功之道。

一名商人要有自己的商经和商道,才能迈向大商之道。正所谓"经商要有商经,经商才能有道;用人先被人用,用人方才有度"。这句话从哪里来的?康百万庄园。在康百万庄园的商训里,赫然写着这句话。一个人在被管理中学习管理,在被人用的过程中学会用人之道,经商绝不能随机应变,决策也绝不是眉头一皱计上心来。这一切都是有规律的,内在有大道可循。所以,我们要牢记这句话,用来指引我们追梦的旅程。

第四讲 从小商到大商的"六道轮回"

天地之间,万事万物皆有内涵机理,依理遵循,则行事顺当,自然趋于美好。相反,若万事失理,一切不会有好的结果。所以,从小商到大商,首先要知"道"。知天道,方能断可否;通地道,才可知先后;了人道,才可决进退。

按照佛家的说法,但凡在阴间转世投胎的人必须经过六道轮回,才能回到阳间转世为人。我们从小商到大商的一个过程,其差别不亚于生与死、地狱和天堂之间的差别。可以说,小商到大商的蜕变之路也需要经过"六道轮回"。

那么,在大商修炼过程中的"六道轮回"都是哪六道?每一道都代表什么?我们应该如何按照这六道轮回的要求调整自己,从而让自己完成从小商到大商的蜕变之路呢?

这六道轮回分别是顺天之道、应人之道、治理之道、发展之道、循序渐进之道、内圣外王之道。下面让我们逐个进行讲解。

一、顺天之道

大商之道第一道轮回是什么?天道。大商的第一堂必修课是顺应天道。

什么是天道?《道德经》七十七章中说:"天之道,其犹张弓与?高者抑之,下者举之,有余者损之,不足者补之。天之道,损有余而补不足。"意思就是,天道就像是把弦绷在弓上射箭一样,弦高了就压低一些,弦低了就举高一些。如果有多余出来的,就要加以减损;如果不足贫穷的,就要加以补足。天道的规律就是减损有余用来补给不足。

你看,天道的本质是平衡,上天是公平的,给了此便不再给彼。大家想一下,是不是这样?一般个子大的人多力强,个子小的人多精明。因为个子小的人无力可使,只好用智。不仅人类,万物也是如此。纵观中国地理物产,山西是盐碱地,但盐碱地下有煤;青海是戈壁滩,但戈壁滩下有天然气。中东地区,那里全是沙漠,但沙漠下面有石油。如果一个地方是鱼米之乡,庄稼长得好,但地下一般什么矿藏都没有。

由此可见,天道是公平的,损有余以补不足,怪不得我们常说"天地良心"。所以,我们在经营中可以向天道学习大商之道。这就叫顺天之道。很简单,天道告诉我们的治理原则两个字——平衡!在此,我送给大家三句话:最好的状态是正常,最好的管理是平衡,最高的境界是自然。关于这三句话,下面我为大家简要论述一下。

（一）最好的状态是正常

我从来不要求我的员工保持巅峰状态。如果一个人每天都巅峰，证明他疯癫。我不要求员工每天都巅峰，我要求员工每天都正常——情绪正常，状态正常，业绩就会正常。

（二）最好的管理是平衡

什么是平衡？我们对组织内的人力、物力、财力都要做到平衡安排。我们常说"修身齐家治国平天下"，其中的"平"是什么意思？就是让天下资源均衡、人心平衡。一个人的收入很高未必平衡，因为他认为自己的价值很大，收入还可以更高。在企业管理中，最高的价值是——让收入高的人不骄纵，让收入低的人不抱怨。有平衡才能和谐，有和谐才会幸福，有幸福才会长远。《论语·季氏》中说："不患寡而患不均，不患贫而患不安。"意思就是，不担心分得少，而是担心分配得不均匀，不担心生活贫穷，而担心生活不安定。对一个社会来说，不怕物质缺少，不怕贫穷，就怕不公平、不平衡。这个不平衡更多是指人内心的不平衡，如果你能让人的内心平衡，那么很多矛盾也就迎刃而解了。

企业老板和员工常常上演五出戏码。为了一件事走到一起，叫同心同德；初期遇到困难可以共同承担，是同甘共苦；赚到钱后分配不均衡，变成同床异梦。不解决失衡问题会造成更坏的结果，同室操戈；同室操戈的结果是同归于尽。例如某一年效益不错，老板在年底就分一些股份和红利给员工，结果发现：原来不分红的时候员工感到很平衡，分红后反而分出了问题。为什么？你给他分了一成红利，他就能推知你赚的九成是多少，如此一比较，心里就不平衡了。我们应该怎么办？应该告诉他，今天你嫌分得少，但如果公司赔了，你愿意承担多少责任呢？所以，根本原因不是我们赚的钱多了，是赚钱多了以后利益分配不合理，造成了人心不平衡。他宁愿这个事不干，不挣钱，也不愿意少拿，这就是心理平衡问题。

如何有效处理平衡问题？一是资源平衡，人力、物力、财力各部门之间合理平衡；二是人心平衡，公司搭建一个平台，让员工在这个平台上人尽其才、货畅其通、各得所欲、各得所愿。什么是商机？供需失去平衡,机会就出来了。一般来说,商机有以下几种类别:一是时间差,我有别人没有;二是地域差,一个商品在太原买3 000,河南买3 500,中间就有了500元的差价;三是信息差,信息就是财富。

（三）最高的境界是自然

做事合乎自然规律的就是"神",神即道,道法自然,就是按照规律该怎么办就怎么办。无论是做人还是做事,修炼到最高境界就是不刻意,一切都自然而然,内化成一种本能。这种境界需要天赋、修炼,而且再加上岁月的洗礼。按照康德的说法是："自然看起来像艺术时,是美的;而艺术,也只有当我们明知其是艺术,但看起来却又像自然时,才是美的。"做人做事达到自然境界,就成了艺术,就成了大师,正所谓"不著一字,尽得风流"。

二、应人之道

关于人道,《道德经》第七十七章是这样论述的,"人之道,损不足而奉有余。"意思就是,人类社会的法则与自然法则不同,是要减少不足的来奉献给有余的人。富者越富,穷者越穷。关于这一社会不平等现象,明代沈一贯在《老子通》中写道："人之道则不然。哀聚穷贱之财,以媚尊贵者之心;下则箠楚流血,取之尽锱铢;上则多藏而不尽用,或用之如泥沙。"不管我们喜欢不喜欢这一法则,它都是赤裸裸的残酷现实。想想看,穷人喜欢把钱存到银行里,但银行喜欢把这些钱贷给有钱人。银行只愿意做锦上添花的事,从不做雪中送炭的事。公司奖励也是一样的,你赚钱多了,更多钱奖励你,你不赚钱了,不但不会奖励你,而且可能赶你走。富豪的门前,各种资源汇聚,都在求着合作;穷人的门前,就是亲戚也躲得十万八千里。你看是不是"损不足而奉有余"？

这就是人性的本质。什么是人性？我问大家"人之初,性本善",还是"人之初,性本恶"？如果"人之初,性本善",那为什么好人也会有恶念？儒家认为："人之初,性本善。"所以要用道德治国,可是儒家治国两千多年,人性改了吗？法家认为："人之初,性本恶。"为什么恶人也会有善念？法家倡导用法律来约束,直到现在,人的恶念消失了吗？为什么我们唱"世上只有妈妈好"？因为一生下来,妈妈就喂奶给你吃。后来,你发现爸爸赚钱给你花,于是你开始说世上还有爸爸好。那么,在这个世界上有没有儿女与父母有矛盾的？当然有,经常也是利益的问题。在这个世界上,你看谁最顺眼？你的客户最顺眼,因为他是给你利益的人。看谁最不顺眼？你的同行,与你争利之人。所以,人之初没有善恶之分,只有利益之别,正所谓"人之初,性本利"。你对我有利,我看你就顺眼,你夺走了我的利,立刻恶念就出来了。

鬼谷子说："言善以始其事,言恶以终其谋。"（《鬼谷子·捭阖》）这就是说服的心理本质。一方面诱之以利,胁之以灾；另一方面动之以情,晓之以理,说服就在一瞬间。鬼谷子的弟子出将入相如探囊取物。为什么？他的弟子去说服君王只做一件事情——按我说的办,富国强兵！不按我说的办,你只能被别人干掉！于是一句话说服,他立刻登堂拜相。大多数人活着就是为了追求快乐、逃避痛苦,一切的决策就是为了趋利避害、离苦得乐、趋吉避凶。同样道理,经商的本质也是趋利避害。人的生命就被两股力量所支配：一个是快乐的吸引,一个是痛苦的驱使。要么追求快乐,要么逃避痛苦,而逃离痛苦的力量更大于追求快乐的力量。

孩子怕笨,女人怕老,男人怕穷,老人怕死。最大的商机就是给孩子以希望,给女人以青春,给男人以机会,给老人以健康。

从某种意义上说,"人之初,性本利",人往高处走,水往低处流。人性像水性,所以我们中国人用治水的方法治人。四川都江堰的设计原理就是顺应水性,因势利导。都江堰神奇的地方是,虽然没有一个大坝,但自从2300年前李冰父子治水以后,到现在从来没有淤堵过。为什么可以创造出这样的奇迹？这是因为李冰父子深谙水性,依照水性治理才有如此完美的结果。中国自古以来圣君贤臣也是依照人性来治理国家。大商正因抓住了人性本质,所作所为遵循人性法则,所以才最终取得了巨大成就。如果你为了追求利,损害别人的利,必然让人讨厌你,不愿跟你合作,这样你最后反而无法获利,所以除了利,还要有义。有句话说:"友以义交情可久,财从道取利方长。"虽然人之初,性本利,但你要牢牢记住这句话,如果只是顺应人性任由膨胀,则最终结果很可怕。这才是真正的应人之道。

三、治理之道

我们已经知道,人是趋利避害的动物,那么在企业治理工作中,我们该怎么做?一个员工干了值得鼓励的事情,你要奖他;一个员工犯了错误,你要罚他。在一奖一罚之中,他就知道该干什么不该干什么了。赏罚分明——奖要奖到心花怒放,罚要罚到胆战心惊!

什么是治理?我们先来看"治"这个字。治,从水从台(胎的本字)。自水的初始处、基础细小处开始,以水的特征为法而进行的修整、疏通。也就是说,根据"水往低处流"的规律进行疏导,而不是对抗死堵。西方管理方式是"堵",东方治理方式为"导"。堵不如导,从大禹治水到设计都江堰就是按照这种规律治理的典范,突出显示中国人的智慧。我们再来看"理"这个字。理,治玉也,如果想把玉雕琢成器,就要顺着玉的纹理雕。你与人打交道,想让人按你说的办,也要顺着人性走。所谓治理,就是因势利导、驾驭人心。

什么叫管理?"管"第一个意思是圆而细长且中空的东西,其最大价值在于中间是通的,起到沟通作用。管的第二个意思是钥匙。也就是说,只要你知道一个人的需要,就等于找到了一把沟通的钥匙,而钥匙对了,心就通了。心一通就达成了共识,为一个目标同心同德去努力。了解人性,顺应人性,满足人的需要。这就是管理的中国智慧。不过,从西方管理学概念来理解,管理是指在特定的环境下,通过执行计划、组织、领导、控制等职能,整合各项资源以推进既定目标的活动过程。

关于治理概念,《荀子·君道》中说:"明分职,序事业,材技官能,莫不治理,则公道达而私门塞矣,公义明而私事息矣。"意思就是,明确职责,根据轻重缓急的次序来安排工作,安排有技术的人做事,任用有才能的人当官,没有什么得不到治理,那么为公家效劳的道路就畅通了,而谋私的门径就被堵住了,为公的原则昌明了,而谋私的事情就止息了。

治理和管理有什么不同呢?管理是根据自己的目的斩断纹理,进行拼合,如工匠做一张桌子,根据蓝图进行,追求有棱有角、规规整整。这是刻意而为,是有意识地来规范、约束人的行为。而治理则犹如治水,顺应规律而为,是无为而治、顺天应人、自然而然。比如艺术家的根雕作品,不是采取木质家具组装的做法,而是顺着纹理将一个天然形态修整、打造成艺术品。

根据上述观点,我们可知治理的原则是遵循人性规律,力求资源均衡、人心平衡。那么,什么是公司治理呢?公司治理就是搭建一个平台,吸引志同道合的人人尽其才、各得所欲、各得所愿。什么是公司管理呢?公司需要什么样的人就招什么样的人,然后让他履行岗位的职责。从治理的角度出发,公司招募新人入职时,最好先做性格测试。员工学什么专业,适合做什么,然后根据其天性、志趣和特长对号入座。

如何读人识人?鬼谷子有一套自己的识人术。《鬼谷子·中经》说:"见形为容、象体为貌者,谓爻为之主也。"这里的"见"通"现",是出现、呈现之义;"爻"指《周易》占卜中的卦象的阴爻阳爻。这句话的意思是,表现于外形者称为容,象征个体的称为貌。我们通过一个人外在的面容表情及体貌动作可以推断其隐藏的真实内心,就像算命师通过阴阳卦爻所组成的卦象来推断背后隐藏的吉凶祸福一样。人的体态容貌就像卦象,人的内心就像卦义,二者有着异曲同工之妙。鬼谷子对此总结道:"可以影响形容象貌而得之也。"意思就是,我们可通过这个人外在的行为、声音、体态、相貌等来推测其内心世界。即使再伪装掩饰,真实信息也会不知不觉泄露,正所谓"欲盖弥彰"。再狡猾的狐狸,在有经验的猎手面前,也会露出尾巴来。所以看人关键不在对方城府有多深,而在于你识人水平有多高。如果你掌握了观人读心的策略,就不用担心看错人、用错人,更不用担心与未来的成功机会擦肩而过。

除此以外，中国古代还有一套经典的五行识人法。

金行人：代表字形为"同"，脸形为"长方形"。这类人面部轮廓鲜明，头部较小，方肩、细腰、手足较小。这类人性格如烈火，仗义疏财，讲究礼义廉耻，性格好强。这类人原则性很强，适合从事公、检、法，以及公司的管理工作，如商鞅、武则天等。

木行人：代表字形为"甲"，脸形为"倒三角"。面型窄而长、尖下巴、身材瘦长，肩骨强有力，体质偏弱。头脑灵活，适合从事谋划、创意等相关工作，如军师张良、诸葛亮、刘伯温等。

水行人：代表字形为"圆"，脸形为"圆形"。头部较大，尖下巴，面部不平，表情沉郁。肩部较窄小，腰粗，手脚行动敏捷，上背和下背长。身体多肉而柔软，容易出汗，爱清洁。走路时身体左右摇晃。性格特点为活泼、快乐、没心没肺，平静随和，看上去谦恭有礼，灵活而有创造力，善于交际。

火行人：代表字形为"由"，脸形为"梯形"。这类人面部骨骼清晰，面色红润，宽肩，手足大小适度，身材适中，走路轻健，肩膀左右摆动。条理性强，口才好，演说家、政治家、商业领袖中多见此类人物。

土行人：代表字形为"田"，脸形为"正方形"。脸方、头大，肩背肥实，也可能是大腹便便。土形人善容忍、不好争论、善合作、善安静、有耐性，做事实际、刻苦、负责，有条理，凡事以获得利益为目的。

所以，我们在招募人才时，需要先判断他是什么性格，适应哪个岗位，在哪个岗位能够发挥特长。先做性格测试，根据他的专长和爱好做好职业规划，安排适合的岗位，发挥最大的价值和优势，让他在岗位上充分发挥自身能力。每一位员工都应明本分、守本分、尽本分，这就叫公司治理。

作为公司管理者，新入职员工，是否会先给他做性格测试，做职业生涯规划，然后告诉他在公司有几条发展途径。我们需要让员工明确——按我们设计的方向和路线，员工在公司干5年以后，会变成什么样的人。这样一来，员工就会自觉地为自己的目标去奋斗，而不是为公司老板的目标去努力，这就叫治理概念。

公司治理的关键是帮每个人做好职业生涯规划。所谓大商之道,不是强迫员工实现公司的目标,而是公司利用平台帮员工实现梦想,这才是东方大商治理学的真正内涵。治理学的最高境界是上有正气、下无怨气,于是就培养了元气,公司就有了生气,从而生机勃勃、欣欣向荣。我曾讲授过如何建立公司的免疫系统,其内容就是教企业家掌握让员工永远没有怨气的可操作办法。此法上可用于国家治理,中可用于公司治理,下可用于处理家庭关系。所谓免疫系统,就是让员工有正常的发泄渠道。如果有正当的发泄渠道,大家就不会在私下发牢骚。如果没有这套系统,大家既不能提意见,也不能发牢骚,那真能把人憋死。如此下去,公司能活长久吗?如果你明白了这一点,可谓已参悟公司治理三昧。

四、发展之道

从小商到大商有一定的发展规律。关于这一发展规律,鬼谷子在《持枢》篇中总结道:"故人君亦有天枢,生、养、成、藏,亦复不可干而逆之。"意思是说,人君为政治国也有关键,就是顺应自然规律,生聚、养育、成熟、储备,是不可违背的。这就是天道,是作为人君的根本纲领。人君向天道学习而来的法则,我在这里姑且称为发展之道。

人君是什么意思?我们可以创业的老板为例。做老板要顺应发展规律,不可逆反规律对着干,如果逆着干,就会从强盛走向衰败。每一个做老板的人都应该牢记在心。正因如此,生、养、成、藏的每一个步骤都值得我们深思和揣摩。

鬼谷子认为,一个人要想运筹帷幄、决胜千里,就必须了解趋势、掌握规律,抓住事物的关键。这是《持枢》篇的主旨。世间法则和自然法则一样,自有其客观性、严肃性、不可违抗性。那么,大商发展之道的具体方略有哪些呢?对此,鬼谷子总结出大商四大方略——合纵连横、整合资源;捭阖有度、知止戒定。

"合纵连横、整合资源",是大商对外拓展的策略。一个老板,要想扩展自身业务,就必须采用合纵连横之谋略,让自己获取更多信息和资源,同时传播自身的影响力。整合资源也很重要,没有一个人凭借单枪匹马就可以闯天下,必须像八爪鱼一样整合众多资源为己所用,这样才能让自己突破障碍,踏上快速发展道路。

"捭阖有度、知止戒定",是大商对内修炼的心法。捭阖有度是什么意思?捭阖是一开一闭,知道什么时候张口说话,什么时候闭口不言。沟通艺术,这是发展路上的必修课。知止戒定,知道什么时候进退,什么时候停止;有些事情不能做,就一定要戒除;遇到慌乱的危机,要让自己镇定下来,冷静处理。这不仅是做人的需要,更是经商的需要。

商道无形,商道就是人道。商品有形,商品即人品。从小商到大商的发展之道,不仅是顺天应人的抉择,更是智慧运用的较量。有道有术,方可纵横商海,捭阖天下。

五、循序渐进之道

记得有一次课后,有人问我:"兰老师,成功有没有捷径?"我回答:"当然有!"他说:"成功的捷径是什么?能不能告诉我?"我说:"成功的捷径就是按部就班。"

我给大家一个忠告:不要急着发财,不要耍小聪明,不要把自己的财富建立在投机的基础上。你不投机,就不会被人坑;你不想赚大钱,就不会吃大亏。为什么那么好的事会找上你?多年来,很多企业家放着主业不干,都去搞金融做投资了。投资是一种专业性很强的工作,涉及政策、市场、行业、运作等各方面的知识,非专家不能为!我问大家:"这四五年来,你身边有哪个业外人士是靠投机、投资发大财的?"事实上,不仅很少业外人士因投机、投资赚大钱,反而有不少企业家因跟风投资而赔得一塌糊涂,甚至倾家荡产。

由此我们可以痛彻地体会到一个道理——成功没有捷径,只有循序渐进和按部就班。

关于按部就班,《鬼谷子·持枢》中说:"持枢,谓春生、夏长、秋收、冬藏,天之正也,不可干而逆之。逆之者,虽成必败。故人君亦有天枢,生养成藏,亦复不可干而逆之,逆之虽盛必衰。此天道、人君之大纲也。"春生夏长和生养成藏的规律,就是天道和人道中的按部就班。下面是我根据鬼谷子智慧所绘制的《持枢》图(图3-5)。

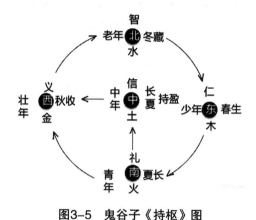

图3-5 鬼谷子《持枢》图

这是一张涵盖天道、人道的图。发展之道就在这个图里,很多的商道秘密也都在这个图里。这张图所揭示的最大奥秘是什么?就是按部就班的成功真谛。

从图中可见,东方属木、南方属火、中央属土、西方属金、北方属水。东南方属木、火之地,对应生长之气,所以创新改革往往由此开始。司马迁在《史记》中总结道:"夫大事必作于东南,收功实常在西北。"南方的商人,有时候在本地发展未必很好,很多南方的商人来到北方反而发了大财。

根据图上显示,东边春生,南边夏长,西边秋收,北边冬藏,可是在中间位置还有一个特殊的长夏。长夏对应的是持盈,对一个商人来说,这是一个成熟的季节。在这个时期,植物持盈灌浆,日渐成熟。东边代表少年,南边代表青年,中间代表中年,西边代表壮年,北边代表老年。一个人的人生要经过五个阶段:出生、成长、成熟、成功、成就。各个关键期都有特殊的修炼:幼儿养性,培养善良的本性,守住一个"仁"字;少年养正,培养正确的人生观、价值观,懂礼制,明是非善恶;青年养志,培养远大的志向;成年养德,进入社会,做人做事,尊道贵德;老年养福,这个时候要修福惜福,多多提携年轻人,予人玫瑰,手有余香。

出生、成长、成熟、成功、成就、成名,每一个人生阶段都是必不可少的,而且是不能违背的。如果违背它,虽成必败。在这个世界上,凡长得比较快的事物,往往死得也都快。少年成名者,大都是流星。大器晚成者,一般会千古留名。

记得曾有一个小伙子到我公司应聘,我问他:"你以后想做什么?"他说:"兰老师,我就想像您一样当一个老师。"当一个老师简单,但当一个好老师需要十年如一日的修炼。你是想当三个月就成功的花心大萝卜,还是做千年老人参?事实就是如此,成功没有捷径,只有按部就班。所以不要在应该成长的阶段,就急迫地追求成功。有些公司刚刚成立就忙着上市,那不是违背天道吗?

同理,做事业也是如此,第一阶段创业,即出生阶段,当仁爱发心,"举而措之,天下之民"。第二阶段,即成长阶段,要遵从商道,守规矩、守法制,才可稳健向前。第三阶段,即成熟阶段,即公司管理、产品、市场形成规模,渠道业已成熟,有良好的商誉。当守着一个"信"字,诚信至上,如此才可进入第四阶段:阶段性成功。此时,要守着一个"义"字,即约束自己。有两重意思:一是取利入义,不赚不义之财,《大学》曰:"货悖而入者,亦悖而出。"二是不盲目投资,君子有所为有所不为。第五阶段:成就。一个个阶段性的成功累积到最终:功成名就。此时,应该守以"智",莫忘初心,更新换代,蝶变升华,成就更大的发展。

我们要知道自己处在人生的哪个阶段,应该做什么以及怎么做。这个阶段是不能违背的。比如,曾经竞标成为央视年度标王的秦池特曲,疯狂打广告,品牌一夜之间天下闻名,于是,订单雪片飞来,但是,最终产品质量不过关,导致恶评一片,企业因此名誉受损。你看,这样的成名还不如不成名呢!

鬼谷子《持枢》图概括了什么道理?它告诉我们成功没有捷径,只有循序渐进,只有按部就班。我们只有按照鬼谷子"春生夏长"和"生养成藏"的规律行事,才能让自己水到渠成地获得人生的成就。

六、内圣外王之道

从小商到大商,除了时代机遇,更多的是自我的苦心修炼。一名商人只有达到内圣而外王的境界,才有可能成为大商名贾,从而在社会上扬名立万。关于如何才能成功成名,《鬼谷子·忤合》中有这样一段话:"非至圣达奥,不能御世;非劳心苦思,不能原事;不悉心见情,不能成名;材质不惠,不能用兵;忠实无真不能知人。"意思就是,如果你没有达到圣人的胸怀与境界,就不能很好地统御世界。如果你不是劳心苦思,就难以推究事物的原理。如果你不是洞察人情、全心投入,就无法让自己功成名就;如果你素质不好、不够聪慧,是不能带兵的。因为将失一令,就会兵败身死。如果你不是诚心实意,就无法自知而后知人。

在这里,鬼谷子将我们必备的境界、能力、素质进行了大盘点。每个人都有欲望,但你的能力也要跟上。欲望和能力不匹配是灾难,是痛苦的根源,所以,你是不是这块料很重要。如果是这块料,就去做;如果不是,先把自己修炼成这块料再说。

第一,御世——至圣达奥。你如果想当一个统御天下的领袖人物,就要修炼到"至圣达奥"的境界。你的品德格局、对未来的洞见及对事物的理解都要接近圣人,而且你还要通达宇宙万物和世道人心的奥秘。如此你才能引领众生之先,受他们的尊敬、爱戴和崇拜,才有资格做众人的领袖。这个道理就像下棋一样,别人都是看一步,你要看两步、三步,乃至三步以外。看得比别人远,见解比别人深,考虑比别人全,如此统御世人必能让他们心悦诚服,才能为他们谋福利,率领他们获成功。万物生长靠太阳,大海航行靠舵手,达到超凡入圣的境界,你在世人眼中就是一个伟大舵手的形象,时刻指引正确的方向,团结众人战胜惊涛骇浪。这正是一个伟大领袖应该具备的素质。

第二,原事——劳心苦思。原是本原、源头、本质的意思,就是说如果你想探究出一个事物的本原和本质,就必须经历劳心苦思的过程。与这个观点类似的有"格物致知",格是劳心苦思的推究、钻研过程;物指万事万物;致是获得、抵达;知是真知、真理、本质、规律。格物致知的意思就是经过一番对事物的推究钻研获得真知和规律。如果你想做一名探索万事万物背后本质和规律的人,就需要按照鬼谷子所说的,把劳心苦思当成兴趣和习惯,就像牛顿在苹果砸到自己的时候劳心苦思这是怎么回事,于是发现了万有引力定律。就像爱因斯坦经过思索发现了相对论,把人类的视野引向太空领域。一些能够大刀阔斧进行社会革新的领导也是具有钻研精神的,他们能从烦琐事务中抓住本质,从而快刀斩乱麻作出最正确的决策。在企业管理中,有的领导能把一家濒临倒闭的企业起死回生。如日本联合航空公司濒临倒闭时,稻盛和夫接手后,亲自乘坐各个航线,深入一线,认真调研,找到症结,然后大刀阔斧革故鼎新,使公司重焕生机。稻盛和夫如果没经一番劳心苦思,是不可能做到的。劳心者治人,他们天生适合做领导或发明家,做领导可为团队打开一片新局面,做发明家则可为人类创造一片新天地。

第三,成名——悉心见情。每个人都想在人世间成就美名,正所谓"雁过留声,人过留名"。如何才能成名?鬼谷子给出的答案是四个字"悉心见情",即全心观察世情。我认为这里的"见情"有两层含义:第一层含义是洞察社会实情和需求。你能洞察需求之所在,并能满足人们的需求,你就能成为众人眼中的名人。比如众人有智能手机的潜在需求,乔布斯洞察并满足了需求,于是他在全世界出了名。比如有个演员演了一个打动人心的角色,满足了人们情感娱乐的需求,激发了人们的心理共鸣,一时之间俘获粉丝无数,就此成了当红明星。比如有个朋友,总能了解你内心的需求,并总是雪中送炭提供帮助,这样的人也必定能成为你心中的"明星"。第二层含义是洞察人情世故。"世事洞明皆学问,人情练达即文章",要想在人群中落个好名声,不懂人情世故是不行的。一个深谙人情世故的演员即使成不了火爆明星,也能在圈子里被人赞颂,自动传播他的美名。而有些明星由于不积口德,不懂人情世故,迟早也会由美名转为臭名。所以,我们一定要深谙世情,说对话、做对人、做对事,不需要苦苦追寻美名,而美名自然会来到你的身边。刘备就是一个用"情"高手,人人都在传扬他仁德的美名,很多人因此慕名前来投奔。宋江也是一个用"情"高手,及时雨的美名可不是白来的。

第四,用兵——材质要惠。自古以来,用兵都是一种技术活。关于用兵,《逸周书·大聚》中说:"立君子以修礼乐,立小人以教用兵。"小人是什么,就是底层普通人。能驾驭这些人的是什么人?是将军。用现代眼光来看,就是中层管理者。《孙子兵法·军争篇》中说:"凡用兵之法,将受命于君,合军聚众。"你看,一方面要受命于大领导,一方面又要聚合基层员工,这样的夹心饼角色可不是很好做啊!鬼谷子认为,一个用兵高手首先自己材质要惠,要具有相应领域的天赋和才能,拥有过硬的技术和一线实战的经验。

刘邦曾与韩信讨论各位大将的带兵才能,认为能力存在差别。这个时候,刘邦问韩信:"像我这样的,你看能带多少兵?"韩信说:"陛下撑死了最多10万。"刘邦说:"那你呢?"韩信说:"对我来说,多多益善,多少都能搞定!"刘邦笑了:"既然你带兵多多益善,那为啥被我驾驭和驱使?"韩信解释说:"陛下不擅长将兵,但擅长统御大将。这就是我被你驾驭的原因。陛下的这种能力是天授的,非人力所能达到。"

一个是统御将领的天才,一个是用兵的奇才,两个人的才能有所侧重。刘邦统御的智慧已经到了"至圣达奥"的境界,而韩信带领的才能也登峰造极,"战神"威名当之无愧。对将领来说,如果没有强大的智慧和才能,就没办法领兵打仗,将失一令,兵败身死!所以,中层管理者带团队的能力和技术一定要强,要能够身先士卒,冲锋陷阵。来了新员工,能快速培训成熟手;员工遇到难题,能直接过去指导解决。你是教练、榜样和示范,如果你在这个领域还没员工的能力强,怎么能慑住他们?

第五，知人——忠实真诚。知人，就是了解别人。人都不傻，如果你是一个虚头巴脑的人，大家都会远远躲着你，和你在一起也会防着你，跟你说的都是假话，呈现的都是假象。这样的话，怎么能了解一个人呢？唯有真心才能换得真心。人们都喜欢向那些真心对待自己的人推心置腹。当别人对你推心置腹，你就能全面而深入地了解一个人。正如一首歌所唱："把握生命里每一次感动／和心爱的朋友热情相拥／让真心的话和开心的泪／在你我的心里流动……"如果你能做到用真心感动别人，别人必将把你引为知己，所有秘密都会告诉你。不过，也要警惕有些老狐狸会伪装真诚骗取我们的信任，套取我们内心的实情。"我待君心如明月，无奈明月照沟渠"，这种情况在现实中也是屡见不鲜的。

如何让自己拥有上述本领及相应的能力、素质呢？除了天赋之外，更多要靠自我修炼。从渐悟到顿悟，总有一天你会获得质的突破。对于这种修炼，古人概括总结为"内圣外王"。这是一种由内而外的精神力量，而精神的力量是无穷的。

什么叫"内圣外王"？大家都在这样说，然而很多人却没有真正地理解。要想"外王"，必先"内圣"；而"内圣"，则必须先养五脏之气。哪五脏？心肝脾肺肾。哪五气？神魂意魄志。鬼谷子在《盛神法五龙》中说："中有五气，神为之长，心为之舍，德为之大。"说的就是这五气。在这五气中"神"是老大，心是它的宿舍。对于神魂意志魄这五脏之气，则各有所归，各自对应，神－心、魂－肝、意－脾、魄－肺、志－肾。由此可见，五脏是内圣的基础。五脏得养，"内圣"才有发力的资本。

一个人要想有智慧，要游名山大川，访各路高人，学百家思想，见各种奇迹与奇观，把自己融入大自然中，然后你就有了灵气与智慧。为什么游名山大川？因为这是当年圣人待过的地方。比如泰山，56个帝王在泰山封禅。什么是封禅？祭天为封，祭地为禅。56个帝王都到那个地方封过禅，那你说这个地方能没能量吗？待在当年圣人待过的地方，来到圣人思考问题的地方，你也可能会豁然开朗，这是感同身受、身临其境。游名山大川、见各路高人、学百家思想、见各种奇观，如果你真这样做了，你自然会有大气象、大格局。

《鬼谷子·阴符七术》第一篇叫"盛神法五龙"，告诉我们领导者要光彩照人，要谈笑风生，要语惊四座。如何才能神采飞扬呢？要有一个健康的心脏。

肝里边藏的是什么？是魂。《黄帝内经·素问·灵兰秘典论》说："肝者，将军之官，谋略出焉。"为什么山西大商多？因为山西人深谋远虑、工于计算。为什么山西人出大商会计算？因为山西人爱吃醋，醋属酸，而酸养肝。所以，爱吃醋的人肝好，肝好深谋远虑。

脾对应的五气功能叫意。什么是意？由此及彼的联想能力。什么是创造和创新？就是旧元素的新组合。什么叫意想不到？就是由此没想到彼。有些人为什么不会发明，没有创造力？为什么不会资源整合？就是因为脾功能不好。一旦脾功能不好会怎么样？会疑神疑鬼，爱翻老公的钱包，爱看老公的手机。这样的人，如果到西医应该看哪个科？有人问是神经科吗？错！那不是神经病。在中医那里就很简单，疑神疑鬼是因为脾不好，所以早晨喝玉米粥一天精神，晚上喝小米粥安然入眠，黄色入脾胃，脾胃养好，晚上就不会失眠了。

肺对应的五气功能叫魄。肺功能强的人，做事有魄力。肾对应的五气功能叫志，肾功能好的人一般都有远大的志向。心脏好的人重礼节，肝功能好的人有仁爱之心，脾功能好的人讲究信用，肺功能好的人有义气，肾功能好的人有智慧。一个人一旦有了健康的心肝脾肺肾，外面表现就是仁义礼智信。只有内在健康才会有外在表现，只有内圣而后才能外王。

没有健康的五脏，就不会有英明的判断。五脏和五气、五常的关系就是内圣外王的关系。所以一个商人要想成为大商，就需要内修圣道，对内有仁与智；对外则用王道——义、信、礼。关于具体的内炼智慧，我在《鬼谷子内炼智慧》课程中有详细的论述。简要概述如下：第一要盛神，让自己神采飞扬，心脏要健康。第二要有远大的志向，要克服当前的欲望。肾里藏的东西，一个是志向,一个是欲望。二者有一点矛盾。什么叫志,什么叫欲?志向是精神远大的追求,欲望是内心切身的需要。志向是应该做的,欲望是你喜欢做的。一个人一生要想成功就两件事情:一是做什么;二是时间管理。你把时间用在什么地方,你的成就也就在什么地方。很多人把大部分时间用在满足欲望上,而没有机会去实现自己的志向。

关于内炼,鬼谷子还说:"实意法螣蛇。"意思就是,若要思想充实、思虑精密,必须效法螣蛇。实意,即让人意念充实,就像螣蛇一样,静则蛰伏不动,隐形不现,而一旦动作,则果断迅猛。人也一样,意念坚实、意蕴丰富,就能动静自如、所立不败,才能达到好结果。好结果出来,志就不乱了。志不乱计谋也就跟着来了。

据说,张作霖手下有个财务工作人员,练张作霖的签名15年之久,自认模仿张作霖的签名就连张作霖本人都看不出来,于是就签名冒领了3 000元大洋。张作霖一看签名就知道是假的,于是把他抓了。临杀之前,这个人说:"能不能让我死个明白,你是怎么看出我是冒领的?"张作霖说:"我知道肯定有人模仿我写字,于是就在毛笔里面装了一根针。写一笔顿一下,扎个眼。你写的字虽然很像,但上面没眼呀!"你看,张作霖表面看上去很粗,但粗中有细。

在这个世界上,大凡能取得一定成就的人,绝不是一般的人,必有独到之处。所以,领导没有明察机警,就不能从蛛丝马迹中发现问题。要想从蛛丝马迹中发现问题,就要靠关联思维,而这种能力就是由脾脏功能决定的。脾的功能叫"意",意就是由此及彼,所以会有意想不到、意料之外这样的成语,看到一件事,我们就由此想到彼。如果没有相关联思维,就不可能发现隐藏的问题。

一个商人应该把自己修炼到什么程度,才具有大商的素质?综上来看,具有这几大特征:神采飞扬、意气弘远、思维周密、通达事理、多谋善断。从大方向上来看,鬼谷子大商之道有三纲。

第一纲是"以正守国"。要具备正向思维、正能量,走正道。

第二纲是"以奇用兵",用在商业上即"设计要独特,方案要奇特"。要想在商业世界有所成就,你必须懂得产品定位和人生定位的奥秘。鬼谷子是策划业的鼻祖,会教你如何做定位,如何起死回生。人生定位、产品定位、市场定位,定好了位,你就会获得巨大的成功。

第三纲是"以无为安天下"。学会鬼谷子大商之道,你可以轻轻松松去旅游,而公司照常运转。有人问:"兰老师,您一个月20天都在外面讲课,公司照常运转。靠的是什么?"其实,我靠的就是一套东方治理学体系,一套让机制落地的体系。成事之道就是顺天应人、循序渐进、持经达变。什么叫"持经达变"?掌握原理规律以应对各种变化就叫持经达变。对外怎么办?纵横捭阖,所向无敌。对内求和谐,对外求发展;对内靠治理,对外靠整合。所以,专家靠精专,大师靠整合。另外,要想成为大商,我们还需要给自己赋能。什么叫赋能?你本来没有这个能力,通过整合外界的资源让自己具有这个能力,这就叫赋能。整合就是让你拥有自己不具备的能力,给自己赋能。

关于大商之道的修炼,我们最后要牢记《道德经》第六十八章中的一句话:"天之道,利而不害;人之道,为而弗争。"意思就是,我们在经营过程中应该像大自然一样多为善而不为恶,多付出而少索取。只有让利,你才能得到利,不争是最大的争。大商无算而无不算,小商人斤斤计较眼前的蝇头小利,最后的人生事业反而越做越小。而大商则关注社会,为社会做贡献,满足最广大民众的利益和需求,最后自己赚到子子孙孙都花不完的财富。

第五讲　商圣之术:三谋三略

从小商成为大商,到底是道重要,还是术重要?关于道与术的争执,从来没有停歇过。有人认为道重要,因为道是方向和原则,没有道,走得再远也是南辕北辙;有人认为术重要,因为没有术,你就是"空谈误国,纸上谈兵",术就像车马和舟楫,没有了它们,你将寸步难行!在我的课堂上,有人举手要道,有人举手要术,而我则说不举手的才是高手。为什么?因为道和术都重要。一个商人要想成就大功,必须道、术并用。没有道就没有方向,就没有了法则,努力就会失去意义。但如果方向定了,没有好的策略,依然达不到目标。前面我们已经详细地论述过大商之"道"的含义,在此我将与大家一起分享"术"的运用。

我们知道,范蠡是中国春秋战国时期的一代大商,后人称之为"商圣"。关于他的传奇人生,有人如此评价:忠以为国;智以保身;商以致富,成名天下。范蠡的事迹对后世影响巨大,人们将其塑像供奉在案,渴望赐予自己财富。这就是财神的来源。

范蠡既然被人称为"商圣"和"财神",那就必定有两把刷子。事实上,要想获得大商秘诀,我们不必整天膜拜他的塑像,而需要深入学习他经商的策略。对于商道致富秘诀,他曾总结出五字商训:天、地、人、神、鬼。天:为先天之智,经商之本;地:为后天修为,靠诚信立身;人:为仁义,懂取舍,讲究"君子爱财,取之有道";神:为勇强,遇事果敢,敢闯敢干;鬼:为心机,手法活络,能"翻手为云,覆手为雨"。除了这五字商训,范蠡更伟大的贡献是总结出"三谋""三略"及"陶朱公经商十八法",如果我们对此能熟练掌握并活学活用,基本上就能对大商之术有所领悟了。下面让我们分别论述。

一、三谋:人谋、事谋、物谋

什么是"三谋"?有人认为是时谋、地谋和人谋。时谋,即什么时候做;地谋,即在什么地方做;人谋,即谁来做。如果从天时地利人和的角度分析,这样理解有一定道理。不过,我们在这里重点学习的是商圣范蠡的"三谋"之大商方略。在范蠡的经营策略中,这"三谋"具体包括:人谋、事谋、物谋。

（一）人谋

什么是人谋？主要是解决商业团队的顶层设计问题。如果你的目标是做一名小商，那么自己干或夫妻二人顶上去就可以；如果你想成为大商，就必须懂得人谋之策。人谋就是用人之谋及如何与人相处的艺术。且看范蠡是如何总结的——

用人要正，忠奸定兴废。

大事要慎，妄托受大害。

待人忌躁，暴躁交易少。

处事宜静，浮躁误事多。

言行宜和，和气能生财。

做事宜勤，懒惰百事废。

在三略中，范蠡强调大商要具备识人用人的能力。一眼看出谁是忠诚靠谱的员工，谁是偷奸耍滑的人，前者加以重用，后者坚定杜绝。

遇到大事的时候，要慎之又慎，要冷静思考和决策。千万不要随便托付一个人去做，否则有可能酿成大错。对待客户，忌讳浮躁和暴躁，一定要耐得住性子。如果动不动就暴躁发脾气，那么必然会影响你的生意，导致交易越来越少，久而久之就宣告失败了。在处理事务的时候，要静下来。浮躁必然不能深入，做事情只能止于皮毛，这样就容易耽误事，后悔莫及。

作为一名商人，言谈和举止应该温暖亲和，让人喜欢和你交往与合作。春天和气则万物生，人和气则财富来，和气生财就是这样来的，尤其是服务行业，这一点更为重要。

人勤地生宝，人懒地长草。做事勤快才能生意兴隆，如果懒惰的话，则原本可以做得很好的生意也会荒废，大好的商机也会只能眼睁睁地看着它溜走。

（二）事谋

事谋，就是我们处理各种烦琐事务如何运筹帷幄的艺术。做生意绝不是一件简单的事情，牵涉到千头万绪，每一个环节都要处理好，否则别说成为巨商名贾，就是做一个小买卖，也可能会亏损的。我们一起看下范蠡是如何处理事务的——

用度宜俭，奢华财源败。
做工宜精，粗糙出劣品。
货期要准，马虎失信用。
交易要速，拖延失良机。
进货要严，滥入货价减。
出纳要谨，潦草差错多。

第一，要做好理财事务。在财务开支方面一定要注意节俭，不要贪慕奢华，否则就可能导致财源枯竭衰败，入不敷出。第二，产品质量一定要精益求精，粗制滥造只能砸自己的牌子。第三，交货日期要准时，诚实守信是必须遵守的美德，一次不准时，就会失去客户的信任。第四，商品交易一定要迅速，兵贵神速，拖延只能让你坐失良机，商机稍纵即逝，不抓住机会，转眼就会亏损，这就是市场的残酷无情就体现在这里。第五，货源要严格检查，确保质量优质，这样才能在市场上立足，销售价格即使高点也会深受消费者的青睐；如果胡乱进货，渠道泛滥，产品质量堪忧，你的销售价格必将大大降低，别说赚取利润，能生存下来就很不错了。第六，各项出纳事宜都要有明细，谨慎对待，不可潦草马虎，差错太多就会积重难返，生意陷入一团混乱。

（三）物谋

物谋是指管理货物的能力。从货物分类、存放、价格、赊欠到账目管理，都要有一定的方法。请看范蠡的经验是怎样的——

优劣要清,混淆耗损大。
存物要整,散漫难查点。
价格要明,含糊多争执。
赊欠要审,滥出亏血本。
账目要清,糊涂弊端生。
查账要勤,懈怠滞本金。

作为一个商人,累的不只是体力,更多的时候消耗的是心力。在日常经营中,商人的很多精力耗费在货物管理上。第一,货物的分类要清晰,优劣货物不要混淆在一起,分开卖更划算。第二,货物的存放要整齐有序,如果乱堆乱放就会造成难以查找,当客人需要的时候,你找不到就会失去业务。第三,价格要标明,不要含糊不清,很多买卖纠纷就是由价格引起的,现在商场超市里给物品明码标价就是一个进步。第四,赊欠问题一定要慎重。不可因为眼前利益,还未经过仔细审查就胡乱赊欠,所欠款项收不回来,就会让你血本无归,这可是多少商人的惨痛教训啊!第五,账目要清楚,你经营状况的好坏都能在账目中清晰地呈现出来,所以认真对待账目就是认真对待生意,糊涂记账必然让公司弊端丛生,最后导致财务出现危机。第六,要经常查账,作为一个商人,要勤于查阅和研究自己的账本,从中研究经营状况,发现问题及时处理,看到某个业务板块财务反馈良好,研究是否有利可图,是否顺应未来趋势,可否乘势追加投资。

二、三略:货略、价略、市略

范蠡采用的致富策略为:"积著之理,务完物,审贵贱,无息币。"我们如何才能聚敛财富呢?积著之理,即为积累财富的原理。他主要从三个层面来论述,包括货略、价略、市略。

(一) 货略

货略的三字要诀是"务完物"。意思就是,务必保证货物的品质完美。这是经营的基础,没有高质量的产品,必将行之不远。司马迁在《史记·货殖列传》中记载了陶朱公成功秘诀:"以物相贸易,腐败而食之货勿留,无敢居贵。"做货物贸易,那些容易腐败过期的货物不要留在手里,只要价格差不多,就要尽快售出,千万不要冒险囤居以求高价。我们知道,收藏古董、玉石等物品的人,有的在几十年后赚到了大钱。但囤积水果、蔬菜、大蒜等货物的商人却每年都有不少赔得血本无归的,如果他们看过"货略",就不至于落得如此下场了。

货略还有一种含义是进货出货的策略。在这里,我推荐两个策略:第一走规模效应,买得多便宜;第二走多品种、小批量平进快销路线。规模效应可压低价格,平进快销可让你快速适应这个市场。但我们要注意的是,最大规模未必是最佳规模,因为最大规模可能会影响效率,最大规模不如最佳规模,最佳规模不是最便宜,而是经市场测试的最佳平衡。

(二) 价略

价略的三字诀是"审贵贱"。意思就是,要审明价格贵贱。我们做生意,对什么最敏感?毫无疑问是价格!范蠡经商的观点是:"论其有余不足则贵贱之。贵上极则反贱,贱下极则反贵。贵出如粪土,贱取如珠玉。"这里揭示出千年不变的价格规律,随着供求关系的变化,价格也在随时发生波动。价格没有所谓的贵贱,贵极反贱,贱极反贵,正所谓物极必反。我们应该怎么做呢?"贵出如粪土,贱取如珠玉。"如果这个东西非常便宜,要把它当作宝贝一样收进来;如果这个东西很贵,要把它卖出去像粪土一样毫不怜惜。什么是投资?投资就是发现市场中被严重低估的价值,你把它低价买进,等大家都意识到它价值的时候,你再把它高价卖出去,从中赚取差价。

什么叫商业的本质?商业的本质就是博弈智慧。什么叫博弈智慧?四个人在一起打麻将,如果有一个人赢钱,其他三个人一定有人赔,因为他赢的是其他三个人的钱。如果是新手,我建议你不要炒股票,因为你很难赚到钱。

这是庄家与散户、庄家与政府之间的博弈，最终结果就是一个人赚、两个人平、七个人赔。你觉得自己是十分之一的人吗？如果不是，股票市场你就别进去。

李嘉诚说过这样一句话："如果一件衣服穿在身上80%的人都认为好看，我一定会买。但如果做生意80%的人都说值得做，我一定不做。"因为80%的人都说可以做，你只有20%的成功机会。如果只有20%的人能看明白，80%的人还糊涂着，你就有80%的成功机会。所以领导思维一定要跟众人不一样，因为《道德经》里面讲："反者，道之动。"天道与人道是相反的，你用天道做人道的事情，必然成功。大道往往和众人相反，明白大道一定是少数人，因为大多数人犯糊涂。所以从某种意义上说，领袖思维就是反向思维。

人与人之间最大的区别，就是思维模式的不同。所谓的不可能，只是证明这件事情超出了你的能力范围。所谓的没办法，只是证明在你的意识范围内方法用尽。换一个人，可能就会有无穷的方法。所谓的不可能，换个人就完全有可能。反向思维会让你有无穷的方法，可能会柳暗花明又一村。当年我们认为水不能倒流，因为当时没有发现压水井；我们说太阳不可能从西边升出来，那是因为人类还没住在另一个星球上。如果那个星球和地球自转是相反的，在那个星球上就会看见太阳从西边升起来。所以，领导最需要改变的是什么？是自己的思维。如果学会这种思维，你一生当中任何时候都不会陷入困境，因为有千百个方法帮你解决。愚蠢的人，用一个方法解决所有问题，结果都一样。智慧的人有千百种方法解决一个问题，叫作无穷的办法。我问大家，孙悟空厉害，还是猪八戒厉害？当然是孙悟空厉害！因为孙悟空有七十二般变化，猪八戒只有三十六般变化，有更多的变化意味着有更多的选择。你有更多的选择，就意味着你有更大的能力。多一条选择，就会多一条生路。

什么是价略？定价绝对是一门科学。什么叫最佳定价？就是顾客所能接受的最高定价。最高定价保证了足够的利润空间，如果提到更高还不影响卖,为什么不提高一些呢?所以,最好的定价就是让顾客感觉稍微有点贵,但他还会买。

(三)市略

市略的三字要诀是"无息币"。意思就是,不要让货币停息流动。很显然,这里在谈资本运作,资金要保持流动状态才能钱生钱。大商的财富不是靠一个铜板一个铜板积攒的,而是靠"无息币"的滚雪球效应"滚"出来的。一旦发现市场机遇,就要把闲散资金投进去,从而达到钱生钱的目的。所谓市略,就是市场开拓的策略。关于这一点,《史记·货殖列传》对范蠡的致富秘诀总结道:"财币欲其行如流水。"要保持资金货币的流通周转犹如江河那样川流不息,如此才能由小商一步步迈向大商。

除了以上三谋三略之外,陶朱公还总结出一套经商十八法,几千年来,影响了一代又一代无数的商人,帮助他们从小商跃升为大商之境界。现在,我把号称陶朱公的范蠡所总结的经商十八法抄录如下,与大家共同分享。

生意要勤紧——切忌懒惰 懒惰则百事费
货物要修整——切忌散慢 散慢则查点难
用度要节俭——切忌奢侈 奢侈则钱财竭
用人要方正——切忌滥用 滥用则付托难
接纳要谦和——切忌躁暴 躁暴则交易少
出纳要谨慎——切忌潦草 潦草则错误多
买卖要机警——切忌拖延 拖延则机宜失
货物要面验——切忌滥入 滥入则售价减
议价要订明——切忌含糊 含糊则争执多
期货要约定——切忌讹延 讹延则枝节生
期限要约定——切忌马虎 马虎则失信用
赊借要识人——切忌滥出 滥出则血本亏
钱财要明慎——切忌糊涂 糊涂则弊窦生

账目要稽查——切忌懈怠 懈怠则资本滞

临事要尽责——切忌放弃 放弃则权力损

优劣要分明——切忌糊浑 糊浑则判断繁

说话要规矩——切忌浮躁 浮躁则失事多

立心要诚正——切忌粗糙 粗糙则出品劣

主心要安静——切忌惊惶 惊惶则失决断

相处要诚实——切忌虚假 虚假则害己终

第六讲　大商之道的十个策略

　　大商的修炼和成长不是一蹴而就的，需要长期的修炼。在追寻成为大商的途中，我们要道术并用；在顺天应人的基础上，让自己有策略、有方法、有手腕。可以说，能够抵达大商境界的人都是人中龙凤，十八般武艺样样精通，心眼通透，能够玩转产品、客户、员工以及各种资源的人。经过一番梳理和总结，我认为一个大商要精通以下十种策略。

　　第一，大商要懂商道之本。 瑞蚨祥少东家孟洛川跟师傅学大商之道，第一课就是商道之本。那么，什么是商道之本？让我们先来看下康百万庄园。康氏家族从明清一直到中华民国，长达400多年兴盛不衰。南有沈万三，北有康百万，沈万三没有干到底，中间被朱元璋打压了；康百万却能历经400多年，跨越了十二代，每一代都是康百万！他们家族的大商之道是什么？其实秘诀就藏在一副对联里："审时度势诚信至上商之本，化智为利化利入义贾之根。"这就是商道之本。由此不难理解康氏家族长盛不衰的根本，他们富二代、富三代、富五代、富十二代都是这样造就的。这是至理箴言啊！

　　我们具体来分析下这则商训。首先看"审时度势诚信至上商之本"这一句。这句话告诉我们,做大领导一定要做到审时度势。审时是把握商机,度势是揣度事物发展的趋势。只有这样,你才能够找到一个好的生意。有了好的生意以后,你还需要诚信至上,这样才能够稳定夯实你的商业基础。这就是商之本,即经商的根本。一个商人只有审时度势,你才能赚到钱;只有诚信为本,你才能做长远。我们做生意,不能一下子,要一辈子;不能一生一次,要一生一世。这就是贾之根。接下来,我们再看"化智为利化利入义贾之根"这句。"化智为利",把你的知识和智慧转化成经济利益,所以要想成为大商,一定要有经商大智慧,而且要有这种转化的能力,这就叫"化智为利"。

什么叫"取利入义"呢?即使有利可赚,也要考虑生意正不正当,《大学》中说:"货悖而入者,亦悖而出。"所以,要用正当合理的手段来获取,这就是贾之本。什么叫商?什么叫贾?行商坐贾。开个店等顾客上门,这样的生意叫贾。走南闯北,跑着做买卖的是商,商贾合到一起统称商人。大商之道的核心道理就在这个对联里面。如果这句话变成你经商的原则,客户肯定会对你放心。我们要记住,在经商过程中没有小聪明可耍,没有阴谋诡计可用。小聪明、阴谋诡计只能让你赢一时,无法赢长远。世上的人都不傻,最多上当一次。你认为他真的上你当了吗?不过是他太善良,相信你一次而已,但绝不会有第二次。

第二,大商要善于审时度势。审时是审明时局,把握商机。什么叫时局?国家政策你要认真研究,这叫顺风。度势,揣度行业发展和地区发展趋势,这叫顺水。一个商人只有做到审时度势,才能顺风顺水。现在,我告诉大家:"新闻联播里有黄金。"每一个从商人士,都要坚持看新闻联播,因为那是国家政策。如果你不了解国家政策,你怎么能享受到政策红利?如果国家发展布局你都不了解,怎么能够把握行业的发展趋势?所以等到国家重大会议一结束,立刻就要研究政府报告。凡是政策所向,都是趋势所向。所以,了解国家政策叫顺风,了解行业发展趋势叫顺水,合在一起就是顺风顺水。

第三,大商要有沟通权变的能力。领导者一旦审时度势做完决策、确定路线以后,沟通就成了决定因素。你会和领导沟通,领导会给你更多机会;你会和下属沟通,下属会给你更多支持;你会和家人沟通,你会得到一个和谐的家庭;你会和客户沟通,你会得到源源不断的订单。圣人的繁体是怎么写的?"聖",听在前面,说在后面,参通天道、地道、人道方能为王。一个人善于倾听、从谏如流,又会沟通表达,同时能教化民众,这种人就是圣人。由此可见,圣人有两个能力:第一个是倾听;第二个是语言表达。二者合在一起,就叫沟通。要想成功,必须会沟通;要想当总裁,首先能上台;当好董事长,先要会演讲。

什么叫权变?即权衡利弊而应对改变。这个时代有三大关键词,第一个叫变化,第二个叫速度,第三个叫危机。时代是不断变化的,唯一不变的就是变化,因为变得太快了,你跟不上就是危险,跟得上就是机会,所以叫危机。这是一个最好的时代,机会太多了;这是一个最坏的时代,因为每天都在摧枯拉朽,淘汰不合时宜的人和事。对一名大商而言,权变的能力十分重要。

第四,善于联系各色人物。做领导要记住两个词:一个是世事洞明,另一个是人情练达。世事洞明,能看穿看破;人情练达,善于处理各种关系。卡耐基说:"一个人成功只有15%的因素来自专业知识,其余85%的因素都来自做人的态度和处事的技巧。"一个人智商高、情商低,往往英雄无用武之地;情商高、智商低,人们只要喜欢他,往往会有贵人相助;如果智商低、情商低,那就只有一生平庸;如果智商高、情商高,必定春风得意。而我们现在学校的教育,恰恰都集中于知识的学习,而忽略了情商的教育,更忽略了逆商的教育。比如,我曾在自己开设的"纵横英才"青少年班设了一个破产环节,让孩子所在的团队因得分低而破产。这是为了增加孩子的抗挫折能力,这就是逆商教育,也是大商的必备素质,要有超高的情商,跟各色人物都能打成一片。

第五,调和各种矛盾。什么是领导之道?领导之道就是摆平之道,能够调和各种矛盾,能把上下级矛盾、组织内外的矛盾统统调和,这是大本事。如果你能摆平,就是大人物。毛主席写的《矛盾论》,《鬼谷子·抵巇》篇,都是告诉你认识矛盾以及解决矛盾的方法。你别看老板今天吃饭、明天喝酒,就觉得当老板挺容易。我告诉大家,酒场不是每个人都能玩转的。如果你自己做老板,就会发现千头万绪搞不定。应酬不是一件简单的事,看着有些老板嘻嘻哈哈,跟这个人调侃,和那个人拥抱,这可不是每个人都能做到的,这真是一门艺术。

第六,明辨祸福利弊。成就一家伟大的企业,没有 15 年以上难以造就。但让一个伟大的企业倒下来,只需要老板一个愚蠢的决策或者一个错误的任命。找对人比找一堆人重要,不找人是等死,找错人是找死。你会发现,很多公司正因为引进一个人才,反而把企业给弄垮了。所以,我们要明辨祸福利弊,让自己用对人、做对决策。

第七,善于转输货物。中国最大的 30 个行业中,大部分都已经饱和,有两个行业还处在尚未饱和的状态,一个是大型通信行业,第一个是大型物流行业。在电子商务时代,物流是极其重要的。为什么阿里巴巴要收购肯德基中国?肯德基不仅是世界上最好的餐饮公司之一,更是最棒的物流配送公司之一。由此可见,传输货物是大商必备条件。100 年前是如此,现在也是如此,善于转输货物,搞好物流配送,决定你的核心经营成本。

第八,商略价格能力。销售只能创造业绩,未必能创造利润,而谈判谈下来的每一分钱都是净利润。很多老板招聘员工进来,首先训练销售能力。其实,比销售能力更重要的是谈判能力。很多老板训练员工的执行能力,其实比员工执行力更重要的是老板的决策力。通过谈判,我们可以提高自己产品的价格和利润空间。同时,我们在定价的时候,也要有一套自己的策略和方法,这就是大商让企业生存发展的必备手段。

第九,市场开拓能力。一个商人具有市场开拓能力,才能让企业兴旺发达,才能从小商迈向大商。让自己的产品或服务利益最大化,品牌的认知度和影响力更加深远。海阔凭鱼跃,天高任鸟飞,为自己杀出一条血路来。

第十,造梦和教育能力。老板是什么?其中一个身份是首席教育官。你看阿里巴巴的马云,他是阿里巴巴的"教父";张瑞敏是海尔的"精神牧师";任正非是华为的"灵魂"。这才是大老板应该干的事。纵观中国历史,能够千古留名的都是导师级的人物。古今帝王千千万,唯有圣者永流传。中国这么多帝王将相,你能叫出几个名字?但老子、鬼谷子、孔子却千古流传。由此可见,世界上最伟大的工作是做精神工作,最伟大的人是这些做思想教育工作的圣人。你想把自己的企业做到超一流,必须要做导师型的企业家。如何才能做导师型企业家呢?现在我问你,你的理论修养怎么样?你的演说能力怎么样?你的教育能力怎么样?所以你要成为一个教化者。

一个人要想当一个好的领导,必须要做到"三化三练"。哪"三化"?通过教育让人改变,叫教化;通过人格魅力和榜样力量让人改变,叫感化;发现问题并有针对性地解决问题,叫点化。千点万点不如名师一点,千化万化不如自己变化。这就是"三化"的重要意义。另外,做思想教育工作离不开演讲。我们如果站到舞台上,就需要"三练"。哪"三练"?第一,主题要凝练,与主题无关的内容一概不讲;第二,语言要简练,复杂的问题尽量简单化;第三,观点要提炼,每当内容讲完以后,你需要把观点提炼出来。同时,这也是领导脱稿讲话的三大要诀。

以上就是大商必须掌握的十种策略,同时也是必须修炼的10种能力。如果一个能力10分,10种能力正好100分,现在请大家给自己逐项打分。通过给自己逐项打分,看看自己离大商之路还有多远。孟洛川当年正因读懂了《鬼谷子》,让他在不到20年的时间,创办了100多家商号,年盈利达到300万两白银。

从天、地、人三才的角度来看,道包括天道、地道、人道。天道代表天时,就是规律,有两个关键字叫平衡;地道是春生夏长、秋收冬藏;人道就是人性,我们要把握人性。道有大道、小道,当然也有歪门邪道,对道的不同领悟,反映一个人胸怀的大小与境界的高低。要修炼自己成为一个有境界的商人,很重要的一点就是要清楚自己是否在道上。

第七讲　秤里乾坤，大商至诚

电视剧《宰相刘罗锅》片头曲的词是这样的：

天地之间有杆秤

那秤砣是老百姓

秤杆子挑江山咿呀咿儿的

你就是定盘的星

什么是傻什么是精

什么是理什么是情

留下多少好故事

讲给后人听

……

为什么歌词如此强调"秤"的作用？这是因为秤不仅是一种相当重要的权衡工具，而且背后藏着深厚的文化底蕴，包含治国、社交、经商等智慧。在这里，我为大家聊聊秤的哲学。

老式的秤是由秤杆、秤锤、秤盘和提绳四个部分组成的，主要功用就是权衡轻重。秤杆上有一颗较大的星，这颗星叫作"定盘星"，当秤盘空着，秤锤放在定盘星位置，两边的重量刚好相等，而整个秤杆保持平衡状态。但如果这杆秤有问题的话，定盘星的位置就不那么标准了。所以，定盘星被人们赋予公平、公正、公开的含义。

秤可以用来称什么呢？从小处说可以称物品，从大处说可以称良心、事业、权力、江山等。因此，中国商圣范蠡认为，中国的大商之道早已浓缩在杆秤这个老物件里。

秤都包含哪些道理呢？我需要先跟大家解释一下，中国老式的杆秤是十六进制的,也就是说古代十六两为一斤,这正是"半斤八两"这个词的由来。所以,老式秤的秤杆上标有十六颗星,每颗星代表一两,而且这十六颗星也是有说法的——七颗星代表北斗七星,六颗星代表南斗六星。除这十三颗星外,其他三颗分别代表福、禄、寿三星。

我们知道,中国古代是农业社会,仕农工学商,商人的社会地位极其低下,不少商人为了生存,狡诈奸猾、唯利是图。另有一些有远见、有抱负的商人崇尚公平买卖,他们立誓诚信经营,并以福星、禄星、寿星三大吉星作为赌注,如果商人称重的货物少给顾客一两,则缺"福";如果少给二两,既缺"福"又缺"禄";如果少给三两,将会"福、禄、寿"全缺。可以说,这是商人为诚信经营而发下的毒誓。还有人说,秤是中国古圣先贤发明的,"福禄寿"三颗星的特别设计足见前辈圣贤劝人向善的良苦用心。

在中国老百姓心目中,提到商人,头脑中蹦出的第一个词就是"无商不奸",意思是说凡商人都是奸诈的,不奸诈就不能成为商人。这句话显然具有以偏概全的错误。要知道,社会上的人分为三六九等,商人的道德素质也有高低之分,尤其是很多受过传统文化熏陶的商人,他们认为信誉比金钱更重要。对于这些商人来说,他们认为要想在市场上长久立足,就要坚守"无商不尖"的原则。什么叫"无商不尖"?就是说,在双方买卖交易时,要多给对方一些货物,要在原有的货物基础上再添一点,从而堆出一个尖。只有这样,顾客才愿意长久地与你合作下去。下面我们来看看"秤"是如何决定生意兴衰的。

古时候,某县城街上有两家米店,一家叫永昌米店,另一家叫丰裕米店。那个时候,战乱频繁、社会动荡不安,丰裕米店的老板看生意不好做,绞尽脑汁想出一个多赚钱的主意。他把一位星秤师傅请到家里,避开众人耳目偷偷对星秤师傅说:"麻烦师傅将这杆十六两一斤的秤改成十五两半一斤,事成之后我多给你一串钱。"这位星秤师傅在利益面前彻底忘掉了自己的职业操守,满口答应了米店老板的不合理要求。米店老板吩咐完后就忙其他事情去了,只留下星秤师傅一个人在院子里星秤。

凑巧的是,米店老板跟星秤师傅说的话被做针线活的四儿媳妇听到了。这姑娘是私塾先生的女儿,两个月前才嫁过来。公公离开后,新媳妇对星秤师傅说:"俺爹年纪大了,做事总犯糊涂,刚才他一定是把话讲反了,请师傅将秤改成十六两半一斤。改好后我再多给您两串钱,不过您就不要把这事儿告诉俺爹了,不然他老人家脸上挂不住。"

星秤师傅心想,这新媳妇心眼好,做生意为顾客考虑,如果自己按她的要求去做,还可以多赚两串钱,于是就答应了新媳妇的要求。秤很快做好了,第二天就拿到米店使用。

一段时间后,丰裕米店的生意一天比一天好,大家都舍近求远来店里买米,甚至原来习惯在永昌米店买米的老客户,也都来到丰裕米店。渐渐地,本来生意兴隆的永昌米店变得门可罗雀。年底时,永昌米店生意实在支撑不下去了,只好把米店转让给丰裕米店。丰裕米店越做越大,不知不觉竟成了当地最大的米店,真可谓日进斗金、财源滚滚。

大年三十晚上,丰裕米店一家人围在一起吃饺子,老头子发了大财心里高兴,一时兴起,就让孩子们猜猜米店发财的奥秘。有的说是父亲经营有方,有的说是米店位置好,有的说是财神保佑,也有的说是因为全家人齐心协力、和睦生财。

丰裕米店老板嘿嘿笑着说:"不对,不对,你们猜得都不对。咱家发财是靠米店里的那杆秤。那杆秤是十五两半一斤,每卖出去一斤米,就少给别人半两,咱家每天卖几百斤、上千斤的米,自然每天就能多挣几百、几千个钱了。如此日积月累,咱们自然就发财了。"在座的儿孙都夸老头儿有办法,不显山不露水就把钱赚到了腰包里,实在太高明了。

这时,四儿媳妇缓慢地从座位上站起来,对老板说:"爹,有一件事我一直瞒着没敢告诉您,我希望您听到后能原谅我的过失。"待老头儿点头答应后,四儿媳妇一五一十地将花两串钱改成十六两半秤的事儿说给大家听。之后,四儿媳妇又对公公说:"爹,您说的没错,咱家的确是靠那杆秤发财的。咱们卖米时每斤多半两,顾客就知道咱们做买卖实在,不仅公道,而且可以多占一些便宜,所以他们都愿意买咱们的米,咱们米店的生意自然就兴隆起来。跟原来相比,虽然每斤米少获了一些利,可卖的量多了,获的利也就多了。所以说,咱们米店是靠着薄利多销的方法发财的。"

听完四儿媳妇的话,众人都惊讶得张大了嘴巴。米店老板不信儿媳妇的话是真的,就拿米店每日称米的秤跟其他秤对比,果然是十六两半为一斤。

第二天是大年初一,丰裕米店老板将全家人召集到一起,从腰间解下账房钥匙说:"我昨天琢磨了一个晚上,发现自己老了,不中用了,还总做些自以为聪明的糊涂事。从今天起,我决定把掌柜的位子让给老四媳妇,大家往后都要好好听她的!"

这个秤的故事说明了什么道理?它告诉我们:商人做生意要讲究买卖公道,切不可耍大秤进小秤出的小把戏。否则,不但会破坏声誉、自毁前途,而且会成为"害群之马",严重影响整个行业的清白。占小便宜,让你迟早吃大亏;如果你让别人占小便宜,就会获得源源不断的长期回报。

金钱是最好的人心检验石。经常跟金钱打交道的商人,每当看到白花花的银子从指间流过,往往会利欲熏心,萌发一种偷奸耍滑、卷款而逃的冲动。如果一个商人总是见钱眼开、见利忘义,那他很难把事业发展壮大。只有那些善于控制自我欲望、诚信经营的商人,才能够将企业做大、做久,才能从小商变成大商。

明清时期,山西晋商是诚信经营的典范,数百年来以"诚信"二字闻名天下。跟晋商打过交道的人都知道,在山西晋商会馆,有两样东西被尊为神圣之物:一物是关公像,另一物则是官秤。何为"官秤"?官者,公也,这里的"官秤"并非官方制定之秤,而是晋商集体"公议"而定的秤,代表一种公道和信义。

雍正初年,山西人负责的河南社旗市场衡器秩序混乱。经当地行会共同协商,决定统一戥秤,并立石为凭。一旦有商人犯了规矩,就罚他唱三台大戏。如果不服从,行会将会把这个商人报官,让官府对他进行管制惩罚。

大商至诚,大商至信,至诚至信才能至强至远。诚信不仅是中国几千年的文化精髓,更是先人们留给我们的传统美德。在经济飞速发展的今天,中国市场早已进入"信用经济"大时代,商人之间最核心的竞争是信誉竞争。在这场竞争中,那些凭着小聪明混迹商圈的奸商终将被淘汰,唯有那些秉承大商之道、诚信经营的商人,方能在激烈竞争中立于不败之地。

第四部分

洞察常与变：如何获得
　　　卓识远见

第一讲　常与变的奥义

常与变是中国古代哲学中的经典论题，犹如太极，具有阴阳两面，包含道的恒常不变与无常变化，同时还具有执行中恒常不变的常规法则与圆融变通之义。是不是觉得这句话有点绕？那么，让我们用孟子与淳于髡的一段辩论（见《孟子·离娄上》）来说清问题吧。

淳于髡问孟子："按照你的学说，'男女授受不亲'，这是礼吧？"

孟子回答："没错，这是礼！"

淳于髡抬杠说："如果嫂子掉水里了，应该伸出援手吗？"

孟子说："如果嫂子快淹死了，还不伸手相援，那就是豺狼了！男女授受不亲，这是通常的礼。嫂子掉水里，伸手相援，这是权变。"

你看，一个恒常，一个权变，其中蕴藏着深刻的常与变的道理。儒家并不像我们后世所想的那样死板僵化。从这段话来看，儒家同道家一样，也是崇尚常与变相结合的。不知常，就会失去法度礼仪，开始放纵乱来。如果没有了权变，只知道墨守成规，那就变成了呆子。两者只有结合起来，才是中国智慧，才是大商之道。

一般来说，常是变的基础，变是常的突破，或变有利，或变有弊，往往无法预测。在互联网经济日益发展的时代，如何玩转常与变，将决定你是破局重生还是被淘汰出局。可以说，在经商过程中，如何处理常与变的问题，正是大商和小商的重要区别。

为了更好地把握常与变的平衡关系，我们需要牢记一个词，即持经达变。经，即符合恒常规律的一套思想理论体系；达变，即通达变化。如果能在秉持本经的基础上再加以圆通变化，那么你就是一个很厉害的人了。

第二讲　顺时趋势——时势不仅造英雄，而且造大商

对于常与变,鬼谷子就概括为三个字:道、数、时。

《鬼谷子·摩篇》中记载:"夫事成必合于数,故曰道、数与时相偶者也。"意思就是,做事要想取得成功,必须合乎规律,所以说:天道、术数和时机三者相互配合才能保证成事。成功的秘诀如果用三个字来概括,即道、数、时。可以说,掌握了这三个字,可以确保你做事少走弯路。关于这三个字的内涵,具体剖析如下。

一、道

即天道、规律。做事符合天道规律才能事半功倍,符合未来发展趋势才能笑迎未来。比如我们做生意,先要看自己做的项目是否符合未来趋势、市场规律和大众需求,不然就要积极谋求转型了。千万不要一脚踩油门、一脚踩刹车。天道不对,你再努力也没用,必须果断转型,不要犹豫,这是明智之举。

二、数

数,即术数、方法。看到未来趋势并不等于拥有未来,世上从来不缺少预言家,而缺少有办法、有手段、有计谋、有能力来实现梦想的人。《管子·形势》中说:"人主务学术数,务行正理,则化变日进,至于大功,而愚人不知也。"意思是说,做领导的务必学习具体的方法、手段和计谋,这样才不会被属下蒙骗,才能确保执行顺畅,从而获得大成功。

三、时

时,即时机、时宜。历史上有很多超越时代的人,他们虽然看见未来,但

以自己的力量却什么也做不了,只能痛苦地煎熬。为什么?时机没有成熟。画家凡·高,独创画风,但当时的人们欣赏不了,等他死后世人才发现他的价值。我们做事也是如此,有些想法很好但时机不成熟也要按兵不动,这就像藏在草丛里的狮子,等待奋力一扑的机会。越王勾践卧薪尝胆,隐忍十年,终于等到了反攻的机会,于是一举灭吴。你看项羽,自刎乌江之前所唱的歌:"力拔山兮气盖世,时不利兮骓不逝。"他到死都认为是自己点背,时机不利。

有人或许会问:"'道、数、时'这三者哪个更重要?"我曾让学员开过辩论会,一方论点是道比术更重要,一方是术比道更重要。双方激烈交锋,辩得飞沙走石、风云变色,但到最后我来做总结发言,告诉他们道和术同样重要。比如从北京去上海,你有道路了,但是你不借助交通工具可以吗?交通工具就是具体的术数、方法。由此可见,两者之间是先有鸡还是先有蛋的关系,缺一不可。如果学了《鬼谷子》这一篇,我们就能知道,光有道和术还不够,还要加上时,这三者同样重要。只有将三者完美结合,我们才能无往而不胜。

换句话说,鬼谷子的三字诀,也就是我们现在常说的时、势、局。一个商人如果能够掌握时、势、局,距离大商的成功就不远了。

时,时机和时务之义。我问大家:"诸葛亮有能力没能力?"当然,能力很强,但为什么他六出岐山未成事功?因为诸葛亮不知时(或者是明知不可为而为之)。咱们看汉朝,公元前202年西汉建立到公元220年东汉灭亡,一共400多年的时间。后期奸臣当道、宦官当朝、饿殍遍野、民不聊生、民怨沸腾,农民起义风起云涌,要推翻腐朽政府。可是我们看诸葛亮在干什么?他要匡扶汉室!你说是不是逆时而动?

俗话说:"有志者事竟成。"果真如此吗?不一定,如果鸡蛋立志跟石头碰,结果只能完蛋。立大志的前提是要识时务。所以,我们一要了解时代的需要。时势比人强,唐朝诗人罗隐说过这样一句话:"时来天地皆同力,运去英雄不自由。"如果时运来了,天地都帮你;时运去了,就会处处掣肘。孟子也说过一句类似的话:"虽有智慧,不如乘势;虽有镃基,不如待时。"意思就是,即便有大智慧,不如顺势而为、乘势而上、因势利导。虽然你有特别好的农具,不如按照二十四节气中的时令来安排农事。

势是什么?势是趋势。我们做决策之前必须先判断趋势。懦夫害怕改变,勇者迎接改变,智者创造改变。为什么懦夫害怕改变?因为他不愿失去现在所拥有的。为什么勇者伸开双手拥抱改变?正因社会有变、市场有变,他才有出头之日。要不然,小企业什么时候才有机会战胜大企业?智者是了解趋势、顺应趋势。如何才能成为顺势前进?要想回答这个问题,首先弄明白我们今天时代最大的问题是什么。最大的问题是——爸爸妈妈没有孩子知识多,老板不比员工高明,教授教不了企业家。哪个教电子商务的教授能教得了马云、马化腾、李彦宏?现在的孩子很多经典都学了,咱们父母有几个读过的?原来老板在外面开会可以掌握最新信息,员工听你的,可是现在你早上开会说:"各位同事,今天我看到一篇文章……"你还没说完,公司里的年轻人都笑了,因为他们比你更早看到了。你说你的优势何在?你拿什么来树立自己的威信?

当大家都能掌握信息的时候,老板应该怎么办?老板要跟员工比谁更深刻!这个信息大家都知道,但是大家想不想知道信息背后的原因?想不想知道我对这个事情的看法?这就是你的独特之处。对于这一点,就连成功的企业家也要上课的。为什么?因为他们企业家拥有的只是过去的经验,经验只能代表过去,理论才能指导未来。专家学者的价值在于找到100位企业家成功的原因,在罗列材料的同时找到共性。共性的地方就是规律,把规律用语言总结出来就是理论。经验指导不了未来,但理论可以。因为理论代表规律,而规律则预示未来。

如何才能变成一个有思想的企业家?别人看到现象,而你却能看到本质,别人看到变化,你能看到规律。所以,要想把握方向,一定要了解趋势;要想了解趋势,一定要找到规律。规律从哪里来?共性。共性从哪里来?归纳。归纳靠什么?数据。数据从哪里来?收集。如此一来,我们就能建立一套属于自己的思想理论体系。作为商人,如果你建立了一套属于自己的理论体系,还愁不能把握商业发展规律吗?还愁不能从小做大吗?

第三讲　如何把握常与变——远见卓识是这样炼成的

每年春节后上班,我们都要制定全年的计划。你们的全年计划是怎么定的?一般来说,全年计划有两种方式:第一是总部定一个目标,然后分派,请问大家,总部定的目标科学吗?第二是各部门报目标,而后汇总,这样又科学吗?未必!究竟应该怎么定目标?

我的经验是——把过去 5~6 年的销售与利润数据都列出来,写在一张图上看趋势是向上还是向下。你再把去年 1~12 月的数据拿过来,与过去 6 年的数据对比,这叫同比;与 1~12 月的数据类比,这叫环比。一个同比一个环比,两个数据一看,你就知道明年计划定多少是最合适的。这叫没有数据不做预测。我们为什么要这么做?目的就是更好地把握常与变。在具体的商业经营中,我跟大家分享一些经验之谈。

一、对行业未来洞若观火的六个方法

我们如何对自己所在行业的趋势做预测呢?我们如何判断自己所在行业的前景呢?下面我教大家六个方法,让你对行业未来洞若观火。

(一)参加行业会议

每个行业都有年会、展会,通过参加行业会议,观察行业的风向和动态变化,多了解国家新的行业政策是怎样的,多聆听行业专家的分析……这是信息的汇聚、思想的盛宴,从这里你可以快速了解趋势、把握趋势。

(二)多跟同行交流,了解同行动向

同行的一举一动都显示出行业的变化趋势,我们需要多多观察和分析同行有哪些新的举措,同时向那些做得比较好的同行学习,从而让自己更好地跟上新形势,捕捉新的机遇,避免落伍和不知不觉地被淘汰。

（三）到市场上做考察、调研，把握市场脉搏

一个老板最可怕的是什么？不是资金匮乏，而是不了解市场。所以，一个老板不要老在公司待着，你待的时间越长越糟糕。这个市场最笨的人，就是出色地完成了不该他做的事情。笨老板喜欢闭门造车，不去研究市场的需求和变化，结果产品研发出来了，却发现早过时了。

（四）了解顾客尚未满足的需要

顾客尚未满足的隐性需要，就是你所在行业未来3年的发展趋势。如果你能满足顾客小的需要，你是生存型公司；如果你能满足顾客大的需要，你的市场会很大；如果你能满足顾客尚未满足的隐性需要，即大家都没发现的需要，那将保证你未来3年发展平稳；如果你满足的是顾客必须依赖的需要，大家离了你活不了，那么你将变成百年老字号！大家分析一下当前市场，凡是能活下来的公司是不是符合这些条件？

如何发现顾客尚未满足的隐性需要呢？到先进的市场做考察。如果你做服装，到巴黎去；如果你做奢侈品，到意大利去；如果你做工程机械，到德国去；如果你做网络科技，到美国去；如果你做化妆品，到韩国去。为什么？因为先进市场的今天就是落后市场的明天。如果你引进一项技术，能够领先同行3年，必然有两年暴利。很多商人到德国、美国和欧洲各国考察，把它们的技术带到中国来，然后再把中国落后的产品卖到非洲去。因为非洲某些国家的日常用品、医药等奇缺，我们落后的东西到了那里就是宝贝，一来一去就是数倍的利润。任何一个商人20年前拥有现在的眼光都能变成大富翁！

（五）拥有一个健康的身体

身体是敏锐思维的基础。一个人身体健康，才有旺盛的精力和敏锐的思维。一旦有病了就懒了，反应就慢了。关于这一点，我们在道与术中已经谈过鬼谷子内圣外王的修炼之道。

（六）学习鬼谷子商道智慧，让你拥有这样的思维

理论指导实践，大商智慧成就大商。一个掌握智慧的商人犹如手拿屠龙宝刀的武士，必将披荆斩棘。所以，学《鬼谷子》《易经》《道德经》等诸多

中国传统经典,可以提升你洞察商业趋势的能力。

二、"商家三问"帮你洞察顾客隐性需要

通过多年的研究和实践,我总结出一套洞察顾客隐性需要的"商家三问"。这是商家必须掌握的一套方法,可以帮你把握市场上的常与变。其实非常简单,只要你会问问题就可以了,这就是"商家三问",美其名曰"君子三问"——

第一问:顾客为什么要买这个产品,不买别的?

第二问:顾客为什么买这家公司的产品,不买别家公司的?

第三问:顾客为什么向你买产品,而不向别人买?

一个人买东西通常有三个目的:选择一个好产品解决问题;选择一家好公司,质量有保证;选择一个好业务员,可以提供完善的服务。

三、"顾客九问"帮你在市场上知常求变

通过"商家三问",你就能了解顾客的真实想法。不过,如果顾客买了别家产品呢？你可以通过下面的"六问"来探求信息。

第一问:为什么你买那家公司的？那家公司有什么优势？我们有什么劣势？

第二问:那家公司的销售员哪方面打动你?

第三问:那家公司的产品有什么独特卖点?

第四问:我改进哪些销售方式你会向我购买产品呢?

第五问:我的产品做哪方面改善,你会购买呢?

第六问:我们公司做哪方面改进,你会更满意呢?

顾客需要,而竞争对手没有做、不愿意做或做得没你好的地方就是你的独特卖点;顾客使用不满意、不方便的地方,如果你把它改善了,就是创新。

你可以把以上这些问题制成表格,针对买过和没买过的顾客做一番需求调查,然后你一定可以发现自己公司需要改进的地方,进而满足顾客尚未满足的需要。这就叫知常求变。

一个人如何拥有把握常与变的能力呢?按照鬼谷子的智慧,我们要冷眼旁观阴阳开阖之变化,守司存亡之门户,明道得一、见微知著,从而洞烛先机、把握趋势,筹策终始。

作为一个领导者,我们不仅要有洞察先机的慧眼,还要有洞察真相的睿智,要敏锐、快速地抓住机会创造价值,同时要避免隐患的出现。如何提高敏锐度?第一,知识要广,能力才强。知识越广的人,思维越开阔,捕捉机会的能力就越强。第二,理论要深,看问题才真。第三,辩证思维,要能看到事物的不同面。别人看一面,你看两面,别人看两面,你看全面,不断总结规律。

为什么我们辨别不出普通人和小偷,而警察一看就能知道?因为警察首先有四五年警校的理论知识,其次有实战经验。一个警察如果具备 10 年抓小偷的经验,就会形成本能。为提高自己把握常与变、捕捉商机的敏锐性,我们要多与高人和老人取经。这是大商修炼的关键。

第四讲　敏锐——蜎飞蠕动,存亡枢机

凡看过《三国演义》的人都知道,诸葛亮料事如神,很多时候我们不得不佩服他的"神机妙算"。那么,为什么诸葛亮会有如此超越众人的"妙算"之能呢?其根本原因就在于他对外界事物具有敏锐的感知力和预测力。

要想把握变化,必须具有敏锐的思维。关于敏锐,《鬼谷子·揣篇》说:"揣情最难守司,言必时其谋虑。故观蜎飞蠕动,无不有利害,可以生事变。生事者,几之势也。"意思就是,揣情是最难掌握的,游说活动必须深谋远

虑。即使是小昆虫飞行爬动那样微末的事情，也都包含着利益与祸害，可以使事物发生变化。事物发生变化的起初，往往是微小的态势。

在这里，鬼谷子告诉我们在经营活动中应该深谋远虑，更重要的是保持敏锐，因为"蜎飞蠕动，无不有利害，可以生事变"，所以必须慎察每一个细枝末节。蜎即孑孓，蚊子的幼虫。蚊子往哪里飞，小虫子往哪里爬，背后都有缘故。有一次，我看见一群蛾子疯狂地扑向一盏路灯，我感到奇怪，这群蛾子难道精神失常了吗？仔细一看才知道，原来路灯上吸附着许多蚊子。蚊子是蛾子的食物，它们是为了食物和利益而来。比如我们看动物世界，可以看到一群羚羊疯狂奔跑的情景，它们为什么这么慌张？原来后面有几头狮子在追捕。这是一种逃避灾害的动力。多数时候，一个人做什么或不做什么，事情为什么发生变化，其背后必有缘由。

可惜的是，我们大多数人都属于后知后觉者，很难从某些事物变化中发现问题。而少数思维敏锐、触觉发达的人，总能在众人懵懂时顿悟，然后快速抢占先机。在商业经营或生活中，一旦看到某个人在短时间内突然进步，我们往往最先想到的就是："这个人为什么会如此幸运？怎么我就摊不上这等好事呢？"其实，这些抓住机会的人并不是比我们"幸运"，而是因为他们对外界随时保持敏锐的感知力，能够看见别人看不到的机会。

如果按照正常的逻辑，山西是个地少人密的穷地儿，当地人靠农业生产很难发家致富。但从地理位置上分析，山西却有着独一无二的优势——北面与草原相连，南部与农业发达的中原地区相接。所以在古代，无论是唐宋还是明清，中央政府都将山西作为军事交通要地。在和平时期，山西又成了农耕经济与游牧经济的必经之路。

蒙古及东北边疆的游牧民族，有成群结队的牛羊和堆积如山的貂皮，长白山到处都是人参、灵芝等珍贵药材，而这些东西都是中原的汉人梦寐以求的珍品。这些北方少数民族缺少的是什么？最为短缺的则是汉族人稀松平常的食盐、茶叶、丝绸、铁锅等日常生活用品。也就是说，汉族人只需要用铁锅、食盐、茶叶这些东西与他们交换，就可以得到药材、貂皮等稀有物品。敏锐的山西人发现了这一巨大商机——在当时情况下,一口铁锅竟然能换到一打貂皮!于是山西人疯狂了!他们纷纷扔掉手中的农具,告别妻子,远离家乡,出西口,去关东、蒙古草原做世界上最赚钱的生意!

从经济角度分析,中原农耕文化与北方游牧文化是互补的,而且这种互补并非一时一物,而是两种经济文化永久存在的互补。是一种长期、永久的商机。然而,这一商机唯有晋商发现了,一因得天独厚的距离优势,二因敏锐的商业触觉。自此以后,晋商以南北物资交流为贸易基础,将生意做得越来越大。关于中国晋商,有人是这样评价的:"有路的地方,晋商能走到;无路的地方,晋商凭借智慧和毅力依然能够走出一条新路,因为他们是一群伟大的商业开拓者!"晋商之成功,正是洞察常与变的典范。

下面我为大家讲一讲山西票号鼻祖雷履泰的敏锐洞察力——

雷履泰是"西裕成"颜料庄北京分庄的掌柜,他在做掌柜时发现,很多商人都有银两兑换的需求。刚开始,"西裕成"只是为了帮忙,经常帮同乡、熟人进行银两兑换。时间一长,雷履泰就敏锐地意识到这种银两兑换业务能够获得巨大的利润!不久,雷履泰被调回"西裕成"颜料庄总号做大掌柜,经过一段时间的深思熟虑,雷履泰正式向东家提出创办票号的想法,专业为全国各地商人进行银两兑换。东家认为雷履泰的想法可行,就放手让他大胆去做。在全国范围内,雷履泰第一个创办了"日升昌"票号。日升昌是中国第一家以存款、放款、兑换业务为主的私立金融机构,它名气巨大,以"汇通天下"著称。

海尔集团首席执行官张瑞敏说过,企业和人生一样,缺少的不是机遇,而是缺少发现机遇的眼睛。就拿雷履泰创办票号这事来说,接触银两兑换业务的掌柜肯定不止他一个人,但其他人都对其背后隐藏的商机视而不见,唯有雷履泰敏锐地从中嗅出了商机,并第一时间付诸行动,于是成就了他票号事业的巨大成就,成为被载入中国商史的显赫人物。

对于普通商人来说,他们习惯于按照常规方式去思维、去做事,日复一日,安于现状、不思进取,对外界的变化反应比较迟钝。即使把发大财的机会摆在他们面前,他们也未必看得见,而那些具有商业眼光、触觉敏锐的大商,他们善于思考、机动灵敏,随时做好拥抱变革的准备。比如李嘉诚,他就是一位反应敏锐、随时应变的商人。

1950年,李嘉诚拿自己的积蓄和从亲友处的筹款创办了长江塑料厂。在他质量第一、信誉至上的经营理念下,企业获得了良好的发展,无论是客户还是原料供应商都乐意跟他合作。但他依然不满足,一直在寻找更好的发展商机。

李嘉诚每天都有翻阅杂志、报纸的习惯。一天深夜,他在一本英文版的《塑胶》杂志中看到这样一条资讯:"意大利某公司研发了一种用塑胶原料制造的塑胶花,很快会把一大批塑胶花推向欧美市场……"当他看到这个与自己行业有关的资讯时,内心有一种"柳暗花明又一村"的豁朗,为此他兴奋得一晚上都没有睡觉。

兴奋之余,李嘉诚对塑胶花市场进行了如下分析:以塑胶花代替植物花卉,既达到了装饰环境的目的,而且又不需要花费时间进行浇水、照顾,这种花将会获得消费者的青睐;但从欧美人崇尚自然的角度分析,塑胶花也许会在短时间内兴盛,但受欢迎的趋势定不会持续太久。所以,要想在塑胶花行业中分得一杯羹,必须快速抢占市场。

在对塑胶花前景进行全面分析后,李嘉诚以最快的速度办理了去意大利的旅游签证,亲自去意大利考察塑胶花的生产流程和市场销售情况。到了意大利,他下飞机的第一件事就是按照杂志上的地址寻找那家塑胶花工厂。可是,当走到工厂门口时,他却开始犹豫了,每一个厂家都会将新产品、新技术视为商业机密,自己贸然拜访,必定不会被对方接待。正当李嘉诚犯愁时,他看到了工厂门口的招聘信息。李嘉诚灵机一动,决定去厂里应聘。凭借自己掌握的塑胶技术,李嘉诚轻松应聘成功,但由于签证是旅游签证,只能在车间做一名打杂工人,负责工厂废品、废料的清理工作。在别人看来,李嘉诚做的是最苦、最累、最下等的工作,但对他本人来说却是最有意义的,因为他可以整天推着小车在工厂各个地方走来走去,每个工作流程都逃不过他的眼睛。

每天下班回到住处,李嘉诚都会详细记录自己获得的资料。为了掌握更多信息,他刻意去结交工人朋友,请他们去中国餐厅吃饭。在聊天过程中,他会向这些朋友请教工作中不明白的问题。由于他对朋友真诚相待,大家很乐意告诉他技术方面的知识。

李嘉诚通过自己的不懈努力,很快掌握了塑胶花生产过程中的技术要领。几个月后,他带着几大箱的塑料花和厚厚的行业资料回国,开始启动自己在塑胶花行业的创举。

中国有句古话:"机不可失,时不再来。"商业经营就是如此,假如李嘉诚没有从《塑胶》杂志上看到有关塑胶花的相关资讯,假如他缺乏洞察商机的敏锐感知力,就不可能在塑胶花上大赚一笔。另外,如果李嘉诚只是看到了,但并没有立即行动,同样会错失良机。所以,一个商人要想把握住商业机遇,就要有意识地培养对外界事物的敏锐观察力和行动力。那么如何提高敏锐观察力呢?一般来说,需要从以下几点下功夫。

第一,扩展知识面。知识就是财富,从某种程度上说是很有道理的。一个商人只有掌握了丰富的知识,思维才会更开阔,对机会的捕捉能力也会更强。

第二,对专业理论的研究要深入。我们常说,钱是给内行人赚的,所以一个人想从事某个行业,必须要全面、深入、彻底地了解一个行业。"一瓶子不满,半瓶子晃荡"的非专业人士,怎么可能做到敏锐地洞察商机呢?李嘉诚因为对塑胶行业的专业研究,所以看到塑胶花的资讯才会兴奋和激动。

第三,哲学思辨,善于发现同一事物的不同点。世上唯一不变的东西就是变。所以,一个商人要想适应瞬息万变的商业局势,就要学会用变化的眼光分析、解决问题。

第四,充分实践。实践是检验真理的唯一标准,每一个人的能力都是在不断实践的过程中训练出来的。敏锐洞察商机,实践验证是否可行,并最终使之结出成果。

第五,总结规律。万事万物都遵循常与变的理论。除了敏锐洞察变化之外,你还要遵循不变的规律。找到事物背后的规律,你就会避免很多失误,就能事半功倍。

第五讲 情报——买卖赔赚,行情占半

有经验的商人都清楚,情报与信息是生意成败的关键。

关于情报的重要性,《韩非子·说林》中记载这样一则故事:春秋战国时期,有一个鲁国人擅长织屦,他的老婆擅长织缟,他准备带着老婆去越国做生意。可是,鲁国的朋友却劝阻说:"去越国你们肯定会穷得连饭都吃不上!"鲁国人问:"为什么?"朋友解释说:"屦是做鞋子用的,但越国人喜欢赤脚走路;缟是做帽子用的,而越国人喜欢披头散发。你到不需要的国度去推销你所擅长的,不想贫穷也没什么办法?"

对于这个故事,现代人创造了不同的版本,比如正因越国人赤脚,所以鞋子才有市场;正因越国人披头散发,所以帽子才畅销。然而,现实是残酷的,很多时候,韩非子的这个故事往往才是赤裸裸的真相。可见,商人在投资某个项目之前,一定要广泛收集情报信息,充分了解该行业的行情。如果一个商人不懂这个道理,而是随心所欲、莽撞行事,必定会在从商的道路上跟头不断,摔得鼻青脸肿。

无论打仗还是做生意,情报和信息都有着重要作用。精明的晋商如此总结说:"买卖赔与赚,行情占一半。"我们从这句话中可以看出,晋商对行业情报、信息调查是非常重视的,他们将收集、分析、鉴定、运用信息作为成功经商的必备手段。

晋商了解市场信息的渠道有很多。例如,他们在很多地方都成立商会,认为不同的商号之间既是竞争对手,又是合作伙伴。所以,他们在得到重要信息时会相互沟通、彼此联合,建立一个强大的商业联盟,使其他地方的商人不敢与之抗衡较量。

明清时期,在晋商具体经营过程中,每家商号都有一套系统的信息管理方法。当某个分号获悉最新市场情报后,会通过信函的形式向总号汇报。通常情况下,总号与分号之间五天一信、三天一函。月底时会进行全月情报的汇总,做到上下左右联通。为确保商业机密不外泄,每个商号在写信函时都有自己特定的暗语,就算信函不幸丢失,别人也很难读懂其中的含义。如果遇到重要的情报,分号会派专人亲自向总号进行汇报。正因晋商善于获取有效的商业信息,所以几百年来,他们能够从一个又一个的商机中获取财富,长年盘踞商业霸主的位子。在这里,我们不妨举一个晋商经营茶叶的例子。

1727年,清政府与俄国政府签订了《中俄恰克图条约》,随后中俄边境快速形成两个商贸城镇。中国商贸城镇叫买卖城,俄国商贸城镇的名字叫恰克图。1755年,清政府限制俄国商人进京经商,恰克图就成了中俄两国的贸易中心。

商业嗅觉灵敏的晋商代表常氏家族,认为自己在地理位置上占有绝对优势,对中俄商贸现状与需求进行一番详细研究后,常氏家族第九世孙常万达将原本经营布匹与杂货为主的"大德玉"商号改为茶庄,并将自己的主要精力、财力用在茶叶的外贸经营中。就这样,不到几年的工夫,常万达就开辟了一条万里茶路,从中获取了巨额利润。

下面我们要讲的,是另一个晋商商号的例子。在晋商中有一个曹氏家族,他们在沈阳开了家名为"富生峻"的商号。一年秋天,"富生峻"的掌柜回家乡探亲,路途中经过一片高粱地,发现高粱长势很好,便随手摘下一棵。然而,正是这个无意识的举动,这个掌柜发现高粱的茎中竟藏有害虫!他又折下几棵,发现全都藏有害虫!这种害虫无限蔓延,将会大大影响高粱的收成。掌柜认为这是一个非常重要的商业信息,打消了回家探亲的念头,快速返回沈阳,将这一情报报告给东家曹三喜。曹三喜知道这一情报后,立即大批收购高粱与其他粮食。相反,其他商家受高粱长势大好假象的迷惑,反而大批抛售高粱。等到秋收之际,由于受害虫侵害,当年高粱及相关粮食产量极低,价格一路飙升。具有先见之明的"富生峻"不仅为自己的酿酒业储备了充足的粮食原料,还将多余的粮食高价卖出,从而大赚一笔。

事实就是如此,一个情报可能就让你成为亿万富翁!清朝末期,帝国主义不断对中国发起侵略战争。1894年,清政府对日本宣战,京城的官员、百姓为了活命,纷纷离开京城。与此同时,京城很多家票号也都停止进行银两汇兑。而同样是做票号生意的晋商李宏龄却做出了与众不同的措施,他对各种情报进行详细分析,认为中日战争不会对票号生意造成太大的冲击。另外,由于其他票号都关门停业,这刚好降低了同行竞争,反而是一个赚钱的好机会。在深入分析情报之后,他说干就干,让京城每家分号都照常营业。结果,其他同行因战争诚惶诚恐,他却因抓住机会而大赚了一笔。

从上述案例可以看出,情报信息往往决定着一家企业的生死成败。也许有人认为,商业信息的获得很多时候是一种偶然和巧合,而实际上一个商人对商业信息的捕捉与他对市场动态的嗅觉是分不开的。如果你是一个善于思考、分析的人,你就会从身边每天所遇到的人和事中获取情报信息,并能在第一时间将这些情报信息转化为商机和财富。

广汇集团是新疆著名企业,集团董事长孙广信曾被称为"新疆首富",2002年在《福布斯》中国富豪榜排位第三,经营范围涉及餐饮、石油、天然气、房地产等领域。孙广信能够将企业做得如此成功,这完全得益于他对商业情报的灵敏判断。

当年,孙广信在经营酒楼生意时,发现有客人定了一桌5 000元的酒菜,这可把孙广信惊呆了!要知道,以当时的消费水平来说,5 000元可不是普通人能拿得出的。孙广信想:一个人能够花5 000元请客吃饭,起码要赚5万元!这个人到底是做什么生意的呢?经过与客人聊天,孙广信得知这个人是做石油行业的。通过这一情报,孙广信意识到——石油行业属于暴利,应该想办法做与石油相关的生意。而那个时候的新疆塔里木盆地刚刚发现油田，每年投入油田建设的资金有上百亿。孙广信抓住时机，于20世纪90年代开始经营石油钻井设备贸易，仅1992年一年，公司的营业额就达到了8 700万美元！在短暂的时间内，公司就赚得了丰厚利润，赢得了超速发展。

俗话说："商场如战场。"在战场上，谁能更多地掌握敌军信息，谁就能赢得战争。在商场中，谁能更准确、更快速地获得商业情报和信息，谁就能够抢占先机，稳稳地坐在商业巨头的位置。一个大商的成功绝非偶然，其背后有着对情报信息的犀利洞察。

如今，在这个大众创业、万众创新的时代，商人群体更应该意识到情报信息的重要性。不少有远见的企业在内部成立专门的情报信息部，主要任务就是对国家、政府的相关政策进行分析研究，对竞争对手的最新举措、销售业绩、新产品发布等情报进行调查，同时对本行业的未来趋势进行预测。然后将这些信息反馈给企业决策部门、研发部门与生产部门，以此引导企业健康发展，使企业经营规模逐渐壮大。从某种意义上说，这是一个商人从小商成长为大商的关键所在。

第六讲　超前——人无我有，人有我优

我每次讲课，都有不少学员追着问："兰老师，商人成功的秘诀是什么？"对于这个问题，说实话我也不知如何回答，因为我不清楚你们内心成功的概念是什么。不过，阿拉丁神灯的咒语说："拥有神灯者即可拥有财富，一切心想事成！"对商人来说，创新即是这盏神灯，当你学会用创新的方法来经营公司时，财富将会离你越来越近，成功也将离你不再遥远。

在迈向大商的路途上，商人的创新精神非常重要。一个商人要想获得比

同行更高的利润,就要善于创新、勇于开拓,以一波又一波的超前产品引领市场,赢得消费者青睐。民国时期的浙商方液仙,就是凭着超前意识研发出中国第一代牙膏,为自己赢得了"国货大王"的称号。

1912年,不满20岁的方液仙发现中国的日化用品大都是国外进口,且品牌泛滥,于是他决定为中国的日化品杀出一条血路。在这种想法的激励下,他以1万元的启动资金创办了"中国化学工业社",研发出三星牌牙粉、雪花膏、花露水、生发油等系列产品。这些产品上市后,果然赢得众多消费者的一致好评,同时也让方液仙赚到了可观的利润。

然而,随着其他日化企业的兴起,三星牌牙粉的销售受到严重冲击。方液仙由此陷入苦闷,几乎坐以待毙。在迷茫中,他意识到要想让企业继续发展,就要寻找新的出路,于是他决定去考察欧美的日化市场。在欧美考察时,方液仙发现当地的牙粉产品正在被一种叫"牙膏"的新产品所替代,他当即断定中国未来市场也必将发生这样的变化!回国后,他就开始专心研究牙膏的生产方法,并在1923年生产出中国最为超前的第一代牙膏——三星牙膏。

由于三星牙膏物美价廉,很快取代了原来的牙粉,秒杀竞争对手,迅速占领中国市场。在三星牙膏销量一片大好的情况下,他又开始研发"剪刀牌洗衣皂"。因为秉承超前创新理念,方液仙创办的"中国化学工业社"很快成为日化行业的大品牌,并与国外产品相抗衡。

关于企业的超前与创新意识,香港商业奇才翁锦通曾说过,企业经营之道最重要的就是要有创新意识和创新爱好,并发自内心地认识到:应该有更好的办法。为防止企业及产品退化,翁锦通对自己的"创新说"进行了制度化:第一,翁锦通在自己公司专门设立了创新机构,并告诉下属要视变革为机会而并非风险,以这种方法来确保企业内部的创新气候;第二,他对员工定期进行创新成绩评估,创新不是可有可无的表面文章,而是纳入业绩考核。

没有任何一个商人愿意眼睁睁地看着自己被商业大潮所淘汰,几乎每一个成功的企业家都在不断地求新求变,力图通过创新让企业做大做强。要想真正做到"人无我有,人有我优",一个商人就要善于把握行业发展大趋势,然后根据趋势来调整自我发展目标。在这一点上,香港首富李嘉诚做得就相当成功,堪称我们大家学习的楷模。

李嘉诚在22岁时创办了自己的工厂,命名为长江塑胶厂。一天,他在阅读外国杂志时,发现国外发明了一部制造塑料瓶的机器,这种机器可以生产出优质、美观的塑料瓶。经过一番市场调查,他发现香港还没有引进这款新机器。李嘉诚在"人无我有"经营意识的引导下,决定向国外厂商购买这种机器。然而,李嘉诚与厂商沟通后才知道,这种机器不仅价格昂贵,而且需要提前订购,从下单到对方发货需要很长时间。

这可怎么办?李嘉诚在权衡思索后决定自己动手研发这种机器。经过几个月的反复实验、琢磨推敲,他竟然研发成功,并投入生产,各种款式新颖的塑料瓶快速抢占市场。

读完这个故事,我们不得不佩服李嘉诚抢占市场的超前意识。正是在这种超前意识的指引下,李嘉诚不断对技术、原料、产品进行改造提升,始终走在同行前面,成为行业的开拓者与领路人,由此获得"塑胶花大王"的美称。在外人看来,李嘉诚在塑胶行业获得如此大的成就,一定会在这个行业中继续走下去。然而,李嘉诚本人并不这样想。在他的商业规划中,塑胶厂只是一种赚钱的手段,帮他完成了原始积累。他要走的路更长更远。

20世纪50年代,香港人口迅速从200万逼近300万,人口的快速增加不仅使住房的需求量增多,写字楼、商铺、工业厂房的需求也大幅增加,租赁价格猛涨。身为企业主的李嘉诚曾多次因寻找合适厂房的事伤透脑筋,他无数次地构想,如果我有一座自己的厂房该多好呀!这样就再也不用跟可恶的房东打交道了!在这种想法的驱动下,李嘉诚在1958年于香港繁华工业区北角率先出手买地,建造了一座12层的工业大厦;1960年,他又在港岛东北角建造了另一座工业大厦。李嘉诚的行为,在当时看来都是疯狂而超前的行为。

从表面来看,李嘉诚进军地产行业是为了达到"拥有自己的厂房"的心愿，同时他也意识到香港有更多的企业主跟自己遇到同样烦恼，被厂房、办公场地、商铺等租赁问题困扰。凭着超前眼光，在寸土寸金的香港，李嘉诚就这样让自己成为了香港最大的"地主"！

作为一名商人，我们要认识到，虽然机会对每个人都是平等的，但成功却青睐于那些具有超前意识和行动力的人。对于那些具有前瞻性、决策力与坚定信念的人来说，当他们发现机遇时，能够快速跃上机遇的快马，然后快马加鞭地朝目标奋进，最终成就自己，创造辉煌的伟业。而那些后知后觉或行动力差的人，却只能在无知、犹豫、徘徊中错失良机。这些看似微不足道的差异，正是一个商人成功的秘诀，正是小商和大商的天壤之别！

第七讲　求变——变化无穷，各有所归

关于变化，《鬼谷子·捭阖》中说："变化无穷，各有所归，或阴或阳，或柔或刚，或开或闭，或弛或张。"这句话告诉我们，世界万物的变化是无穷无尽的，但每一种变化都有其自身的规律可循。例如，有的以阳为主，有的以阴为主，有的以柔为主，有的以刚为主，它们一阴一阳、一张一弛，在刚柔相间、开闭组合中进退自如。

世界上唯一不变的东西就是变化本身。号称百经之首的《易经》对"变"这一课题进行了详细的阐述，认为万事万物都在变化。吉凶的转变就在刹那间。在变幻莫测的商业社会，一名商人要想在市场上博得一席之地，就必须与时俱进、变化生存，切不可墨守成规、画地为牢。要知道，市场行情是千变万化的，消费者的需求也是不断改变的，一个企业要想不被市场淘汰，就要随机而变、紧跟市场。根据市场的时势来调整经营策略，满足消费者的诸多需求。例如，山西著名商号大盛魁就懂得按照变化规律来顺应市场，他们不仅在销售方式上灵活多变，而且所销售的产品也是随着消费者需求的变化而不断升级。下面我们来一起看看大盛魁是如何通过变化来做大做强的——

我们知道，晋商跟蒙古人的生意往来有几百年的历史，所售卖的货物很受蒙古人的欢迎。由于蒙古牧民以肉食为主，所以这些人爱喝茶，尤其喜欢喝砖茶，当大盛魁发现蒙古人对茶的需求后，专门设立了茶庄，并根据蒙古人的需求进行茶叶加工，并压制成方便携带的砖茶；蒙古人靠游牧为生，总是不停地放牧奔走，喜欢用经久耐磨的斜纹布做衣服，大盛魁为满足蒙古人的穿衣需求，特意将布料织得更结实、耐磨，并按照蒙古人的穿衣习惯剪裁尺寸不同的蒙古袍布料；另外，大盛魁在长期与蒙古人的接触中，发现蒙古人还需要蒙古靴、马毡、木桶、木碗、奶茶壶等生活用品……这些都是源源不断的需求，于是大盛魁请人加工定制，然后将这些日用品卖给蒙古人。

与汉民不同，蒙古人以游牧生活为主，经常居无定所，而且居住分散。大盛魁考虑到这一点，于是组建了骆驼商队，将各种商品带到牧民的帐篷，采用送货上门的流动销售模式。还有一个问题是，由于蒙古地区经济不够发达，能够交易的货币欠缺，怎么办？大盛魁随机应变，采用以物易物的交换方式，如牧民可以用马、牛、羊、动物皮进行交换，然后大盛魁将这些物品运送到南方，高价卖给南方的有钱人。虽然这种销售方式比较麻烦，但大盛魁却从中获得了巨额的利润。

《周易·系辞》云："穷则变、变则通、通则久。变者，古今之公理也。"大盛魁能够在与蒙古人的交易中获得巨大成功，正得益于它以变化的方式来适应市场，并以灵活的销售方式来满足蒙古人的需求。时代是变化的，社会是进步的，当我们感觉黔驴技穷、无路可走时并非真的无路可走，而是需要我们换一种思路、换一种方法来解决问题。一旦我们具备了"随机应变"的能力，很多问题也就迎刃而解、柳暗花明了。

不知道大家是否还记得北京首富李晓华这个名字，他当年的发家史可谓励志典范。李晓华虽是土生土长的北京人，但只是普通家庭出身，十几岁时上山下乡,在黑龙江一待就是8年。改革开放后李晓华重返北京,为了生活他做过锅炉工、厨师。工作之余他和朋友一起偷偷倒腾南方的货物在北京买,后来因"投机倒把"被劳教,并丢了工作。丢了工作的李晓华开始光明正大地经商,频繁往来于南北方的多个城市。

有一次,李晓华参加广交会,看到一台美国生产的冷饮机。他当即认为这是一只能下"金蛋"的神鸡,于是倾其所有花4 000元钱买下。夏天,他带着冷饮机来到北戴河旅游区,开了当地第一家冷饮店。生意十分红火,短短几个月就大赚一笔,快速实现了原始积累。

赚钱后的李晓华没有继续做冷饮生意,而是在秦皇岛开了一家录像厅。当时的北方人没人见过这种新玩意儿,录像厅的生意火得一塌糊涂,李晓华很快成了百万富翁。

1984年,李晓华去日本学习深造,发现中国生产的"章光101毛发再生精"很受日本人欢迎,价格奇高却供不应求。李晓华立即回国拿下了"章光101"日本代理权。只用了几年时间,李晓华就靠章光101赚了3 000多万美元,被日本首相亲自接见。

20世纪90年代初,很多香港人卖掉房产移民海外,当时的房价奇低,李晓华将所有的资金投入香港房地产业,以超低价格买入。1997年香港回归,中国香港房价一涨冲天,李晓华凭借自己多年的生意经,在房产业做得游刃有余,获得亚洲地产界的一致好评。之后,李晓华又涉足高速、矿产等行业的投资,每次都盈利而归。

没有永远不干竭的河流,同样也没有永远赚钱的生意。一个人要想在商场中立于不败之地,就要懂得随机应变。有人说,生意人就像泥鳅。泥鳅最大的本领是什么?钻空子。没错,生意人要想在竞争激烈的市场中生存并发展壮大,也要像泥鳅一样具有钻空子的本领,在千变万化的环境中做一个"善变"的人,在不断变化的趋势中发现新机会,并随机调整企业的经营方向。

众所周知,随着房地产行业的兴起,与之相关的家居行业也应运而生。

说到门锁行业,我们不得不提的是"美心防盗门",属于当年防盗门锁行业响当当的品牌。美心集团的创始人叫夏明宪,最早只是经营一家很小的五金杂货店。有一段时间,夏明宪发现来店里买水管接头的人特别多,而且每一个顾客都买很多个。夏明宪对这些买水管接头的人很好奇,不知道他们用水龙头做什么。他一打听才知道,很多有钱人为了确保自身与财产安全,他们想办法加固家里的门窗。在那个时候还没有"防盗门、防盗窗"这些东西,他们只好将很多水管接头焊接起来,做成铁栅栏防盗。

夏明宪经过一段时间的市场调查发现,防盗门窗的市场需求很大,如果能够生产一批现成的"防盗门窗"肯定比开五金店更有前途。在认定这一想法后,夏明宪快速转变经营思路,关闭了原有的五金店,然后低价租赁了一个废弃的防空洞,买来电焊、电锯、刨等工具。只短短一个星期的时间,他成功焊制并卖出了20多个"铁棍门",小赚了一笔。随着防盗门生产规模的扩大,夏明宪成立了公司,并注册了"美心防盗门"品牌。现在的美心集团专业研制、生产、销售防盗门,早已成为中国防盗门行业响当当的品牌企业。除此之外,夏明宪始终跟随社会发展趋势,以"求变"的思维来经营企业,其公司业务涵盖了房地产、国际贸易、园林绿化、广告、科研等领域。我们不得不说,夏明宪能够从一个名不见经传的五金店老板成长为叱咤商场的巨商富豪,很大程度上受益于他"应时而为,以变求存"的经营理念。

每一个商人都是由小到大逐步发展起来的,很多企业在创立初期都是"夫妻店"或"兄弟帮",只要"老大"一声吆喝,大家都热火朝天地跟着干起来。谁在干什么,干得如何,干了多少,都一目了然,用不着专业的管理人员来进行监督。然而,当一个企业做大之后,这种小作坊的管理模式不再适用怎么办?要想长期、稳固地发展壮大,我们不仅要在产品研发上求变,更要在管理模式上求变,创造一种更新颖、更有效的管理模式。

清朝曹氏家族算是晋商中资金最雄厚、经营规模最大的家族之一,其祖曹三喜从磨豆腐起家,后来开始涉足皮货、钱庄等生意。清中期,曹氏家族的商号已遍及全国各地,甚至在俄罗斯也有生意。生意极盛时期,曹氏家族拥有640多家商号,雇用员工37 000多人。我们都知道,再能干的老板也没有三头六臂,不可能同时对成千上万的员工同时发出指示。那么,曹氏家族的老板是如何管理这600多家商号和3万多员工的呢?

为有效管理这个庞大的商业帝国,曹氏家族的企业负责人自创了一种"联号制"管理模式。所谓联号制,即各商号之间的关系并不是平等的,而是总号管辖分号,东家管理掌柜,掌柜管理伙计的分级管理模式,这种管理模式类似于现在的集团公司。例如,曹氏企业在老家太谷设立了"三多堂",是曹氏商号最高权力机构,其职能相当于现在企业的董事会,主要负责审核企业的经营状况与人事变更。三多堂负责管辖三个总号,这三个总号分别是砺金德、三晋川和用通玉。砺金德负责管理太原、江南、潞安等地的商号,同时还负责管理彩霞蔚绸缎庄及其所属商号;三晋川负责管理山西各商号;用通玉负责管理东北等地的商号。

曹氏企业的"联号制"管理模式,将所有商号分成三层或四层管理机构,并保证各个级别的工作人员权限清晰、职责明确。当基层有事请示,逐层上报,不可越级。这种管理方法既避免了老板的"一竿子插到底"的专权独霸,也避免了基层员工借用"通天术"来干扰掌柜的管理,从而保证了企业管理的秩序性与稳健性。

从某种意义上说,联号制管理模式是中国商人积极求变的体现。曹氏家族因此而日益发达,并最终富可敌国。可以说,这种管理模式即使放到今天依然有其先进的一面。在现代社会,很多企业经常将一个大公司分解成几个小公司,由若干小公司合起来组成一家大的集团。其实,这种集团公司的管理与几百年前晋商的管理模式有着异曲同工之妙。

第八讲　方法——鬼谷量权，审时度势

　　如何才能看透常与变的玄机？何时遵从规律保持不变，何时又要灵活应变？这一切究竟应该如何把握？守常如押宝，守对了叫目光长远、坚持就是胜利；做错了叫腐朽僵化、墨守成规。求变也是如此，变对了叫神机妙算、机智灵敏；变错了叫见异思迁、心浮气躁。中国崇尚辩证哲学，同样一件事，由于把握的分寸和采取的方法不一样，其效果也会有很大的不同。大到国家大事，小到日常琐事，当我们决定做某件事时，总会反复考量、权衡：做这件事有什么好处？不做有什么害处？这样做如何？如果那样做又如何？

　　对于这种思来想去的行为，鬼谷子称之为"量权"。所谓量权，即衡量得失、权衡利弊。关于量权，《鬼谷子·权篇》中说："何谓量权？曰：度于大小，谋于众寡。称货财之有无之数，料人民多少、饶乏，有余不足几何？"用现在语言解释，这句话大概意思是：什么叫量权？量权就是度量一个国家地域的大小，谋略智能之士的多少；而且要衡量、计算这个国家有多少财物？人口有多少？资源是富饶还是贫乏？在哪些方面比较富裕？在哪些方面存在不足？从鬼谷子这段言论不难看出，量权是古代统治者必不可少的技能。很多时候，他们是否具有远见卓识，就看其量权是否科学到位。如果一个国君善于量权，就能对社会局势有所了解，从而准确衡量各个国家力量的轻重，探清对方虚实，从而清楚地知道该做什么、不该做什么，以及未来做什么才是大势所趋。

　　其实，量权不仅可用于治国，在工作生活中同样适用。日常交往中，我们要善于通过言行揣摩对方的内心，了解对方喜欢什么，厌恶、忌讳什么，对于对方喜欢的你可以多谈一些，以获得对方的好感，而对于对方忌讳的东西，尽量要少谈或者不谈。在生意场上，你要想跟对方达成交易，首先要对对方有足够的了解，知道对方具有哪些优势，有哪些劣势，在哪些方面可以让步，在哪些方面是绝对不可退让的。当我们对这些所有的信息做了全面详细的了解后，就可以直接切中要害，有的放矢地解决问题。如此一来，我们无论做什么事情都能够少走弯路，省心省力。在这里，我不妨给大家分享一个身边的小故事——

有一个做贸易公司的朋友，合作公司欠他一笔十几万元的货款，催来催去，一年半的时间过去了没有讨回一分钱，这让朋友很是头疼。几个月前，朋友公司有一个漂亮的女员工怀孕了，于是朋友脑洞大开将讨债的任务交给这个怀孕的员工去办。不到半个月，对方公司的王老板主动给朋友打电话说："兄弟，款马上打给你！"

为什么原来讨账讨了一年多，对方总是用各种理由推托，而一个怀孕的女员工竟会让事情逆转呢？其根本原因就在于朋友通过量权、度势发现对方最害怕什么、最在乎什么。他最在乎的就是家庭稳定，他急需向家人澄清自己没出轨的事实。朋友正是通过量权控制住了对方的软肋，让其乖乖就范，并最终达到讨回货款的目的。

说到量权、度势之事，我们不得不提到的高手是香港商人李嘉诚。在李嘉诚看来，做生意犹如划艇，所以他在决定是否开始一桩生意时总会全面衡量：我有没有力气从此岸划到对岸？我有没有力气再划回来？例如，李嘉诚和包玉刚共同演绎的九龙仓收购与反收购大战，正是李嘉诚在生意场上谨慎量权之后富有远见的大手笔投资。

20世纪70年代，曾有人对香港商界局势断言：谁如果拥有九龙仓，谁就能掌握香港大部分的货物装卸、储存及过海轮渡！这一论断的确属实，因为当时的九龙仓不仅拥有码头产业，还拥有酒店、大厦、有轨电车等实业，香港的诸多商人对此垂涎欲滴。九龙仓虽然建有海港城、海洋中心大厦等物业，但在经营方式上只租不售，造成资金回流缓慢，使九龙陷入严重的财政危机。为缓解危机，九龙集团决定出售债券套取现金，而出售债券的行为又导致九龙集团债台高筑、信誉下降，将自己逼向绝境。面对如此情况，李嘉诚感叹：九龙仓以极低的价格获得风水宝地，如今价格上翻百倍，如果自己能够主持九龙仓旧址地产开发，绝不会让九龙仓陷入如此困境之中！精于地产股票投资的李嘉诚不动声色地购买了 2 000 万股九龙仓股。这样一来,李嘉诚持有九龙仓总股数的 20%,成为九龙仓最大的股东,这为李嘉诚将来收购九龙仓埋下了伏笔。

按照公司法规定,股东要想对公司具有绝对控制权,控有的股份必须在 50% 以上。而此时的九龙仓的股票价格已经炒高,凭着李嘉诚所有的财力很难收购九龙仓 51% 的股份。与此同时,九龙仓的老板怡和集团在高价回收散户所持有的九龙仓股,以增强对九龙仓的控制力。但是九龙仓老板所拥有的现金也不足以回购到绝对安全的股份水平,只好向香港汇丰银行求救。为解决问题,汇丰银行的掌门人沈弼奉劝李嘉诚放弃收购九龙仓。李嘉诚量权度势,认为自己不宜同时与怡和、汇丰银行为敌,因为他还期望汇丰银行日后能够对自己的长江实业给予支持。量权权衡之后,李嘉诚答应沈弼停止收购。

李嘉诚放弃收购九龙仓的消息一经传出,引来更多强者的介入,其中一位就是具有"世界船王"之称的包玉刚。在当时的香港商界,能够与怡和对决的也只有包玉刚了,李嘉诚决定将这个皮球踢给包玉刚。随后,李嘉诚、包玉刚秘密会面,李嘉诚开门见山地说出了自己想把 1 000 万股九龙仓股转让给包玉刚的想法。对于包玉刚来说,能够从李嘉诚这里接手 1 000 万股,再加上自己原来持有的股份,可以与怡和进行公开竞购,相当稳妥地控制九龙仓。而对于李嘉诚来说,他在放弃九龙仓后,已将注意力转向英资洋行——和记黄埔,他可以通过包玉刚搭桥,购买 9 000 万股和记黄埔的股票,一旦合作达成,李嘉诚将会达到收购和记黄埔的目的。两个精明商人一拍即合、各取所得:李嘉诚将手中 1 000 万股九龙仓股票以 3 亿元的价格转让给包玉刚,包玉刚则帮助李嘉诚从汇丰银行购买 9 000 万股的和记黄埔股票。当包玉刚成功收购九龙仓之后,李嘉诚再继续将剩余的九龙仓股票转让给他。

据可靠数据估算,李嘉诚只在这一进一出之间,就轻松获利 5 900 多万港元。从这件事可以看出,李嘉诚不仅是一位成功的商人,更是一位善于量权的谋略家。他在量权的过程中不仅成全了对方,让对方心想事成,而且也让自己获得巨额利润,达到了互利双赢的目的。

由此可见,一个人要想真正把握常与变,就要做到"量权",就要懂得审时度势,使事情顺应趋势发展。那么,如何正确把握事物的发展趋势呢?第一,要"达人心",也就是揣摩人心、看透人心;第二,要"见变化之朕",朕即征兆、苗头,生活中我们经常说"见微知著"也是这个意思。这告诉我们,一个人要擅长从微小苗头中发现事情可能会发生的显著变化,总结事物发展的规律,顺势而为,从而以较小的投入获取更大的回报。

第九讲　速度——机不可失,时不再来

在一个大变革时代,作为一名商人,我们应该如何生存?做生意需要抓住商机,在遵循规律的基础上,对变化见微知著是一门必修的功课。其中,我们应该牢记的忠告是——"机不可失,时不再来"。它的真正含义是两个字——速度!当你抱怨的时候,别人都在疯狂赚钱;当你迷茫彷徨的时候,别人都在加大马力奔跑!比你成就大的人,比你更努力!这才是这个时代最大的危机。

诚然,如今是一个讲究速度的时代,丧失先机往往比考虑不周造成的损失还要大。关于速度的重要性,《孙子兵法·九地篇》中说:"兵之情主速,乘人之不及,由不虞之道,攻其所不戒也。"意思就是,一个智勇多谋的将军善于快速袭击,在人意想不到的道路上设伏,趁敌人毫无防备时发起攻击,先发制人打他个措手不及。反之,如果错失了主动攻击的先机,就会被别人牵着鼻子走,整个军队将会一败涂地、损失惨重。在《三国志·魏书·郭嘉传》中,天才谋士郭嘉也有类似的观点:"兵贵神速,今千里袭人,辎重多,难以趣利,且彼闻之,必为备。不如留辎重,轻兵兼道以出,掩其不意。"古往今来,很多战争都是因一步滞后而全盘皆输的。美国独立战争爆发，华盛顿率领军队横渡特拉华河，向英国军队进攻。英国情报员得知消息后，第一时间将情报交给军官，而这位军官当时正和战友打牌，随手将信塞进口袋，等一局牌结束之后才打开来看。不幸的是，就在这短短几分钟内，华盛顿对毫无准备的英军进行偷袭，导致英国军队死伤惨重。

一局牌结束也就几分钟的时间，而在分秒必争的战争之中，就因为这几分钟的滞后，英国军队输了这场战争，而且令大批士兵丢失了生命，这可谓是血的教训。

古龙说："在江湖上，谁的刀快，谁就有理。"不仅在战场中，在竞争激烈的商场中同样需要以速度制胜，凡事做到快人一步，才能够抢占先机。例如，当一个商人发现了某个新的市场需求点，就要争分夺秒地研发产品，在同行毫不设防的情况下抢占市场。另外，我们还要研究政府的政策趋向，当政府公布一条新政策，市场就会出现新需求，相关企业就会根据需求生产新产品，抢先满足消费者的需求。

王健林，作为万达集团公司的董事长，军人出身的他是一个"快半拍"的商人，很多事情都走在其他人的前面。

1988年，万达公司成立。王健林主动要求让出大连市西岗区政府办公室主任的位置，然后负责西岗区的住宅开发，进行旧城改造。当时的王健林对房地产行业一无所知，是个名副其实的"门外汉"，他根本不知道旧城改造是同行前辈不屑一顾的项目。当时，在大连市政府南面有一个"棚屋区"，影响市容形象，领导对负责旧城改造的王健林说，就在这块地上，你想开发多少都行。王健林回去一算成本，每平方米的造价刚好是当时大连的最高房价，此时的王健林才明白，为什么没人愿意干这事儿。

这可怎么办？王健林决定奋力一搏，想办法将每平方米的销售价格再提高几百块钱。经过一番重建，当时的"棚屋区"变成大连著名的"北京街"。不到1个月的时间，800多套房子全卖光了，万达公司凭着这一项目赚了1 000多万。

当有人问王健林成功售房的秘诀时,王健林轻描淡写地回答,最根本的原因是我们比同行走快了一步。第一,我们最先推出了130多平方米的大户型;第二,我们最先在北方设计了明窗大厅;第三,我们选用了先进的铝合金窗户。就这样,尝到甜头的万达公司开始将旧城改造当成自己的主要业务,当其他同行企业也涉足旧城改造时,王健林已经成了这方面的专家,早从旧城改造中获得了丰厚利润。

当其他人跟随王健林的步伐大力开发住宅地产时,王健林的动作又比别人快半拍,他开始尝试新的地产模式——商业地产。王建林先与商家签订租赁合同,然后再建造商场,以降低投资风险,他将这种合作模式称为"订单商业地产"。当王健林第一次找沃尔玛洽谈时,被当场拒绝。王健林并没有放弃,而是一次次地上门拜访,他花了1年的时间才说服沃尔玛接受尝试。王健林挑选优势地段,根据沃尔玛的实际需求进行设计,并以最快的速度将商场投入使用。只1年的时间,王健林就让沃尔玛在6个城市体验到这种合作模式,很快美国百胜、新加坡百胜等连锁企业也加入王健林这种合作模式,使万达企业稳健赢利。

敢于尝鲜的王健林并没有满足于当前的成就,而是又一次以迅雷不及掩耳之势开启"万达影城"模式,并参与投资出品影视项目,进军文化创意产业。他还将手里多个商业地产打包成"房地产信托基金",在香港上市……当然,在前行路上他也遇到一些波折。回顾王健林一次又一次的商业行动,他正是凭着"快人半拍"的行动力在房地产行业站稳脚步,并像滚雪球一样将自己的商业帝国发展壮大,使万达成为资产过百亿的地产巨头。如果用最简单的词汇来概括他的成功秘诀的话,就是两个字——速度!

在这个世界上,有好想法的人很多,但及时行动的人却很少,所以成功的人也很少。当我们大脑中有一个好主意、好念头时,不要花太多的时间来完善它,更不要等到万事俱备、万无一失的时候再行动,这样就很容易错过最佳时机。在竞争激烈的商战中,很可能因为你拖延、犹豫了几分钟,订单就被竞争对手抢走了;也有可能你的某款新产品晚上市了几天,市场已经被竞争对手占领了。所以,一个企业要想引领行业之路,就要做到思维超前、行事果断,在竞争对手还没有发现端倪时,一马当先抢占先机,使企业在同行业中立于不败之地。在这方面,瑞蚨祥孟洛川的商道经验就值得我们学习——

在布料生意上,瑞蚨祥始终领先于其他商号。有人说这得益于瑞蚨祥经营规模大、商品种类齐全,但人们却不知道,瑞蚨祥真正制胜的法宝是一个"先"字,他们善于抢抓先机,对市场中一些奇缺商品总是采用"抢购、多购、独卖"的经营策略。例如,在 1930 年前后的北京、天津,貂皮褂、白虎崽皮、金丝猴皮都是稀缺货料,一件这种材质的衣服要卖到 5 000 多元。瑞蚨祥认为这是一个千载难逢的赚钱机会,为抢占先机,他们买进大量皮草,垄断了皮草市场,从而获得巨额利润。对于那些品种繁多、花样多样的布料,瑞蚨祥则采取"勤进、少进、多样"的进货模式,始终坚持"货干头先""宁让货等客,不让客等货""季前备好,季中补货、季末不进只甩"的经营理念。

在这个速度制胜的年代,如果一个企业想抢占先机,创造财富,就要能够以超前的思维和眼光来研究趋势,先人一步抓住成功契机。我们常说"一步领先,步步领先;一步落后,步步落后",速度跟不上,你就会落个被动挨打的局面。总之,兵贵神速,如何快速行动是每个商人都必须学习的必修课。欲成大商者,岂能不明白这个道理?

第五部分

权衡利与害：如何科学决策

第一讲　决策关乎生死——将失一令、兵败身死

一个商人如何才能成为大商巨贾？有人认为执行力很重要，只有执行力才能把我们送往成功的彼岸。诚然，执行力的确很重要，很多老板最关心的也往往是团队的执行力。但你知道吗？更重要的其实是老板的决策力！如果方向错了，再强的执行力又有什么用？正所谓"将失一令，兵败身死"！

《鬼谷子·决篇》中说："为人凡决物，必托于疑者。"意思就是说，人们但凡要决断事情，必定是心存疑难。当一个人遇到难题、心存疑虑，不知如何是好时，就需要决断。由此可见，有疑难是决策的起因。美国管理专家赫伯特·西蒙认为，决策是管理的心脏，决定着组织发展的成败，关系到组织的生死存亡。一个领导若想取得非凡的成就，无疑需要多方面的能力，决策力是重中之重。领导的第一项能力就是做对决策、用对人。

我们作出的决定究竟有多重要？可以改变一个人的一生。一个正确的决策可以把你推向事业的巅峰，一个错误的决策能使你万劫不复。纵观现实中的商海沉浮，我们知道——一家伟大的企业，没有一二十年的积累沉淀是难以成就的，但让一个企业倒下来，只需要老板一个愚蠢的决策！

为什么你是今天这个样子？是昨天的决策造成的。所以，今天的我是昨天的我的积累，明天的我是今天的我的发展。今天我的生活状况，取决于多年前我的选择。而未来我究竟要做什么样的人，则取决于今天我的选择。在一个人一生当中，有三个选择很重要：第一个选择是大学学什么专业，这奠定了你一生的知识框架；第二个选择是你决定和谁结婚，你的另一半对你一生会产生至关重要的作用；第三个是你和谁在一起创业，有时候合伙人分家比夫妻离婚还难办。

为什么我们很难做选择？因为决策一旦错了，要么成，要么败。因为我们对未来看不透，要想拥有好的未来，就要懂得做"决断策划"。

决是决未来。过去的已过去，未来的不清楚，所以才需要做决策。

断是断利弊。为什么我们难以做决策？因为各种利弊纠缠在一起。如果天上掉一个馅饼,馅饼下面大都有一个陷阱。你看到的是馅饼,却忽略了下面的陷阱。你要的是利益,而对方盯着的却是你的本金！很多金融诈骗就是这样的套路。

策是筹策,是计算之义。计算什么？计算得与失。做决策,就是看投了多少、回报多少。如果你对得失没有权衡,就不要去做决策。

划是规划。一个好的决策必须带有执行方案,如果这个决策你认为很好,但执行层面不认同,那么这一定不是一个好决策。如果执行很麻烦,就不要做决策。

作为领导者,你是否具有卓越的决策力？如果你是企业的"领头羊",但没有决策技巧,可想而知企业离失败还有多远？中国企业领导约90%没学过决策。那我想问大家的是,如果一个点头就意味着千万乃至上亿元的投资,你敢轻易点头吗？如果一个摇头就意味着错过一个千载难逢的机会,你敢摇头吗？一个点头、一个摇头,如此简单,但如果关乎利弊,那就万难了。

我再问大家,如果有一辆大巴车里面坐着几十个公司员工和家属,而你要开车,但你却没有驾照,你敢把这个车启动吗？道理是相通的,开车要有驾照,要看前路,要有导航。驾驶中还要看左右观察,来决定方向盘向左打、向右打,还是直线前行,路况畅通踩油门加速,路况不好踩刹车立即停止。决策是解决问题的关键钥匙,它对领导者所起的作用犹如鸟之双翼、车之两轮。决策是很难的,美国管理协会进行的一项调查表明,美国的商业人士作出正确决定的概率只有50%。一旦决策,正如落子无悔,结果要不这样,要不那样。

你现在的哭和笑,源自最初的选择与决定。你未来的哭和笑,取决于你现在的选择与决定！

人生处处是决策,每个人每天都不断地在作出各种大大小小的不同决策。可以说,没有什么东西比决策更能影响我们的生活了。我们迄今为止所得到的一切,成功或失败,都能追溯到我们之前所做的决策上。更重要的是,我们所有的未来、希望、梦想以及目标,也都取决于我们是否拥有出色的决策力。

关于如何提高决策力,下面将结合《鬼谷子》中的《权》《谋》《决》相关内容向你具体讲解鬼谷子的决策智慧。教你如何收集信息,洞察时势以及如何顺势而为;如何培养科学决策思维;如何绘制决策蓝图以及如何培养自己的决策直觉,从而快速推理决断。此外,你还将掌握系统化的决策工具,了解如何启动集体智慧进行周密决策,确保万无一失。

第二讲 决策人的修炼——鬼谷子帮你由内而外提升决策力

作为一名企业领导,首要任务就是提升自己的决策力。而决策能力不是与生俱来的,这需要一系列的修炼。那么,要想成为一名优秀的决策者,都需要哪些修炼呢?

第一,要与通者商量。如何才能确保谋略和决策滴水不漏?《鬼谷子·摩篇》中说:"谋必欲周密,必择其所与通者说也。故曰或结而无隙也。"意思就是,谋略决策要周详缜密,就必须选择与自己的心思相通、志同道合的人去沟通。这就叫作结交共事亲密无间。做一件事考虑周全才能成功,而且要选择对的人,你要揣摩自己跟对方的关系怎么样。对方是"不求同年同月同日生,但求同年同月同日死"的好兄弟,还是"做朋友两面三刀,为钱财插朋友两刀"的小人?只有亲密无间,你的谋略决策才能与之共同商议。

第二,合伙人之间要情投意合。《鬼谷子·摩篇》中说:"说者听,必合于情,故曰情合者听。"意思就是,说辞要想让别人听从,必须与对方的思想情感相契合。那么,我们要找什么人合伙商议大事呢?情合之人。一对情投意合的男女可生死相依、不离不弃；一对志同道合的朋友可两肋插刀、赴汤蹈火。如果做到情投意合、志同道合，不仅你的话对方喜欢听，而且你们能合伙商定英明决策，做一番伟大的事业。

关于这种情谊相合的道理，鬼谷子特别举例加以佐证，他说："故物归类：抱薪趋火，燥者先燃；平地注水，湿者先濡。"（《鬼谷子·摩篇》）意思就是，世间万物各归其类：抱着柴火抛入火中，干燥的柴火首先燃烧；往平地倒水，湿润的地方首先被浸透。干柴和烈火都具有干燥的特性，很容易发生共燃现象。湿润的地方更容易被水浸透，因为湿润的地方往往处于低洼之处，水往低处流。那么，我们找合伙人呢？你决策的时候要同什么人商议呢？建议多多参考鬼谷子"物归其类"的原理。

第三，要养肝护胆，拥有健康身体。《黄帝内经·素问·六节脏象论》说："胆者，中正之官，决断出焉。"可见胆主决断，当人遇到惊恐、威吓等精神刺激的时候，胆能够维持人体气血的中正平衡，所以称作中正之官。一个人要想决断力强，胆要养护好。胆子大的人，做事一般都很果断，雷厉风行。此外，决断力除了跟胆有关系外，跟肝的关系也很大。《黄帝内经·素问·灵兰秘典论》说："肝者，将军之官，谋虑出焉。"从中医角度来说，肝就像一位有勇有谋的将军，主管人的谋虑功能，负责出谋划策、运筹帷幄。

一个人平常都是先谋虑思考，然后再作决断。这正好需要肝胆功能互用。两者之间互为表里，分工明确，配合到位。所以我们要想做好决策，必须肝要好、胆要壮。根据《旧唐书·房玄龄杜如晦传论》记载：唐太宗李世民经常在谋划事情时举棋不定、心存疑虑，于是就说：这件事非杜如晦没有人能决断！等杜如晦到来，三下五除二就决断出子丑寅卯。李世民经过观察，发现杜如晦决断选中的谋略大部分出自房玄龄。从这个时候开始，李世民就知道房玄龄擅长谋划，而杜如晦擅长决断，两个人辅佐自己，可谓如鱼得水。这正是后世所传的"房谋杜断"。从这里可以看出，每个人的禀赋不同、性格不同，造成了有的人擅长谋划，有的人擅长决断，什么都具备的全才很少。像李世民这么牛的人，还需要两个帮手辅佐自己呢！怪不得就连鬼谷子也情不自禁地感慨决断之事"难为者"。

我们再看刘邦率众造反,路遇白蛇挡道,众人劝说退返,刘邦却说:"大丈夫有什么可怕的!"于是当机立断,拔剑斩为两段。这就是果敢勇猛的决断力。三国曹魏思想家刘劭在《人物志》中品评刘邦:"英可以为相,雄可以为将……一人之身兼有英雄,乃能聚英与雄,故能成大业也。"英主要指智慧谋略,雄主要指魄力决断。刘邦本人兼具英才和雄才,所以才能成为大汉开国之主。

作为一名企业领导,你要想作出英明决策,一肝要好,二胆要好,合到一起就是能谋善断。唐太宗和刘邦自身就具备这两个条件,由内而外地把自己修炼成卓越的领导,再加上身边能谋善断的决策团队,如此优秀的条件,不成为帝王中的楷模也实在太难!

第四,善于学习和积累。在商界人物中,李嘉诚就属于决断力超群的领导者之一。李嘉诚说过,拥有决断力是成功的重要条件,凡事要充分了解,详细研究,掌握准确资料,自然就能作出适当的决断。他的决断过程也是先谋后断。打工当学徒时,李嘉诚不会盲目跳槽,总是在深思熟虑之后才会果断决策。在创业经商期间,他总是在深入分析市场前景和发展趋势之后,才会果断精准地推出新产品。李嘉诚先是在一家茶楼当伙计,而后进入一家五金厂当业务员。老板非常重用他,不断提拔和加薪。然而,李嘉诚却突然提出了辞职!这到底是怎么回事呢?原来李嘉诚经过分析,认为塑胶业的兴起必将冲击五金厂的发展。日用塑胶产品将很快取代金属日用品,塑胶产业才是未来趋势,在五金厂干下去就是等死!所以他果断作出决策——跳槽去了一家塑胶厂。尽管如此,他仍然做到了仁至义尽,临走时他为五金厂老板出谋划策,你以后要么转行做前景好的行业,要么尽快调整产品的种类,避免与塑胶产品竞争,否则后果不堪设想!同时建议老板专注于门锁生意,或许可获得突破。老板听从劝诫,由日用五金产品改为专业生产门锁系列,避免了在时代大潮中沦为牺牲品,为自己抢占了一席之地。由此可见,李嘉诚的判断力和决断力是多么强大!

那么,李嘉诚的决断力到底是如何炼成的呢?他是这样传授经验的,求知是最重要的环节,不管工作多忙,我都坚持学习。白天工作再累,临睡前,我都要斜靠床头翻阅经济类杂志,我从中汲取了大量的知识和信息,我的判断力由此而来。通过这段话我们可以领悟到什么?一个人的决断力不是天生就有的,更多是源自后天的学习和修炼。

第三讲　如何打造决策团队——360度全方位减少思维死角

一个人再英明神武,其力量总是有限的,其思维也可能会存在死角和漏洞。正所谓三个臭皮匠,顶个诸葛亮。所以,作为一名企业领导,要想让自己的决策更加正确精准,不能全靠自己拍脑门作决策,你需要有一个属于自己的决策团队。如果是规模比较大的企业,高层领导的主要任务是什么?就是决策。所以,人们也往往称高层领导为决策层。

那么,我们该如何着手打造自己的决策团队呢?

一个完美的决策团队,应该是五行团队,需要具备五个条件:第一是梯形年龄,老中青都要有。第二是知识互补,不同的年龄有不同的心性、不同的知识结构、不同的思维角度,这样考虑才周全。第三是能力叠加,一加一要大于二甚至大于十,这样才能有力执行。第四是性格包容,决策层里既有急脾气的人冲在前面,又有老成持重的人在后面压阵脚,这样就能确保既有开拓创新精神,又能及时喊停,杜绝决策上的各种风险。第五,男女搭配,视角不同,互为补充。当你做一件事犹豫不决的时候,请去问一个男人,因为男人的果决可以让你下决心;当你决定做一件事而且迫不及待的时候,请去问一个女生,因为女生的细心会让你把事情考虑得更周全。所以,在你的企业决策层里安排一个女性很有必要。我们这样说,不只是为了提高妇女的地位,更是为了决策得更加周全和稳健。

我们看马云的高层决策团队是什么样的——马云,阿里巴巴集团主席,英语专业,具备演说天赋,激励型;蔡崇信,阿里巴巴集团执行副主席,耶鲁大学经济学学士及耶鲁大学法学博士,周密型;吴炯,阿里巴巴集团前CTO/天使投资人,冒险型。大家再来看著名的"西天取经"团队,包括白龙马,五个成员。唐僧完美性格,是领导,意志坚定,把握方向,把大家的心凝聚在一起,一路向西;孙悟空力量型,武艺高强,降妖除怪,是业务高手;猪八戒活泼型性格,负责娱乐;沙和尚性情沉稳,任劳任怨,是好内勤;白龙马是帅哥司机,万里载重,默默奉献。这个团队刚好五个人,五种性格,各类人才都有,可谓完美组合,这五个人分开来看就代表人的心、肝、脾、肺、肾,合在一起就是"李世民",代表修行人。《西游记》里面的学问大了,有时间建议大家好好钻研一下。由此可见,高层领导之间一定要有互补关系。

决策还要有科学的流程、原则和方法,这个后面会系统来讲。

在《三国演义》中,我们也可以看到很棒的领导团队。刘备字玄德,玄是玄鸟,大秦帝国的图腾就是玄鸟。鸟要想飞起来变成凤凰,必须要有翅膀,所以刘备有一个兄弟叫关羽。但是,关着羽翼能飞起来吗?不能,所以刘备必须要有另一个兄弟张飞。他的翅膀一关一张,就飞起来了。小胜凭智,大胜靠德,所以要想把事情做大,必须靠德行,所以他叫玄德,名字中有一个"德"。除此之外,他还要拜师:老师一个叫卧龙,一个叫凤雏。要想成大功,还要有龙马精神。什么是"龙马精神"?身体要好,状态要好,这就叫龙马精神!所以,刘备有一个武将叫赵子龙,还有一个武将叫马超,合到一起就是龙马。一个人要想成大功,还有个人必须到场,这个人不到场成不了功,谁啊?黄忠。为什么黄忠一定要到场?因为黄忠字汉升。你看,关羽在长沙收了黄忠,借荆州入西川,三分天下得其一;文有卧龙凤雏,武有关张赵马黄。文臣能谋国,武臣能打天下。中国管理最大的问题是什么?首席执行官带着一大批营销团队的经理,这叫武官制度。没有文臣谋划,后果很严重,犹如刘备有了关张赵云,仍是无立锥之地,颠沛流离、居无定所,直到有了诸葛亮,才有了三分天下的战略。所以,一个公司除了要有执行官,你还要有策略官!

马云在某著名商学院学习,有一个老师讲战略讲得特别棒,一句话把他震撼了,"站在月球上看地球,跳开行业看行业。"马云就问这个老师在这儿一年拿多少钱,随后说别在这儿干了,到我公司去!我一年给你 N 倍的报酬!那个老师上完课收拾了东西就跟马云走了。

这个人是谁?就是马云的首席策略官——曾鸣。曾鸣是美国伊利诺斯大学国际商务及战略学博士。就这样,自 2003 年起曾鸣开始担任阿里巴巴集团战略顾问,曾任阿里巴巴集团执行副总裁、参谋长。正因为有曾鸣帮着作谋划,阿里巴巴集团才能一步步稳健发展。现在,我问各位企业家,你身边有这样一个人吗?就像刘备、马云一样,你的决策团队机构完善吗?关于刘备的决策团队,曾有一个评价,"兄玄德弟翼德德兄德弟,师卧龙友子龙龙师龙友。"我想再一次问大家,在创业过程中,你的德兄是谁?德弟是谁?你的龙师在哪里?你的龙友又在哪里?如果没有这样的框架,你很难把企业做大,就永远是作坊型!文臣用来谋国,武将用来保命,策略官定战略,执行官来实施。这就叫科学的决策、完善的管理。

奇门遁甲之"甲",就是统帅。"奇"为三奇,即乙奇、丙奇和丁奇,乙奇就是参谋长,丙奇就是警备司令,丁奇就是后勤部长。一个企业里面一定也要有三个"官",哪三个"官"?策略官、执行官、运营官。刘邦打下江山,曾有人问他:"你凭什么取江山?"刘邦说:"运筹帷幄之中,决胜千里之外,我不如张良。"你看,这是策略官。然后刘邦又说:"攻城略地,攻无不克、战无不胜,我不如韩信。"这是执行官。刘邦说还有一个人很关键,给他筹粮草、募兵员,负责内务管理,这是运营官,这个人就是萧何。我想问大家,你公司有这三个"官"吗?如果没有,公司的机制是不合理的,决策也是不完善的。怎么办?从今天开始,根据我所讲的标准,着手打造你的决策团队,让你的每项重大决策都减少思维死角。

第四讲　如何科学决策 1——鬼谷子系统化的科学决策流程

一个方案到底是如何生成和实施的呢？其科学决策的步骤和流程究竟是怎样的呢？关于这些，鬼谷子进行了全面而系统的梳理和总结。《鬼谷子·谋篇》中说："变生事，事生谋，谋生计，计生议，议生说，说生进，进生退，退生制，因以制于事。"意思就是，事态发生了变化，产生新事端，有了新的事端就要有深谋远虑；深谋远虑就会产生应对的计划或方略；有应对之策，必须要与人商议；商讨议论就产生了新的说辞；新的说辞符合事理就采纳执行；采纳执行中有不完善的地方，就退回来加以提高完善；提高完善后确立正确的制度法则，从而以此用来有效处理各项事务。

在这里，鬼谷子描述了一个方案制度的科学决策流程，经过商议、试用、完善，并最终形成制度，以此发挥更长久、更稳固的作用。可以说，这是中国史上关于科学决策的最早论述。下面让我们按步骤具体讲解鬼谷子的科学决策之道——

步骤一：变生事。正因有了社会环境的变化，才出现各种各样、大大小小的事。就像在一个池塘里，有人扔下一块石子，才会激起一圈圈的涟漪，惊得几条鱼跳出水面，以及吓得一只青蛙扑通从荷叶上蹦入水中……如此一个很小的微妙变化，就引发了如此之多的事，更何况是日新月异的巨变时代呢？所以有句话说得好，天下本无事，庸人自扰之。如果整个人类社会万古如长夜、沉寂如死水一潭，还会有那么多的事情吗？当前中国社会正处于急剧变化的转型时期，新旧矛盾交织，形形色色的事情纷纷涌现，几年的所见所闻就相当于过去几十年、上百年。企业在发展及转型时期，同样会遇到各种各样意想不到的事情。这些都是我们必须加以解决的。从根本上说，变化是事端产生的源头。

步骤二：事生谋。遇到棘手的事情，我们就需要想办法解决。如何解决？用头脑深谋远虑。你看过去的皇帝，每天上朝都要让太监高喊这么一句："有事启奏，无事退朝。"国家的大小事务就由此呈上来，各位大臣思考解决之策。企业也是如此，需要经常召开早会、周会和月会，有利于各个部门把遇到的难题及时上报，然后主管领导再针对问题拍板决策。

步骤三：谋生计。深谋远虑的目的是什么？就是为了推出应对棘手难题的计谋、方略。所谓方略，即具体的解决方案。例如民国初期，孙中山先生针对当时中国落后现状，通过日夜谋划、苦心思虑，于1919年2月策划撰稿《建国方略》，这是一部伟大的经济建议纲领。可惜后来军阀混战，该方略未能得到妥善执行。孙中山在《建国方略》序文中如此展望中国前景："夫如是，乃能万众一心，急起直追，以我五千年文明优秀之民族，应世界之潮流，而建设一政治最修明、人民最安乐之国家。"如果不经一番殚精竭虑的谋划，如何能拿出这样一份振聋发聩的方略呢？在现代商业领域，企业面对市场需求以及客户问题，在经过反复谋虑之后，也要有能力拿出相应的计划和方案。

步骤四：计生议。计划和方案拿出来并不意味着万事大吉。方案是否符合实情？是否具有可操作性？等等，这些都应该召集众人共同商议。一个人的智慧总是有限的，而众人的智慧则是无限的。集思广益一方面可以丰富和完善方案；另一方面也能体现民主原则，各方的诉求都能在计划、方案中得到集中体现，这样在后期实施中就会减少怨言。诸葛亮曾在《教与军师长史参军掾属》中说："夫参署者，集众思，广忠益也。若远小嫌，难相违覆，旷阙损矣。"他倡导大家集思广益，不要为避免小嫌疑而不敢发表不同的观点和建议，如果那样，就会荒废事务招来损失。诸葛亮的这番话堪称座右铭，可作为商议之必知忠告。

步骤五：议生说。在讨论会上，围绕一份方案进行商议，各种新的说法和观点就会产生。这是一种好的现象。商议的目的不是吹捧方案多棒，而是头脑风暴出更多新的说法和建言。商议讨论时，我们有必要记住这几句话：知无不言，言无不尽。言者无罪，闻者足戒。每个人都要敢于畅所欲言，不要怕得罪领导,不要含糊敷衍,哪怕不同的观点辩论交锋都没关系。话不说不清,理不辩不明,一番商议和言语的讨论,你对方案的不足有了更清醒的认识,然后汇总各种不同的意见说法,统一修订方案,甚至推翻重做,并最终拍板敲定。

步骤六:说生进。"进"繁体为"進",隹是鸟的另一种象形。進的原始意思即鸟行走或飞行。鸟行走具有试探性特点,随时保持高度警惕。这说明我们在方案刚开始推行时要高度警惕,不可贸然推广。怎么办?最好的办法就是"先试点再推广"。根据各种新的说法敲定的方案不要直接大范围推广,先在一个小的范围里实验,以降低风险系数。"先试点再推广"是我国改革开放中常用的行为模式。

中国改革开放的试点最早是从农村开始的——1978年,安徽凤阳县小岗村18家农户,通过反复商议之后,汇总了各方的说法和意见,自发签立"生死状",决定冒死尝试"包产到户"的举措,即"交够国家的、留足集体的、剩下全是自己的"。结果生产率大大提高,1979年大获丰收!

这一成功试点带动了整个凤阳县,很多村民纷纷效仿。最终,该试点受到中央的关注和支持。1980年5月31日,邓小平特别提出表扬:"'凤阳花鼓'中唱的那个凤阳县,绝大多数生产队搞了大包干,也是一年翻身,改变面貌。有的同志担心,这样搞会不会影响集体经济。我看这种担心是不必要的。"1982年1月1日,中央一号文件正式出台,明确指出包产到户、包干到户都是社会主义集体经济的生产责任制。家庭联产承包责任制在全国大范围开展、执行并延续至今。由此,中国迅速摆脱贫穷、走向富裕,用占世界7%的土地养活占世界22%的人口,这是一个震惊全球的伟大奇迹!

在城市经济领域,1979年7月,中共中央、国务院在广东省的深圳、珠海、汕头三市和福建省的厦门市试办出口特区。注意两个关键字——试办。由此可见,特区就是鬼谷子"说生进"思想的典型体现。就这样,轰轰烈烈的改革开放在全国各地遍地开花。此后,凡重大政策,中央大都会先在个别地方搞试点,通过试点的实践情况来验证是否成功,有什么地方需要调整,然后形成更成熟的经验和方案后再扩散推行。这一模式的本质是试点探索、投石问路、推而广之,整个流程步步为营,科学、严谨、稳妥。

我国总结出的这一经验模式,在现代商业领域同样适用。如果你有一个很好的商业项目,建议先选几个地方进行小范围试点,通过一段时间的探索尝试,再决定是否大规模投资。鬼谷子的思想加上国家几十年的成功经验,定能保你万无一失。

步骤七:进生退。一个方案经过试点实践之后,大都有两个结果:第一是试点失败,只好彻底退出,废除相关的措施和行动,返回来重新谋划、商议新的方案;第二是试点成功,但仍需要退回来根据实际情况加以完善提高。这整个过程就叫作"进生退"。那么,有没有试点失败被退回来的案例呢?甬说还真有一个,这是一段被淹没在时光大潮中的旧事。

为了进一步降低汉字的学习难度,提升汉字在民众中的普及率,1977年12月20日,《人民日报》《光明日报》《解放军报》及各省级行政区一级报纸发表了《第二次汉字简化方案(草案)》,《人民日报》第二日起即开始试用,这就是所谓的"二简字"。

要知道,第一批简化字尚有不少不合理之处,曾被批:"厂(廠)房全空,开关(開關)无门,亲(親)人不见,爱(愛)不存心。"尽管如此,"一简字"还是为汉字的普及立下汗马功劳,提高了效率,节省了时间。但是,第二批简化字在试用过程中却遭到人们的强烈反对。专家指出,"二简"方案忽视汉字规律,强硬简化,甚至大量人为造字,不少字缺胳膊少腿,丑陋难看。这样的文字如果在全国大范围推行,可能是中华文化的一场灾难。

短短几个月试用之后,胡愈之、王力、周有光等23人于1978年3月4日联名上书第五届全国政协秘书处和第五届全国人大秘书处,要求废除草案中的简化字。该建言受到中央各部门的重视,教育部、中共中央宣传部于1978年4月到7月分别颁布通知,要求在教科书、报刊、图书等领域正式停用"二简字"。

"二简字"草案试用的例子给了我们很大的启发,一个方案到底合不合理,是否符合当前的实情和人民群众的需要,必须经过试用才能得知结果。关于重大措施和方案,我们绝对不能靠拍脑门来决策。通过试用,方案不符合客观实际,我们就要当机立断,撤退为要。这是一种明智之举。退回来之后可以选择永不推行,可以修改完善之后再推行,这是一种"以退为进"的策略。在试用中,成功的经验可以发扬光大,不足之处得到有效弥补,方案将更加周密、成熟,如此才能在更大范围落实。

步骤八:退生制。一个方案经过试用以及反复退还修订,删减不合理的部分,增加新的东西,最终使之完善周全,并进一步形成权威制度,从而大范围推广,成为公众必须遵守的公约和指南。由此可见,任何一项制度的形成都不是一蹴而就的,都是时而进、时而退,在进退之间反复往返并在演变中逐渐完善起来的。《中华人民共和国立法法》第五条规定:"立法应当体现人民的意志,发扬社会主义民主,坚持立法公开,保障人民通过多种途径参与立法活动。"正因为此,我国法律的颁布和实施,中间都有一个"缓冲期",在此期间,让民众熟悉、了解并提出相关意见,最终落实为完善的制度。这就是鬼谷子"退生制"的重要内涵。

制度的设立是为了什么?鬼谷子说:"因以制于事。"就是为了制约处理具体事务。无论是治国、治家,还是管理公司事务,都需要制度规则的制约。战国时期的管子在《管子·法法》中说:"圣人能生法,不能废法而治国。"为什么圣人能创立章法制度?这是因为圣人擅长把握谋划的规律,以及科学决策的系统化流程,并懂得在反复的进退修改中完善方案,进一步落实为制度。以法律制度治国,这才是最长久、最稳固的谋略。用制度管人,而不是用人管人,这才是最好的管理之道。正所谓"不谋万世者不足以谋一时",制度的生成就是"谋万世"的最好体现。

鬼谷子在这里告诉我们的不是具体的术,而是科学决策的规律和大道。《鬼谷子·谋篇》中说:"百事一道,而百度一数也。"意思就是,万事万物同一个道理,各种制度同一个法则。不管社会形势如何变化,谋略方案的生成、完善的流程都是一致的。这就是"万法归宗"的大谋大成智慧。有了这样的科学决策智慧,你就能"以不变应万变",坦然迎接未来的挑战。

第五讲　如何科学决策 2——鬼谷子科学决策的基本原则

在这个世界上,人做任何事情都有动机,动机的核心就是趋利避害。这是人类与生俱来的一种本能,如果有些事你无法决断,只要你用"趋利避害"来权衡一番,立刻就能拨云见日、豁然开朗。从某种意义上说,科学决策的基本原则就是趋利避害。但是,很多时候利害并不是那么容易区分的,因为利和害总是混合在一起。这个时候怎么办?有个基本的决策指导思想是——两害相权取其轻,两利相权取其重,这叫权衡利弊轻重。同时,你还要计算得失。看自己做这件事付出成本多少,收益多少,是否值得。而且做事也要讲究方法,什么方法?先易后难。先做容易的,再做艰难的。

先易后难、趋利避害、权衡利弊,这就是我们科学决策时要秉持的三大基本原则。下面我来给大家具体讲解一下这三大原则——

一、先易后难

《鬼谷子·谋篇》中说:"智者事易,而不智者事难。"什么意思呢?鬼谷子告诉我们,最智慧的人做事情的时候一定从最容易的地方入手,从自己最擅长的、最具优势的地方开始。没智慧的人专做难事,就喜欢啃硬骨头,他自认为有挑战性,其实可能事倍功半。

我在开设的青少年课堂"纵横英才孵化营"上教孩子如何考出好成绩。

我给孩子们一个建议——拿到考题以后,首先是全局浏览,看有多少题,分配好时间,然后再看题的难易程度,先把容易的、会做的做完,再进攻难的、不会做的。如果会做的你没时间做,就会很冤枉。所以,我们一定要保证会做的不丢分、难题有突破。这就是鬼谷子的"先易后难"原则。

我们做事也是一样,老子在《道德经》六十三章中告诉我们:"天下大事必作于细,天下难事必作于易。"很多人认为做好难事就什么都能做到了。谁知道,你直奔难的地方去了,发现难的做不下来,虎头蛇尾没了斗志,这个事就这样放弃了。而轮到做容易的事呢,你又没有时间了。所以,鬼谷子的建议是"先易后难"。

二、趋利避害

作出决策并不难,难的是如何作出一个好决策。那么,如何判断一个决策是好的还是坏的?有什么标准吗?《鬼谷子·决篇》中说:"善其用福,恶其有患。"意思就是,人们以得到福祉为善,厌恶自己有祸患。在这里,鬼谷子明确告诉我们,判断一个决策好坏的标准就是看其是否纳福除患、趋利避害。人的本性并不复杂,都渴望幸福美满、大吉大利,憎恶灾祸忧患。

如何才能作出好的决策?鬼谷子接下来说:"害,至于诱也,终无惑偏。有利焉,去其利,则不受也。"意思就是,即使是有害的事情,如果先诱导对方说出实情,最终决断事情也不至于使对方感到疑惑而产生偏见或误解。事物总是存在利益点,如果决断不能带来利益,人们就不会接受。在这里,"诱"是一种手段,用来诱导对方暴露实情。鬼谷子告诉我们,作决策的关键在于能否诱出实情。即使面对祸害很大的事物,如果你能诱出实情,就不会在决断时左右为难、犹疑困惑。远离还是趋近,一切都一目了然,你完全可以做到当机立断。所以,决策前要获取实情信息。《孙子兵法》说:"知彼知己,百战不殆。"毛泽东讲:"知己知彼,百战百胜。"鬼谷子在《鬼谷子·反应篇》中讲:"知之始己,自知而后知人也。"其实,他们都在谈一个关键问题,那就是信息至上。无论是决策还是谈判,掌握信息都很重要。有些东西看上去祸害很大,但如果你充分了解实情,反而能在祸害中获取福利。

关于诱导实情对决策的影响,有这样一个案例——

在电视剧《谈判官》中,童薇梦想到谈判总部和乔尔森在一起工作。在一次谈判中,对方和乔尔森说我已经拿到投资了,所以今天谈也行,不谈也没关系。这是对方的策略。童薇来到对方住的酒店,谎称自己是对方的助理,询问领导住在哪个房间。前台说住在总统套房。她接着问他订了几天,前台说:"总统套房就一天,明天就换普通房间了。到最后一天星期四,再住到总统套房!"

童薇立刻给乔尔森打电话说:"你告诉他,说你立刻跟他谈!而且要压低价格,他一定不会离开。"乔尔森问:"为什么?"童薇说:"因为我知道他没拿到投资,约今天见面他就住总统套房,今天见完面他立刻住普通套房,这证明他经济有问题。你跟他星期四见面,他星期四又住到总统套房。他在你面前想干什么?是装自己有钱!"

你看,通过住什么房间,立刻推测出对方有没有拿到投资。经过反复的诱导和试探,就能获得实情信息,于是不再有困惑、偏见和误解,从而当机立断、果断出击。这就是鬼谷子所倡导的"实情诱导"之法。如果掌握对方实情信息,你就能百战百胜。

如果你要与一家企业建立合作关系,应该做哪些事情呢?首先是调查研究。这家企业多少人?经营状况如何?执行力如何?进货方什么价格?进货方这家公司对他是否满意?我们的客户对产品满意吗?市场反应怎么样?在同行业当中,性价比怎么样?客户口碑怎么样?甚至,必要的时候可以采取非常手段试探诱导,最终目的就是获取实情。在掌握实情之后,你才能作出是合作还是拒绝的正确决策。

三、权衡轻重

众所周知,纳福除患、趋利避害是我们谋划决策的原则和目的。然而,在现实生活中,福利和祸患并不是截然分明,而是你中有我、我中有你。为什么决断这么难?原因就在这里。关于这一点,《鬼谷子·决篇》说:"奇之所托,若有利于善者;隐托于恶,则不受矣,致疏远。"意思就是,奇谋所依托的根基,是让对方获得某种利益;如果这种利益隐藏寄托在恶或祸患的表面之下,对方就不会接受,就可能招致疏远。

决策的难点在于——福利和祸害往往纠缠在一起,正如老子所说,"祸兮福所倚,福兮祸所伏",福依偎在祸枕边,祸潜伏在福床下。这样一来,很多人就看不出来了,于是就不知道应该如何决策了。所以,我们不能以表面观察来轻率判断,有的事情看上去好像祸害很大,但如果深入研究就会发现利大于害。就像武则天入宫之前,向母亲告别,她妈哭得很伤心,武则天安慰道,侍奉圣明天子,岂知非福?为何还要哭哭啼啼?你看,武则天就不一样,别人都说入宫等于守活寡,祸患无边,但武则天偏偏不这么看,所以她不是一般人,最后成了至高无上的女皇帝。这就是见识和格局的区别。

有些事情表面看上去好得不得了,但深究则完全不是这么回事。《四十二章经》中说:"财色于人,人之不舍;譬如刀刃有蜜,不足一餐之美,小儿舐之,则有割舌之患。"刀刃上有蜂蜜,很甜美,但祸患隐藏其间,弄不好就把你的舌头割掉了。

你知道风险投资人最看重方案中的哪部分吗?市场前景和盈利模式分析!根本依托点就是一个字——利!未来的利和现在的利。要想获得利益最大化是很难的,包括全球最牛的风险投资人,也有很多看走眼的案例。为什么会看走眼?就是权衡轻重利弊的功夫不到家,某个项目虽然有利,但利中潜伏着风险,这就是鬼谷子说的"隐托于恶"。如果判断失策,放大风险令人厌恶的一面,而对潜藏的利益估量不足,那么最后就可能会做出"不受"和"疏远"的决断,从而与好项目失之交臂。

如果你渴望引进一些资本,那么在方案中要尽量强化利益、淡化风险,让利益和价值最大化,让祸患和风险最小化,这样才能增强对方拍板做决断的决心和信心。比如传说中的龙珠,我们都知道很珍贵,但要夺取它,要面临恶龙的攻击,所以一般人都会放弃。

在这里,谈的就是权衡轻重的艺术。如果你给别人提供这样的谋略方案,即使再新奇,别人也不会采纳,只会疏远和拒绝。鬼谷子对此总结说:"故其有使失利,有使离害者,此事之失。"在这里,"离"通"罹",离害即罹害,遭受祸害之义。意思就是,在决策方面如果使对方丧失某种利益,或者使对方遭受灾害,这是决断的失误。

如果遇到上述两种完全大喜大悲的情况,我们应该如何决策?按鬼谷子的观点,基本处理原则是——"两害相权取其轻,两利相权取其重"。这一要诀就像一把利刃,挥而用之,可确保那些让你大悲大喜的决策难题迎刃而解。在两害相权之际,无奈也好,痛苦也罢,该决断的时候还是要决断。比如在下象棋的时候,关键时刻我们要果断地弃卒保帅,以小牺牲代替大牺牲。唐玄宗在赐死杨贵妃与江山不保的两害相权之下,最终选择把心爱的女人赐死。内心无奈,但从大局出发,不得不如此决策。

不过,在运用"两害相权"要诀时务必以人民利益为上,否则就会沦为人民公敌。1938年6月,蒋介石妄图以水代兵,阻止日军西进,于是下令炸开花园口的黄河堤坝,致使黄河一泻千里,千里沃野成为黄泛区,据说共淹死89万百姓。为免受日军围攻之危害,不惜鱼肉百姓,其心何其毒哉?蒋不得民心,与该事件不无关系,后来黄泛区的人民反蒋特别坚决。这就叫"得道者多助,失道者寡助",道即民心和人心。

决策要收集信息、分清你我、揣摩内心、权衡利弊、去伪存真、提炼升华,最后找出最佳方案。一般来说,方案要准备三个:一正、二奇、三补。鬼谷子说:"审得其情,乃立三仪。三仪者,曰上、曰中、曰下。参以立焉,以生奇。奇不知其所拥,始于古之所从。"意思就是,详尽地审察对方实情,需设定三仪即三类标准。这就是:上策、中策、下策。三仪互相参验,相互吸收互补,确定出最恰切的那一个,奇谋就产生了。奇妙的谋略顺从天道事理,运用起来就没有什么壅塞的。这是始于古代的启示。

鬼谷子认为,我们在处理问题的时候,一般应推出三种解决方案——上策、中策、下策,这样可根据具体情况的变化,加以灵活运用、参照补充,从而使得方案更加周密完善。可一个为正,一个为奇,一个为补。如此正奇结合,既符合正道规律,又能出奇制胜。稳是为了避免风险,奇是为了突破平庸,补是为了周密严谨。因为有的时候,上策并不能如愿以偿,这个时候就需要中策,中策也不可行,只好采取下策。这三个方案都各有其侧重。《孙子兵法·谋攻篇》中说:"上兵伐谋,其次伐交,其次伐兵,其下攻城;攻城之法为不得已。"在战争中,上策是通过谋略手段不战而屈人之兵,正如北平和平解放一样。中策是通过外交手段平息战争,满足自己的需要。下策是发生战争,杀敌一千自损八百,以武力实现目标。下下策是攻打城池,将士拼死奋战,从而挫败对方。下策和下下策都是无奈之举。作为一个领导,有了上中下三套预案,基本上可以应对各种复杂局面。很多时候,三种方案是融合运用的,一边武力进攻,一边外交谈判,这种情况在历史上并不少见。

第六讲 鬼谷子决策七法

作为一名商人,最重要的工作就是决策。断事如神、决胜千里,这是每个商人梦寐以求的一种本事。那么,我们究竟如何才能让自己断事如神,面对复杂难题作出一个科学合理的决策呢?拍脑门就能作出来吗?非也!鬼谷子认为,科学决策有以下七种方法。

第一,历史上发生过同样原理的事,可在参考常识下作决策。《鬼谷子·决篇》中说:"度以往事,验之来事,参之平素,可则决之。"意思就是,在决断事情时,要用过去的事来衡量,推演并验证未来的发展趋势,用平日经常发生的事来参考佐证。如果可行,就可作出决断。在漫长的时间轴上,这三个维度就是过去、现在、未来。要想作出一个客观而科学的决策,就要综合考虑过去、现在与未来的情况，从动态的发展过程中，互相验证参考，从而得出精准的判断，寻找一个最佳的平衡点，这样的决策才是真正客观、科学又妥当的。

第二，有利于崇高美名之事，可当机立断。《鬼谷子·决篇》中说："危而美名者，可则决之。""危"在古代等同"高"，意思就是，如果一件事情崇高又能获得美好声誉，只要可行，就可作出决断。一个组织或团队，如果遇到一个决策，能够让公司或领导地位巩固、名声更好，就马上去作决定。要知道，"雁过留声，人过留名"，中国人一向都很重视声名，无论是帝王将相还是平民百姓，看待名声和面子甚至比生命都重要。如果你辱没某个人的名声，让他在众人面子丢面子，这个人可能会当场给你拼命。你看项羽，为什么不肯过江东？还不是混惨了，没脸见江东父老，怕丢面子吗？他曾经说过一句话："富贵不还乡，如锦衣夜行。"富贵发达了不回老家，就像穿上锦衣华服在夜里行走一样，这不是埋没声名和面子吗？儒家所倡导的"立德、立功、立言"三不朽之人生理想，其最终目的也无非是想在历史上留下崇高美名而已。由此可见，人活百岁，无非名也。

就建功立业、成就美名而言，范蠡是值得学习的榜样。《国语·越语》如此评价："用力甚少，而名声章明，种亦不如蠡也。"意思是说，从花费力气少而名声彰显荣明这点来看，文种远远不如范蠡做得好。文种和范蠡一起帮助越王勾践谋划决策，结果兔死狗烹，文种最终被杀，而范蠡则功成身退，远离权力争端，泛舟江河湖海，只留美名在人间。这就是所谓的"哥不在江湖，江湖上却有哥的传说"。所以，我们在决策的时候，如果遇到某个事情对成就我们的崇高美名有特别的帮助，同时又具有可行性，那么就完全可以立刻决断。比如项羽活埋俘虏，这个行为成为他的一大罪状。而人民解放军一直将善待俘虏作为雷打不动的铁律，成就了崇高的美名。

第三，不用费力而易成之事，可当机立断。《鬼谷子·决篇》说："不用费力而易成者，可则决之。"意思就是，如果一件事情不用花费太多的财物与精力便可以轻易获得成功，只要可行，就可以作出决断。现在年轻人找工作，要求很简单,就28个字。"钱多活少离家近,位高权重责任轻;睡觉睡到自然醒,数钱数到手抽筋。"如果有这样一份好工作摆在面前,相信大家都不会犹豫的。如果有人告诉你有一个投资项目,不用费力,回报又丰厚,你会心动吗?每个人都渴望轻轻松松就能成功,没任何人喜欢"锄禾日当午,汗滴禾下土"。这就是人性!不过,我们要警惕别让伪装成"易得"的骗局给套进去了,所以必须查明情况是否属实。如果属实,就可以接住这块从天而降的馅饼,正所谓"走过路过,不要错过"。

第四,费力辛苦但不得不做之事,可当机立断。《鬼谷子·决篇》中说:"用力犯勤苦,然而不得已而为之者,可则决之。"意思就是,即使那事情办起来很费力辛苦,但是又不得不做,只要可行,就可以作出决断。有时候,该付的力气必须付,该吃的苦必须吃,没有捷径可走,因为走捷径可能意味着一场灾难。让我们看看秦始皇修长城,多么费力、费时、费财,然而对这样千古大事他大手一挥就决策了。为什么?因为他知道这事不得不做,不然关外匈奴随时入侵,如入无人之境,将影响子孙后世帝业稳定。再看看红军两万五千里长征,爬雪山、过草地,苦不苦、累不累?但为什么还是要这样做?这是由当时的时局和形势发展决定的。只有这样做,才是最好的决策,只有这样才可保全红军主力,以及谋求长远的发展。

面对一件困难而不得不做的事,如果我们知难而进,果断决策,最后可能就在"山重水复疑无路"中杀出一条血路来,从此"柳暗花明又一村"。在工作生活中,我们所面对的形势同样复杂多变,所以在此我给诸位的忠告是——该花的力气不要怕吃苦,该面对的难题不要怕麻烦,该花的钱不要吝啬。有胆、有魄、有毅力、有格局,不管是创业经商,还是打拼官场、职场,都能获得巨大的成功。

第五,能去除忧患之事,可当机立断。《鬼谷子·决篇》中说:"去患者,可则决之。"意思就是,如果这件事能去除忧患、避免危险,只要可行,就可以作出决断。人无远虑,必有近忧,中国文化到处充满忧患意识。就拿我们熟悉的《周易》来说,其本身就是一本忧患之书。《周易·系辞》说:"作易者,其有忧患乎！"孔子在这里发表读后感，他认为写作《周易》这本书的人，忧患意识很强。这是当然，《周易》是周文王在坐牢的时候创作的，不知什么时候就被纣王杀了。你说忧患意识能不强吗？《周易》是中华文化的源头，从这个层面来看，忧患意识是中国人无法摆脱的魔咒。从孟子的"生于忧患，死于安乐"到《国歌》中"中华民族到了最危险的时候"，哪里不是忧患当道？事实上，忧患不仅是中华民族的特质，全世界很多民族都是如此。如果某个事做了可以帮你解除忧患，而且没有什么副作用，那么我们就应该果断决策。你看昭君出塞，四大美女啊，这么美的女人给别人送去，汉元帝心疼不心疼？肯定心疼啊，但能帮自己除去边疆忧患，干不干？干！而且王昭君确实起到了和亲的作用，给汉朝和匈奴带来了60多年的和平。再如，我们的电脑要不要装杀毒软件？当然要果断装！因为可以让我们的电脑免于忧患；如果你是一个亿万富翁，有人给你推销家居智能监控系统，你感不感兴趣？肯定感兴趣，因为能让你家免于忧患。秦朝时，徐福向秦始皇推销"寻找不死药"方案，秦始皇就算半信半疑也果断拍板决定了。为什么？因为随着年岁的增长，死亡可是最让他胆战心惊的心腹大患！为了免除这个忧患，几艘船算什么，五百童男童女算什么，与所要消除的大忧患相比，这点投入实在是小意思。中国人民为什么要抗美援朝？听听口号："抗美援朝，保家卫国"，为什么是保家卫国呢？因为朝鲜距离中国东北太近了，如果朝鲜危难了，就成为中国东北的心腹大患，进而整个新中国政权都有被西方颠覆的危险！所以，就算面对再强大的敌人，这个决策还是要作。

第六，能得到福祉好处之事，可当机立断。《鬼谷子·决篇》中说："从福者，可则决之。"意思就是，能得到好处福祉的事情，只要可行，就可以作出决断。你看佛门香火为什么能够延续千年而不绝？善男信女跪佛门，无非是祈求赐福施恩泽。《千字文》中说："祸因恶积，福缘善庆。"有些公益活动，不一定让你赚钱，但能让你广积善缘，从而福运自来。如果你的企业做大了，可考虑做做慈善，这是一种回报社会、积福行善的行为。纵观全球富豪，像比尔·盖茨、巴菲特等人，无不热衷慈善事业。除了做慈善，善待客户、善待员工也是积福之道。当然,"从福而决"的情况体现于工作、生活的很多地方,总体原则就是凡能为自己和大众带来福运的事都可果断决定。

第七,乃用蓍龟,以自决也——鬼谷子终极决策之道。《鬼谷子·决篇》中说:"故夫决情定疑,万事之机。以正治乱,决成败,难为者。"意思就是,决断事情与消除疑惑,是办好一切事情的枢机和关键。拨乱反正,决定兴衰成败,是很难做到的。事情总会有疑惑不定、疑暗难明、疑乱不清之处,这就要仔细分析、作出判断,这就是决。决策正确则建功立德,决策失误则招灾致祸。一个人只有做到"决情定疑",才能立业成事,如果干什么都是优柔寡断、疑虑重重,怎么能顺风顺水、德建名立。

凡决断,务求达成明确的结果。不管是当机立断,还是反复权衡再决断,最终往往都会定下一个解决方案。不过,我们还会遇到第三种特殊情况——有些重要事情,我们很难当机立断,权衡再三仍下不了决心,而在形势紧逼下又必须拍板作出决策,这个时候怎么办?

对于这种情况,鬼谷子在此提供了终极决策之道:"故先王乃用蓍龟者,以自决也。"意思就是,古圣先王遇到很难决策的问题,借用蓍草和龟甲占卜,帮助自己作出决断。蓍草和龟甲,是占卜的工具,用以推测吉凶。借着蓍草叫"筮",用龟甲叫"占"。《周易·系辞》说:"定天下之吉凶,成天下之亹亹者,莫大乎蓍龟。"《周易》是预测未来、警醒人生的智慧书,书中认为蓍草和龟甲能定天下吉凶,成就天下之事。周文王擅长用蓍草占卜决策,将蓍草的茎秆随机排列组合以形成各种卦象,然后观察卦象并领悟背后的深意,从而作出正确的决策;龟甲在占卜运用中有一种古老的方法——找一个龟甲放在火中烤,龟甲上会出现随机性的裂纹,根据裂缝的形状、方向推知吉凶祸福。后来还有一种形式,是用三枚铜钱进行抛掷,随机形成卦象再根据易经来诠释。用当下眼光来看,蓍草和龟甲的决策之法是不是一种迷信呢?事实上,这要看你从哪个角度进行理解。如果不学无术,整天打着蓍草和龟甲的名义声称能占卜天下所有疑难,这毫无疑问就是吹牛了。如果把蓍草和龟甲占卜法作为一种辅助决策的手段,却十分符合数学中的概率理论,而且具有不受主观情绪干扰的特点,如此决策更显中立和客观。

遇到无法决策但又不得不决策的情况,古人用蓍草和龟甲,现代人会采抓阄、抽签、抛硬币及剪刀石头布等用类似的方法,这是小孩子都懂的决策之道。比如桌子上只剩下最后一块糖,归谁吃?无论让谁吃都有人说你偏心。怎么办?剪刀石头布,谁胜了谁吃。公平吧?这样谁都没有意见了。

虽然我们提供了很多决策的方法,但有时仍会束手无策。如果遇到棘手情况,实在没办法作决策的时候,我们应该怎么办?按照鬼谷子的说法,我演绎出了现代版本——拿着钱往天上一扔,正面干、反面不干。很多时候,我们去寺庙拜佛求愿也不过是为了求得一个精神安慰而已。易经老师最高的水平不是把卦给你拆得很透。一个人没有遇到问题是不会向你求问的,向你求问是为了得到你的肯定,所以易经卦象固然重要,最重要的是你能否让向你求问的那个人,经过你的一番分析,能变得自信和充满希望。所以,我们把钱向天上一扔。接下来怎么做?有人说,正面干反面不干。错!这不是鬼谷子的策略。我告诉你——正确的做法不是"正面干反面不干",而是向天上一扔,硬币在落地那一瞬间,你希望它是正面还是反面?然后听从自己的内心。用这样的方法,可以在极限状态下帮你找到内心的真正倾向。

例如,对一个姑娘来说,两个男人都追她,究竟选哪个好?这个帅但没钱,那个有钱但比较丑,哪个好?曾经有个女孩说过,"西家男孩比较富但不帅,东家男孩比较帅但没钱,我希望晚上住到东家,吃饭到西家。"世上哪有这么好的事情?如果实在没办法决定的话,找一个硬币,正面是西家,反面是东家。如果你选择要钱的话,等把钱赚到手,你会发现爱情更重要。到底是钱更重要,还是帅更重要呢?当你无法作决策的时候,就把硬币向天一扔,你才能意识到自己心里的倾向。因为你的感觉很重要,而不是什么客观条件。必须知道,世上绝没有女孩能在东家睡觉、在西家吃饭,因为作决策绝不可能两全其美。没有最正确的,只有最合适的,每个人作的决策都是当下他自认为最好的选择。你在刹那之间的念头就是你最想要的结论!你看,答案就这样出来了。从某种意义上说,这是一种终极决策智慧。

决策真的很重要,但商人群体中99%的人都没学过决策学。你发现世界各地有专门讲决策的老师吗?很少。我告诉大家,你没学过决策能有今天纯属意外!我见过很多老板,问他靠什么做决策?他说一凭感觉,二靠经验。我问大家,过去的经验适合现在吗?现有的经验能应对未来的激烈竞争吗?凭感觉靠谱吗?你的感觉万一错了呢?当老板最重要的工作就是作决策,其他相比之下都不重要。领导最重要的工作就是说"是"还是"不是",是踩刹车还是踩油门?是向左拐还是向右拐,或是继续前行?这些都需要决策。

如果你的企业一直经营到现在,但你却对最基本的决策原理都不知道,那你是不是每天都在赌博?所谓大商,无非是在关键时刻作对几个决策而已!决策对了,事就成了。诸子百家中只有鬼谷子系统地讲如何作决策。如果我们活学活用了鬼谷子科学决策七种方法,完全可以迅速提升你的决策能力,助你在经商道路上所向披靡!

第七讲　理清自己的价值序列,是你做决定的前提

作决定前先问几个问题:想不想?该不该?能不能?好不好?

想不想是第一个要考虑的问题,因为人的初衷很重要,乐意作是前提,不愿意作,这个过程就是痛苦。

第二个是该不该?王阳明"知善知恶是良知,为善去恶是格物"。所谓价值观就是我们反对什么,追求什么;要什么,不要什么;喜欢什么,厌恶什么,这是判断事物对与错,该不该做的最终标准。价值观无处不在,无时不有,它始终支配着我们的一切行为,有什么样的价值观就决定你将付出什么样的行动。

当今社会随着竞争的加剧,企业对利益的追逐越来越强烈。但是,您要

想实践长久的发展企业,一定不能被短期利益迷惑,不能犯道德错误,更不能陷入唯利是图的陷阱。如何做到这一点呢？答案就是依靠核心价值观的指导。如何选择发展战略？应该开展哪些业务？哪些钱不该赚？核心价值观会帮助我们作出正确的取舍。核心价值观是企业所有员工的共识,是对例外、非常规事件进行管理的依据,是对战略性、全局性、未来性事项进行决策的指导思想,它可以优化提升决策,保证第一次就把决策做对。核心价值观是企业的灵魂。

我们讨论了该不该的问题之后,还有个轻重缓急的问题,就是价值排序的问题,《大学》曰:"物有本末,事有终始,知所先后,则近道矣。"匈牙利诗人裴多菲的诗《自由与爱情》就生动地诠释了他的价值排序,"生命诚可贵,爱情价更高。若为自由故,二者皆可抛。"在他的眼里,爱情比生命都重要,可是拥有了爱情,发现自由没了,那他宁愿不要爱情,因为,在他看来,自由是最重要的！所以,理清自己的价值序列,是你作决定的前提。

比如事业和家庭、爱情和金钱、义和利、名和实、近利和长利、工作和健康,这些比较起来哪个更重要？弄明白了这件事,遇事就不纠结了。一旦企业形成自己独特的价值体系,那么企业文化也就有了明确的方向。在沃尔沃的企业文化中,我们所接触到的第一点便是汽车的安全性能。一个驾驶沃尔沃的人,肯定是将安全放在第一位的,而且这个人是不张扬的。

哥伦比亚大学商学院"跨国公司竞争力"课题组在研究世界500强企业时发现:这些企业所树立的核心理念几乎很少与商业利润有关。

日本政府在总结明治维新时期经验时,把日本经济发展归结为三个要素:第一是精神,第二是法规,第三是资本。这三个要素所占的比重分别是50%、40%、10%。

美国的兰德公司、麦肯锡公司研究结果表明:世界500强胜过其他企业的根本原因,就在于这些企业善于为自己的企业文化注入活力,特别注重团队协作精神、以客户为中心、平等对待员工、激励与创新等企业第一价值观的培育与改善,形成企业的文化力,以保证企业长盛不衰。

英籍美国学者查尔斯·汉普顿和阿尔方斯·特龙佩纳对美国、英国、德国、意大利、瑞典、日本、新加坡等12个国家15 000名企业经理的调查显示：不同的企业在创造财富的过程中都受到各自独特价值体系的影响。

组织的价值标准体系往往不是由单一要素构成的，那么当明确企业的第一价值观后，我们就要对价值观进行排序、比较，确定企业所要承担的首要的使命是什么？比如，沃尔沃的企业文化是"经济诚可贵，豪华价更高，若为安全故，二者皆可抛（安全第一，豪华第二，经济第三）"；奔驰的企业文化是"经济诚可贵，安全价更高，若为豪华故，二者皆可抛（豪华第一，安全第二，经济第三）"；丰田的企业文化是"豪华诚可贵，安全价更高，若为经济故，二者皆可抛（经济第一，安全第二，豪华第三）"。它们的不同文化确立了它们不同的追求和不同的资源配置排序，形成它们企业的不同个性和产品不同的核心竞争力。

当确定了企业价值体系的顺序，企业便可以开始建立企业文化，并付诸实践。当沃尔沃将安全作为其价值体系的首位要素时，企业的文化和产品便开始以安全为出发点，并且得到了广泛的传播。

理清了价值排序，明细了轻重缓急，还要考虑自己能不能做到，权衡自己或所在组织的条件、能力、拥有的资源是否充备。

最后，还要考虑结果是否最好，事后评估，这个决策是否最优，总结经验，以期提高自己的决策水平。

第六部分

玩转捭与阖：路演智慧

第一讲　好好说话——鬼谷子捭阖之道

欲成大商,需要修炼鬼谷子的捭阖智慧。在这里,我将教大家什么是鬼谷子的捭阖智慧,以及如何将捭阖智慧与商业实践相结合。关于捭阖智慧,《鬼谷子·捭阖篇》中说:"捭之者,开也,言也,阳也;阖之者,闭也,默也,阴也。"意思就是,所谓"捭",就是打开心门,开口讲话,积极向上;所谓"阖",就是封闭内心、沉默不言、闭藏收敛。由此可见,我们的嘴巴必须按照阴阳法则来说话,要做到畅谈和沉默都有章可循,何时说阳光积极的事,何时谈阴暗消极的事,都要有法可依,这个法就是阴阳之法。

如果你发现机会没有成熟,就要关闭心门,闭口不言、等待机会,因为多说无益。一旦机会成熟,就要抓住机会,高调做事,建功立业。一个人得到一把宝剑,每天拿着宝剑到处乱晃,晃久了这个剑就没有威慑力了,应该把剑放在剑鞘里面,别人不知道我什么时候拔剑,这样才会加强剑的震慑力。冷眼旁观、静待机会,机会不到绝不出剑。机会一旦来到,立刻拔剑,置对方于死地。各位看官疑惑之时,剑已还鞘,复归谈笑自若。这是什么境界?正是捭阖的境界。

从某种意义上说,捭阖之道是进退之道,是一开一闭之道,是沟通的最佳境界,是游说诸侯、操纵政治、为人处世的重要策略。《鬼谷子·中经》说:"故道贵制人,不贵制于人也。制人者握权,制于人者失命。"就是说人生之道贵在控制他人,如果被别人控制就不妙了。控制他人的人掌握权力,被别人控制的人将丧失生命。比如谈判,最重要的是你要有权力。没权力,学再多技巧也被动。这个很重要。所以,"捭"即是"开","阖"即是"闭",鬼谷子认为掌握并灵活运用捭阖之术,便能世事洞明、人情练达,万事皆能获得成功。

黄石公在《素书》中说:"贤人君子明于盛衰之道,通乎成败之数,审乎治乱之势,达乎去就之理。故潜居抱道,以待其时。若时至而行,则能极人臣之位,能成绝代之功。如其不遇,没身而已。"意思就是,只有真正的贤人君子才明白盛衰的道理,更加懂得成败之哲学,还能知道治乱之形势。如果时机不到,潜居抱道、修炼自己,等待机会。机会一到,可能位极人臣之位,一人之下、万人之上,成绝代之功。如果没有这个机会,没身而已,隐姓埋名,让自己做一个逍遥自在的隐者,而不要与命运抗争。这就是当年黄石公给张良的那本书,只有136句话,讲尽人间道理。黄石公把这本书赠给张良时就说"读此书者可为王者师"。

由此可见,捭阖之道最直接的实效就是说话之道,懂得捭阖之道的人都会讲话。会讲话,开口来财;不会讲话,出口惹祸。在这个粉丝经济的时代,如果你有千万粉丝,必然有千万资产。一千万个粉丝,一人付费给你1块钱,你立刻赚1000万,就这么简单。在粉丝经济的时代,需要具有个人魅力,因为有魅力才能吸引更多的粉丝。所以,要想成大功,必须会沟通:想当董事长,首先会演讲;要想当总裁,首先能上台。这就是鬼谷子的捭阖智慧在现代生活的具体实践和运用。

有人说,演讲和说话谁不会呀。然而,好多人在台下能说善道、活蹦乱跳,一听说演讲立即心惊胆战。如果你魂飞魄散了,哪还有机会展现自己的魅力?陈述自己的理论?又怎么能把自己的产品行销给别人?我问大家,嘴是干什么用的?一个是吃饭,一个是说话。而我要告诉你,要想吃好饭,必须要说好话。不少牛人就是靠演讲让自己品牌增值的。马云靠演讲让他的股价狂飙;柳传志靠演讲让他的地位稳固;奥巴马、特朗普靠演讲让自己当选了美国总统;乔布斯靠演讲让他的产品深入人心……我们只想通过讲话,让单位上下同心同德,客户掏钱买单,代理商爽快签约。其实,演讲能力不是天生的,是可以通过科学训练养成的。任何人只要他会说话,经过专业训练,他的演讲口才都能显著提升!

在我的记忆中,有两堂课对我挑战最大。第一个挑战是在龙虎山老子学院。全国各地道观的住持、道士来听我讲课,面对这些高人,我该如何讲经说法?更大的挑战是我发现现场居然还坐着两个和尚!我课程的主题是演讲,而他们却双手合十、眯着眼,盘腿坐着,不看我。我该怎样让他们把嘴张开?主持人很为难:"兰老师,今天没人响应怎么办?"我说:"下午肯定让他们'疯狂'。"果然,到了下午,两个和尚把僧袍一脱,说:"兰老师,我们给大家走走模特步,你看看怎么样?"一旦引爆小宇宙,每个人都可以做出让他自己都感到惊奇的事情。这就是演讲的魅力!

第二个挑战是2012年新疆的一次课,一个30多岁的女士找到我说:"兰老师,上您的演说课,我发现自己改变太大了!所以,今天我把老公也带过来修炼一下。"我问:"你家是干什么的?"她说:"我们家是开餐厅的,我特别爱美食。"我又问:"你们家餐厅叫什么名字呢?""我家餐厅叫'李结巴椒麻鸡'。"我吓一跳,"谁结巴呀?"她说:"我老公。"我说:"不会吧?你老公结巴,还来上演说课?这不是故意拆我台吗!"她说:"兰老师,我相信您,这堂课对我老公一定会有帮助的!"果然经过一番训练,她老公讲话变得清晰流畅多了。女士兴奋地说:"兰老师,我决定再开一家餐厅,叫'李顺溜椒麻鸡'!"

各位读者,一位结巴30多年的人在两天之内可以变顺溜,那一个顺溜的人学会演讲,会不会更简单?那我问大家你们对自己有这个信心吗?没信心也没关系,我能帮你恢复自信。

鬼谷子的弟子们无所不能,说人、说家、说国、说天下,能够把大国诸侯像棋子一样玩弄于股掌之上。他们往往一策转危为安,一语巧退千军,一计平定战乱,数语安抚邦交。那么,他们的雄才大略是怎么来的?怎么练就的?原因就在于,他们有一个共同的师傅——鬼谷子。所以,我们应该从先秦典籍中汲取演讲智慧,集中学习鬼谷子的路演之道。

孔子虽有三千弟子,但少有像鬼谷子弟子苏秦、张仪这样有大成就者。而子贡做生意厉害,正是因为子贡是孔门四科当中语言科的高才生。可见,演说可以改变人生命运。

第二讲 经商从政的条件——身、言、书、判

鬼谷子捭阖之道告诉我们,口才演说是小商迈向大商的一项必备能力,也是做官从政的基本技能。关于这一点,古人早就有过概括和总结,例如在唐朝当官的四大标准:身、言、书、判。

什么是"身"?形象要好。鬼谷子《本经阴符》第一篇《盛神法五龙》,就要求纵横策士要有旺盛的神采!相由心生,长相能够看出性格,以貌取人是有道理的。龙的特征是上天入地、气势恢宏,世人一看就知是非凡之物。做领导要像龙那样,一旦亮相,必举世瞩目。如果没有这样的神采,即使把你推上高位,你也罩不住。孟子进见梁襄王,出来后,人家问他大王怎么样?他对人说:"望之不似人君,就之而不见所畏焉。"意思是说,这家伙看上去不像个当老大的样子,走近看也没发现他身上有什么让人敬畏的地方。你看,如果一个领导没有旺盛的神采,别说下属不尊重,就是陌生的客人也会轻视你!

在中国历史上,唐太宗李世民就是一个魅力十足的超级巨星:

唐太宗手下的一帮文臣武将不爱说话,整天死气沉沉。但只要英姿飒爽的李世民一到现场,气氛马上活跃起来。历史上对唐太宗有以下评价:光彩照人,谈笑风生,语惊四座,言服八荒。光彩照人证明他具有出众的外表形象;谈笑风生证明他具有非常强的人格魅力,很擅长和群众打成一片,有很强的亲和力;语惊四座证明他具有很强的演说能力,在众人面前能侃侃而谈,挥洒自如;言服八荒,说明他有说服天下人的能力。他是一个内外兼修的典范。按希腊的说法,这是神赋的一种能力,是学不来的,但鬼谷子却说:"盛神法五龙。""法"是效法、学习,说明魅力是可以学来的。心若改变,面相就能改变。

内在有思想,外在有气场。有气场就有道场,有道场就有卖场。内在的修炼可以改变一个人的气场。同时,我们还需要改变自己的外在。人靠衣装

马靠鞍,发型改变了、服装改变了,形象也能随之焕然一新。

唐太宗用的房玄龄、杜如晦、魏征、王珪,哪个不是相貌堂堂、仪表非凡?所以,"身"就是长得要帅,要相貌堂堂、一表人才。

东吴大将程普如此评价周瑜:"与周公瑾交,若饮醇醪,不觉自醉。"(《三国志·吴书·程普传》)意思就是,跟周瑜打交道,就像喝美酒一样,不知不觉就陶醉了。如果你的员工和你在一起,每天在公司上班,如饮美酒不觉自醉,这是何等魅力呀?!所以,韩国人爱说一句话:"美丽也是一种生产力。"

什么是"言"?即语言表达能力。因为当官的要陈述政见,要别人接纳你的意见,要号召民众,所以语言表达能力至关重要。这是我们本部分论述的重点,在此不再赘述。

什么是"书"?即书写能力。大家有没有发现,中国很多的书法大家,如东晋的王羲之,唐朝的颜真卿、欧阳询,宋朝的欧阳修、苏东坡,都是朝中担任要职的大官。为什么在古代当官那么看重书法?这是因为"字如其人",所以书法很重要。

什么是"判"?即做总结、写判词的能力。现代社会也是一样,从政人员要经常写工作报告和各项总结。国家首脑同样要公开做政府工作报告。这是必修课。

如此看来,唐朝的所有官员几乎都是小帅哥。我们都知道"钟馗打鬼"的传说,为什么钟馗打鬼?因为钟馗是唐朝的新科状元。皇帝一看吓一跳,妈呀,长得太丑了!差点吐了。你看,钟馗考了个第一名没获得状元,回到家里自杀了。后来,皇帝晚上老睡不着觉,就让魏徵站在门口给他把门。不行,还是老闹鬼。怎么办?突然想到,比鬼还吓人的是钟馗。于是他们就把钟馗画出来,目的就是吓鬼。钟馗为什么在唐朝当了打鬼的神?就因为太丑了!长得丑,获得第一名也当不了官。汉唐是盛世,当官的必须要有官相,因为要代表政府的形象。作为老板也是一样的,你代表了企业的形象。当别人不知道你的企业怎么样的时候,他就要通过老板的穿着打扮、言谈举止来判断企业的实力。

根据我几十年的经验，无论是经商还是从政，每一个领导者都要进行五项修炼。哪五项？第一，会唱一首歌；第二，会跳一支舞；第三，能讲一个精彩的故事；第四，能做一个精彩的表演；第五，能写一笔好字。这看起来，是领导魅力的修炼，其实也是企业形象的需要。可以说，这是"身、言、书、判"在现代社会的一种合理演化。

作为一名商人，我们应该学习怎样的说话之道呢？鬼谷子认为，不管是说服人心还是日常的沟通谈话，我们都要遵守阴阳之道。从本质上说，捭阖之道就是言谈中的阴阳法则。

我们的嘴巴必须按照阴阳法则来说话，要做到畅谈和沉默都有章可循，何时说阳光积极的事，何时谈阴暗消极的事，都要有法可依，这个法就是阴阳之法。

那么，什么是阳光积极的事？什么又是阴暗消极的事呢？

《鬼谷子·捭阖篇》中说："阴阳其和，终始其义。故言长生、安乐、富贵、尊荣、显名、爱好、财利、得意、喜欲为'阳'，曰'始'。故言死亡、忧患、贫贱、苦辱、弃损、亡利、失意、有害、刑戮、诛罚为'阴'，曰'终'。"

意思就是，阴阳两方相调和，自始至终，开合自然，收放自如。所以说长生、安乐、富贵、尊荣、显名、喜好、财货、得意、喜欲，都属于"阳"的一类事物，叫作"始"。而死亡、忧患、贫贱、羞辱、毁弃、损伤、失意、灾害、刑戮、诛罚等，属于"阴"的一类事物，叫作"终"。

在鬼谷子看来，阴阳两面是相辅相成的，一个人要懂得说阳光积极的话，也要懂得说阴暗消极的话，这样才能做到收放自如。有阴有阳、有放有收才是说话的真谛。从谈话开始到结束都恰如其分，让人觉得很舒服就会给人留下好印象。

刘邦就是这样一个深谙阴阳话术的影帝。从斩白蛇起义到约法三章，对公众宣扬正义，气沉丹田、阳刚十足；而当鸿门宴向项羽示弱时，他又可以卑躬屈膝、温良恭俭让。你看，该阳就阳，该阴就阴，这样才能成大业、做大事。

鬼谷子认为,阳光积极的事情包括长生、安乐、富贵、尊荣、显名、喜好、财货、得意等,以这些为话题可以鼓舞人们支持、跟随并为你冲锋陷阵。阴暗消极的事情包括死亡、忧患、贫贱、羞辱、毁弃、损伤、失意、灾害、刑戮、诛罚等,以这些为话题可以阻止或打消一个人的行动,终止他想干某事的计划和想法。趋利避害是人的本能,每个人都渴望拥有阳光、正面的好运,而厌恶恐惧那些阴暗、负面的噩运。人类最本质的需求有两个:一个是生存,一个是避免死亡。求生,人类生存的能力才能越来越强;畏死,种族才能代代繁衍延续。不管贵为帝王,还是身为乞丐,这两种本能没有任何区别。如果你掌握了阴阳两面的谈话技巧,就可以从心理层面掌控人心,让他们按照我们指示的方向行事。这样一来,你既可当创始人,又可做终结者,一切都在你的言谈之中。

面对有一定历史文化知识的成人,我在课堂上可以讲"春秋时期,诸侯争霸",都能听明白,这样讲没毛病。可是,如果我跟孩子们讲"春秋时期",孩子就会问:"兰老师,到底是春还是秋?"我再讲"诸侯争霸",孩子们就会问:"到底是猪还是猴?"所以,我们说话一定要分清对象。见人说人话,见鬼说鬼话,不人不鬼说胡话,见了高人不说话。见到高人,你要多听他讲,这个时候还说话,不是班门弄斧吗!

就拿销售来说吧,不一定都要滔滔不绝,倾听反而更能让你成交。比如你面对一位企业老总,他说自己对你们的行业、产品都了解,你就让他说。等他滔滔不绝满足表现欲之后,你再不失时机地询问:"既然您对我们行业这么了解,我们公司产品怎么样也不需要我多讲了,您打算带几个回去呢?"直接成交!在沟通中,销售员和顾客这两者之间,谁说得多,谁就把产品带回家。既然他对行业很了解,你就让他讲一讲,满足他。最后,他往往会以购买产品的方式来满足你。你照顾我的面子,我照顾你的生意。这一招叫什么?鬼谷子称之为"飞箝之道"。

关于飞箝之道,《鬼谷子·飞箝篇》中说:"引钩箝之辞,飞而箝之。钩箝之语,其说辞也,乍同乍异。"意思就是,借用能捕获人心的话语,以溢美之词来钳住他。这种以引诱手段来控制对方的话语,是一种游说辞令,其特点是在交谈之时要时而表示认同,时而表示与他相异,以便了解对方的实情。

什么叫"飞"？赞誉的言辞。利益的诱惑叫"钩"。钩钳之道就是为了钳制你。如果你是卖手表的,别人说:"哎呀,你的表太贵了！"你不用解释为什么这么贵,你解释再多他还是认为贵。这个时候,你应该怎么办？顺从他。你可以说:"对啊,正是因为这只表太贵了,您才值得拥有它！您知道为什么吗？因为女人看包、男人看表,看一个男人的身份就要看他的表。像您这么身份高贵的人,如果戴着便宜的手表,就会与您的身份不相称,正因这只表的昂贵,正配得上您的身份。"

不管干什么,口才都十分重要。在现代社会,一个人要想活得好,要具备这两项技能——站起来能演讲,坐下来能写文章,前提是大脑中要有思想。一个老板赚再多的钱,如果没有文化,他也只是土豪而已。有文化的商人叫儒商,有思想的商人叫商儒。而哲商是指拥有管理哲学和哲学思辨能力的商人,是真正的大商。所以,我们要做一个会演讲、能写作,同时还有思想的商人。

第三讲　路演是大商立身御世的必修课

路演到底是什么？不同的人有不同的答案。有不少人认为,路演就是在路边搭个台子,然后在台上把话说出来,把别人的钱装进自己口袋。这不是路演,这是路边演讲。

从广义范畴来说,路演是指在公共场所进行演说,向他人推广自己的公司、团队、产品、想法的一种方式。从狭义范畴来说,路演最初是国际上广泛采用的证券公司发行股票的一种推广方式,当事人通过介绍公司发展、经营理念以及描绘市场前景而进行的一种陈述方式。当事人利用重要推介宣传手段,促进投资者与股票发行人之间进行沟通与交流,从而保证股票顺利发行,并有助于提高股票的潜在价值。

路演有两种功能:一是宣传,让更多人知道你;二是现场销售,增加目标人群的试用机会。什么叫零售?一对一沟通。什么叫批发?一对多的演讲。每天全世界有成千上万的人在演讲,无外乎在推销一种产品或理念。如果你想做到一对多的宣传和销售,就要借助路演的力量。一分钟把产品讲清楚,一分钟把商业模式讲清楚,一分钟把自己行销出去!相信每个人都想拥有这样一种能力。

鬼谷子说:"圣人居天地之间,立身、御世、施教、扬声、明名也。"意思就是,圣人在天地之间,要做到立身行事、实施教化以及弘扬自己的声誉和名望。一个人如何才能超凡入圣?鬼谷子给出了自己的答案,首先要具备安身立命的能力;其次要能够统御世间万物;再次要发挥教化民众的作用。最后,要具备路演的智慧,让观点和学说传播出去,从而让自己声名远扬。做到了以上这些,才无愧于"圣人"的称号。

一个领导者需要具备哪些素养?日本著名企业家稻盛和夫认为有以下六项:

第一项素养:赋予普通工作神圣的使命(铸魂)。一个领导如何才能让员工感受到工作的神圣使命?就要通过演讲,让员工为了工作努力奋斗,心甘情愿奉献自我价值。

第二项素养:明确描述目标并率领团队实现目标(造梦)。这是一种造梦能力。如何造梦?通过路演,你可以感染并鼓动团队与你手牵手、心连心共创伟大事业。

第三项素养:创新精神,善于挑战新事物(创新)。有一种常见的创新机制,就是开头脑风暴会。在头脑风暴会议中,各种奇妙的创意层出不穷。企业越大,企业负责人主持会议的能力也要随之提升。从实质上说,这是一种路演能力。

第四项素养:即使在困境中,也能赢得众人的信任和尊敬(抗压)。越是在困境中,越是需要领导站出来,以演讲的方式振奋人心。

有这样一个故事:恺撒大帝征服外族回到地中海,突然海上刮起了黑风暴。在过去,海上遇到黑风暴是很少有人幸免的。所以,当黑风暴到来,近十个军团纷乱如麻。就在恺撒的战船也开始混乱的时候,他从船舱里走了出来,站在船头那个风口浪尖的地方。风太大了,他站都站不稳,但仍坚持一手拉着缆绳,一边给将士们开会。

恺撒说道,将士们,我就是恺撒!上帝把我派到人间,就是为了让我统治人类的,现在这个大业尚未完成,上帝是不会伤害我的。你们和我在一个船上算有福了,今天我就站在最危险的地方!如果我是安全的,你们也是安全的。所以,我建议大家回到你们的岗位,坚守你们的职责。

闻听这番演讲,所有的人都震撼了!我们的皇帝那么高的身份、那么大的年龄,人家都不怕死,我们还怕什么呢?于是,所有的人都坚守岗位,把船调整到最有利于保护自己的方向,黑风暴在地中海肆虐了两个多小时以后,风停了,浪住了,除了恺撒这艘船之外,其他所有的船都葬身大海,死者十之八九。恺撒就让船上的将士把海里幸存的人救上来,他们一上船都惊呆了,因为他们发现他们的皇帝安然无恙,这个船仍完好无损,船上的将士无一伤亡。于是,他们真的认为恺撒是神,所有的人跪倒在地,大呼恺撒万岁!

你看,在关键的时候,恺撒大帝出现在关键的地方,发表了一次关键的演讲,起到了关键的作用。恺撒大帝以出色的演说能力挽救了自己的生命,挽救了将士们的生命,也挽救了罗马帝国的命运。可见,一个领导者有思想、敢表达,善于演讲是多么重要!即使陷入困境中,一样能把大家的思想凝聚在一起。

第五项素养:宽厚仁爱之心(仁爱)。一个人的事业能做多大、走多远,取决于他胸怀的广度、信念的强度和对关爱下属的深度。我们常说"狭路相逢勇者胜,两勇相逢智者胜,两智相逢仁者胜",就是这个道理。

第六项素养:超强的沟通能力,善于运用软权利(沟通)。大家看会议的

"会"怎么写？一个"人"和一个"云"，"云"在古代就是说话的意思。开会实际上就是讲话，而且必须让大家把心里话讲出来。人在经过沟通之后达成共识、产生共鸣，才能共同行动，从而达成共赢。同时，这也是我们学习鬼谷子路演智慧的理由。我们只需要一位具有超级演说力的人站在舞台上演讲，再加上一群推销员协助，就可以成功把产品卖出去。从某种意义上说，路演智慧是大商必备的生财之道。

　　演讲是现代人不可或缺的一种能力。可以说，演讲既是科学又是艺术。什么叫科学？不同的人遵循相同的流程得到相同的结果。什么叫艺术？同样一句话、一件事，不同的人讲出来、做出来，产生不同的感觉。这是由人们不同的人生阅历、理解角度、表达方式以及情感投入决定的，这叫艺术。凡听过我课的学员，都觉得我的口才还可以，但事实上我告诉大家，我上大学的时候很不爱讲话，因为我家是农村的，个子不高，长得也不怎么帅，知识储备也不够丰富，所以口才也不怎么样，遇到问题总想往后退。然而，一个偶然的事件刺激到了我——我们班一个女生给我起了一个特别难听的外号。我同桌的女生和我关系特别好，好到什么程度呢？好到后来她变成了兰太太！我当时问她："你们女生背后叫我什么？我怎么感觉不太好听呀！"她说："我们都叫你'温度计'。"我问："难道我长得像温度计吗？"她说："你长得不像温度计，不过我们发现一个现象，就是你靠近女生时就会脸红。"你们看，一个被人叫作"温度计"的人，今天竟然成为一个以演说为职业的人！这证明了上学时候的我，不是不具有演说家的禀赋，而是我没有经过名师的点化，没有经过科学的训练。像我这么笨的人都能变成演说者，那你们经过训练以后一定会比我更厉害！所以，我一直信奉这样一句话——在这个世界上，最厉害的不是天才，而是勤奋学习的人！

　　一场好的演讲题目要吸引人、观点要精彩、策略要高明。可以说，听一场好的演讲是一种非凡的人生体验，是一种绝妙的享受。一场好的演讲，能够让听众在敬畏你的智慧的同时倍感振奋，而后追随你的思想，这正是演说的最高境界！

为什么我的演说课可以让你的演讲能力快速提升？因为我在课程中把相声里的"说学逗唱"、评书里的"旁征博引"、戏曲里的"唱念做打"等各种元素完全融为一体。有听过我讲课的学员说："兰老师，您讲课就像说评书一样有吸引力！"我认为，一堂成功的演讲一定要有吸引力。有吸引力，才会有感染力；有感染力，才会有感动；有感动，听众才会心动；听众心动了，他才会行动；他行动，你才会成功。所以，演讲一定要有吸引力和感染力。为了增强演讲的吸引力和感染力，所有的艺术形式我都可以拿来为己所用。

学生们最讨厌哪种老师？把自己藏到讲台的后边，不走出一步。我挺佩服有些演讲者，他在台上讲着，下面睡了一大片。他心理素质可真好，还能继续讲下去。但在我的课堂上，不允许有任何一个人打瞌睡。演说的关键就是抓住观众的心。如果你能掌控一个人的心，你就可以领导这个人。管理是管事的，领导是领人的，领导力是领导人心的能力。演说力也是领导力，也是行销力，更是影响力。演说是一对多的公众说服力。

一个演说家要具备三种能力：一是记忆的能力；二是讲故事的能力；三是朗诵的能力。在我的课堂上，七八十名学员，每人上台作一分钟自我介绍。介绍完了，我可以把每个人的名字都叫出来，一个都不会错。作为一名老师，记忆力很重要，虽然作为一名商人不需要以老师的标准要求自己，但是，常识绝不能少。我的"纵横英才孵化营"青少班有一位来自新疆的小朋友名字叫"于卓玄"，2015年暑假，他上了我的演说训练课，年终成为新疆少儿春晚主持人。没想到，一个9岁的孩子能取得这样的成绩，演说改变了他的命运！同时这也说明，一个思维健全的人经过科学训练，能完全掌握演说这项本领。

不过，需要明确的一点是，演说是路演的核心，但路演并不等于演说。因为路演是一场综合活动，除演说之外，还需要作其他一些准备。

那么，在路演之前，我们要作好哪些准备呢？

首先要准备好路演推介所需的资料，如招标说明、研究报告等。另外，你在此时思考的重点应该是如何让观众接纳和喜欢你。总之,搞定路演请记住五句话:一、你是谁?二、你要讲什么?三、你讲的对听众什么用?四、你怎么证明你说的是真的?五、假如你说的是真的,为什么要掏钱买你?一般来说,你朝着这五句话去准备方案,往往不会太离谱。

第四讲　言善以始其事,言恶以终其谋——鬼谷子说服法则

　　从小商到大商的进程中,说服力是非常重要的能力。我们做生意,最大的问题就是难以说服顾客。如果拥有超强的说服力就必定能够让业绩直线上升。那么,什么是说服力?就是你相信我说的话,并立刻按照我说的去做!这就是说服力。

　　学习说服力的目的,往往是为了销售。什么是销售?销售到底是什么?我研究了国内外营销领域的书籍,发现书中对营销的定义是:"了解顾客的需要并满足顾客的需要。"我要问大家的是,顾客需要的,他一定会买吗?比如北京有一套大别墅,你需要吗?你需要,但你会买吗?不一定。所以,如果你认为营销就是为了发现并满足顾客的需要,那你的销售层次太低了!其实,鬼谷子在 2 400 年前讲得很透彻。根据鬼谷子理论,我们会知道——人们需要的未必会要,但人们想要的,肯定会想尽一切办法得到。营销的目的就是如何把他的需要变成想要。

　　如何才能把对方的需要变成想要呢?鬼谷子的捭阖之术的基本原则便是利用人趋利避害的天性。何谓捭阖?见利"阖而取之",见害"捭而出之"!你是一个自私的人吗?如果你否认,那么你就变成一个虚伪的人了!人是趋利避害的高级动物,这点无须怀疑!每个人都希望将于我有利者关于

内,将于我有害者关于外。

抓住了万世不变的这一点,你就能在世间纵横捭阖,无所不为!怎样说服对方?鬼谷子说:"言善以始其事,言恶以终其谋。"以利去说人,以害去制人,没有办不成的事!

鬼谷子说:"言善以始其事",当你需要说服别人做某件事,就必须让他看到这件事的好处和他可能得到的回报!相反,当你需要阻止某件事的发生时,则要将此事的后果放大并用合理的方式传达给他,让他感觉如不及时停止,就会招致不可估量的损失。此即"言恶以终其谋",一边是想要得不到,一边是得不到晚上睡不着觉,这两股力量纠缠在一起,一个人内心里就产生了渴望。所以,我们在这个过程中要了解顾客的问题、需求和渴望。运用鬼谷子谋略,把顾客的需要变成想要,再把想要变成渴望。

销售就是先给顾客作需求分析,发现他需求的缺口,然后再把他的缺口变成伤口,接下来再用你的商品和解决方案为他疗伤。我比较推崇的是"问诊式销售"。销售之前一定要"望闻问切"。我曾研发过一个课程"NBSS销售模式"。什么叫NBSS销售?中文名称叫"需求导向式销售",英文名称是"Needs Based Selling Seminar",是以需求为基础、为导向的一个研修班。

问诊式销售就是需求导向式销售。这套说服模式下来,对方是不会拒绝的,因为所有的销售过程都是在你认同之下进行的。对方想要什么?告诉他,如果得不到会多么可怕。他的具体要求是什么样?大概什么价位比较合适?你再问他,如果这个产品能达到你的标准,而且价格适合,你会不会立刻就买呢?对方所有的拒绝行为,都在你的预料之中。在整个销售过程中,你始终成竹在胸。

这就是鬼谷子的说服秘诀!如何把缺口变成伤口?描绘恐怖的画面,让对方意识到如果不解决将多么可怕,这叫"言恶以终其谋"。这个伤口很痛苦,解决后会有多么美好,接下来你再描述美好的画面,让对方从内心深处产生神往和渴望,这叫"言善以始其事"。最后,你拿着你的商品或服务给他疗伤,一切水到渠成。这就是NBSS销售模式。

鬼谷子说:"与阳言者依崇高。"什么意思?如果这个人是阳光的、积极向上的,你要讲崇高的道义和美好的未来。鬼谷子又说:"与阴言者依卑小。"如果这个人自卑胆小、怯懦怕事,你大谈崇高的道义和美好未来,则不会吸引他,因为他关注的往往是眼前的利益,你最好给他讲如何维护切身利益以及如何明哲保身。

在这个世界上,存在着各种各样的人。有逃避型的,有追求型的。什么叫追求型的人?你问一个人为什么买这件衣服?对方说,买衣服为了美!很显然,这是追求型的,因为他追求阳光、追求美丽。你再问另一个人,对方说,我公司员工都说我穿衣服土,所以我来买件时髦的。他买衣服的目的是怕别人说他土,这就是逃避型的人。对于追求型的人,你可以采取"言善以始其事";对逃避型的人,你可以采取"言恶以终其谋"。对未来有美好追求的人,"言善"能激发他的强大兴趣和动力;对小心谨慎怕失去的人,你就"言恶"。还有一些人是自我判定型的,认同的事情自己可以做决定,他不用征求别人的意见。对这类人,你要想说服他,必须要让他意识到价值和意义。还有一类人,做什么事都需要跟别人商量,这类人是他人判定型。要想说服这类人,必须先从他周围的人开始做工作。所以,鬼谷子的这套说服理论特别了不起。

即使用现在的眼光来看,鬼谷子的说服理论也毫不过时。你敢相信这是 2 400 年前我们先人的思维吗?它甚至比当前很多理论更直接透彻、一针见血。如果你注意观察,就会发现好多广告都暗合鬼谷子说服法则。比如有个海飞丝洗发水广告,画面是这样的:一个帅哥邀约美女,突然发现这个美女有头皮屑,这个帅哥就皱下眉头。看到这里,这个女孩自己就受不了了。这是不是鬼谷子的"言恶以终其谋"?受不了怎么办?用海飞丝洗头发,洗完之后,再也没有头皮屑了,那个帅哥男朋友就特别高兴地拉着她走了。这后面的镜头是不是在运用鬼谷子的"言善以始其事"?事实上,不仅是这个广告,如果你留意观察,会发现几乎所有的好广告都运用了这一道理。

那么,我们如何在路演中说服人心呢?路演是一对多的公众说服。所以，我们一定要利用鬼谷子的说服理论，告诉公众如果用了我的产品会怎么样，不用我的产品又会怎么样。这就是鬼谷子的捭阖智慧——"言善以始其事，言恶以终其谋"，最终核心就是四个字：趋利避害！让利进来，让害离开。如果你做到了这一点，99%的人将会被你说服！

第五讲　路演说服心法：攻心为上、谈笑用兵

关于说服，我根据经验总结了这样一段话：

说服真难！说服绝不能是征服。以力服人者非心服也，以理服人也非心服。说服应该是感化、感动。说理，而理中要有情。人受感动时没理也干！没理有情尚能动人，况情理兼备，必能让人心悦诚服！

为什么我要总结这样一段话？这是因为我发现东西方文化是不一样的。对于如何处理人与事方面，西方文化是一法、二理、三情；中国文化则是情在前、法在后，具体排序是一情、二理、三法。这是因为中国人很早就认识到——影响对方的心，比影响对方的大脑更重要。因为大脑是理性的，心是感性的，人们买东西往往是冲动的。说服最重要的是什么？就是征服人心！攻心为上、谈笑用兵，从而达成双赢。所谓攻心为上，就是告诉我们要围绕"心"做文章。

在路演中，你站在舞台上，不光对人演讲，还可能对客户演讲。所以，不要老想着把东西卖给别人我能赚多少钱。如果你这样想，对方会感觉你像狼一样，两眼发着绿光。你站到舞台上，要记住销售不是卖，而是帮助客户买。卖东西的目的是把东西卖掉赚到钱，有可能会不择手段；而帮助客户买，则是真正帮助对方解决问题。

演讲不是自我表现，而是让观众得到改变。我们站在舞台上，目的不是

炫耀，而是照耀。是用使命、责任、价值观、理想来照耀，用人性的光辉来照耀，唤醒人性中的大义。演说的最高境界是什么？整个现场充满正能量，处处弥漫民族大义。适合讲什么？讲民族精神、团队精神，恩情、亲情、友情等，可谓正义和真情弥漫。只要真情流露，一定能够感动人心。

因此，如何在路演中说服公众呢？要牢记三个"心"。第一个是恩惠之心；第二个是帮助之心；第三个是成就之心。你产品再好，如果不能让顾客用上，你就没法帮助他。

站在讲台上，如果"要"，你就害怕；如果"给"，你就胆大。站在讲台上胆怯还有两个原因：一是不相信自己；二是怕在现场得不到大家认同、得不到支持，怕东西卖不出去。这其实也是一种"要"的心态。所以，我们要记住——站在讲台上路演，我们必须要有恩惠之心、帮助之心和成就之心。有了这三个心，你才会自信，所有的恐慌和畏惧都会远离你！

第六讲　鬼谷子路演说服十六字诀

如何在路演中说服人心？鬼谷子告诉我们一方面要"言善以始其事，言恶以终其谋"，另一方面要妥善处理好情理之间的关系。言善又言恶，有理又有情，自然就能够让观众听从。关于鬼谷子的这些说服要点，加之我几十年的研究和实战经验，特提炼出十六字诀：诱之以利，胁之以害，晓之以理，动之以情。遵照这十六字诀，无论是销售说服，还是舞台路演，你都将所向披靡。

什么叫"诱之以利"？就是用利益诱导你，多多描述美好的事情，让对方心动渴望；什么叫"胁之以害"？就是用灾害胁迫，描述让人厌恶和恐惧的画面，让对方希望逃避痛苦，从而选择你提供的产品或解决方案；什么叫"晓之以理"？有理有据，思考理性和逻辑缜密，用符合客观实际的道理来说服客户；什么叫"动之以情"？你只有调动一个人的情绪和感情，他才会真正跟随你，所以你要用情感打动人心。

很多时候，说服就是一瞬间的事情。例如，早上妈妈们叫孩子起床，妈妈先是说："孩子赶快起来，妈妈做的饭很好吃！"这是"诱之以利"。孩子抵挡住了利益诱惑，口里嚷道："我想再睡一会儿。"于是就继续睡懒觉。这个时候，妈妈又对孩子喊道："你起不起来？再不起就打屁股了！"这就叫"胁之以害"。你看，说服就这十六个字。

第七讲　如何把需要变想要——塑造产品价值的九大法则

如何把一个人的需要变成想要？关键在于你要把产品的独特价值塑造出来。

那么，如何塑造产品价值呢？有人认为，产品的价值在于顾客使用之后，对他有什么帮助。也有人认为，塑造一个产品的价值首先要编一个故事，然后做一个漂亮的包装。还有人认为，塑造产品价值要看产品在市场竞争中的差异和地位……这些说法貌似有理，但事实上都没说到痛点上。

2002年我花了3万元钱上了一个国际大师的课程，"国际说服力"。第三天下午，老师说，截至目前，我已经把世界上所有的说服力方法全都教给大家了。但是，我还有三句话没教给大家，如果这三句话你学会了，前三天的课你都没听，也会具有超级说服力。如果这三句话你不理解，这3万元钱你就白花了，这三天课你也白上了。现在我要问大家的是，你要不要听我用3万块钱买来的这三句话，要不要？

大家看，我把这三句话的价值塑造出来了吗？你们是不是都很想知道这三句话是什么？好，我告诉你们。第一句话：不是百分之百地相信自己，而是要百分之一兆地相信自己，如果连你自己不相信自己，谁还会相信你说的话？第二句话：你不要向任何人推荐你的产品，只要你的产品和你自己在别人心目中有足够大的影响力的时候，就会有顾客主动来敲门；第三句话：任何人可以拒绝金钱、美色、权位的诱惑，但无法拒绝他人对他真诚的关怀和无私的帮助。所以，销售的最高境界来自相信的力量，服务的最高境界是为对方解决问题。

我们老师说，课程结束后会评出谁是冠军。成交率最高的就是冠军！老师说，获得第三名的奖励2 000元，获得第二名的奖励3 000元，获得第一名的要奖励给他老师脖子上系的这条领带。大家立刻惊呼，不会吧？第二名还奖3 000元，第一名怎么只奖一条领带呢？一条领带能值多少钱？下面大家就一起看下这个老师是怎么为这条领带塑造独特价值的。国际说服大师在路演中是这样说的——

大家千万不要小看我这条领带，它的产地是全世界奢侈品的发源地意大利。意大利有一个全世界最有名的设计师，他设计了一个版形。一般的领带盒子，外面要么是牛皮纸，要么是木盒子；但这条领带的盒子是红木的，外边包装的面料和里面领带的面料完全一样。一般的领带里边的标签是布的，但这条领带的标签是金箔的。更重要的是，这条领带设计完之后，纯手工缝了1个月，只缝制了4条，版就毁掉了。那么这4条领带都去向何处呢？第一位是英国的查尔斯王子，第二位是他弟弟，第三位是美国当时在任的总统克林顿，最后一条放在美国比弗利山庄全世界最高水平的男装店里作为镇店之宝。因为我跟这个老板有特殊的关系，所以我花了3倍的价格买了它。我才系了不到一个月，就是我脖子上这条领带。现在，我问大家谁想把这条领带带回家呢？

看完以上这些，大家知道什么叫"塑造产品价值"了吗？在此，我要给大家公布九种塑造产品价值的具体方法。作为一名演说家,你分享的每一个观念,一定要让大家意识到价值所在,要不他根本不会记下来;你互动的每一个游戏,一定要让他知道游戏背后的价值和意义,这样大家的参与度才高。为什么听我讲的课你不会走神?因为我的课一个优势跟着一个优势,一个价值跟着一个价值,一个观念跟着一个观念。而且,我讲的观念是你根本没听说过的,如果别人讲过了我再来讲,那还是我的独特价值吗?

那么,如何为一个产品塑造独特价值呢?下面是我总结出的九大法则——

第一,产品的特殊来历。产品来历越难得越有价值。就像刚才我提到那条领带,就属于这个法则。来历越是奇特,越能让人感到产品的稀有和珍贵。就像国内某种矿泉水,打的口号是"我们不生产水,我们只是大自然的搬运工"。他们挨着优质的水源地,这是其他厂家所不具备的特殊优势。这就是在产品来历上做文章。

第二,产品的优势。如红景天是一种名贵的中药材,有"高原人参"的美誉。为什么名贵?因为它生长于海拔 4 050～5 400 米的地方,非常难得。又如宁夏的枸杞,因为宁夏年日照时数平均在 2 000 小时以上,昼夜温差在 10～15 摄氏度,而且地势高寒、气候干燥,有利于枸杞生长和有机物质的积累。一般地方很难满足这样的条件,产品质量无法与之媲美。这样的条件只有我有,别人没有。这就树立了产品的优势。

第三,产品的稀缺性和独特性。就像国际大师为他的领带做的产品价值塑造,全世界只有 4 条,前两条被查尔斯王子和安德鲁王子买去了,第三条被克林顿买走了,还有一条就是他脖子上戴的这条。你想不想跟王子与总统同款?这卖的就是产品的稀缺性和独特性。

第四,产品工艺的特殊性。某些生产厂家习惯宣称自家的产品经过多重工艺,因为工艺越多,消费者感到越难得。又如那条领带,全球著名设计师纯手工缝制就是工艺的特殊性。为什么我们倡导工匠精神?其实就是认识到了工艺特殊性和产品价值之间的关系。一个普通工厂的产品和大师的原创精品不可能相提并论。

第五,让产品"傍大款"。老师为身上的领带塑造价值——查尔斯王子、克林顿的同款,这就是"傍大款"。我的良师益友李任飞教授,曾在中央电视台《百家讲坛》讲《管子》。后来他又在《百家讲坛》开讲15集的《中国衣裳》。2017年1月,我们在西宁小聚。我说:"李老师,您讲《中国衣裳》,您知道您的价值在哪里吗?您的价值应该是给全国的古装戏做服装顾问。"他对此深表赞同。没过多久,他就担任了一部由著名影星主演的古装戏的服装顾问,戏服卖了50万元!服装的成本能有多少?关键是由著名影星穿过的。这就是"傍大款"!我有个学生在温州卖包,上了我的商道课后,他的销售量翻了一倍。他的包为什么突然畅销?因为我们强调了它和某著名歌唱家同款。你看,"傍大款"是不是塑造产品价值的一个好方法?

第六,产品的独特功效。我的功效别人没有。就像阿司匹林,这种药一问世很快就火爆全球,靠的就是独到的镇痛功效。还有老干妈豆豉辣酱,依靠独特的口味不仅赚足了中国人的钱,而且卖到全世界。还有马应龙痔疮膏,因为具有快速的疗效,在全世界都大名鼎鼎。吃"老干妈"上火了,就用它!

第七,产品的非凡意义。你要给你的产品赋予内在的意义,不只是一个产品。一旦消费者买到它,就获得了一种精神、一份荣耀,正所谓"千里送鹅毛,礼轻情意重"。这就像奥运冠军的金牌,金价值不了太多钱,但背后的荣光却无与伦比。

第八,产品的高额附加值。一个产品除了本身的功能外,还具备其他价值,使消费者终身受益。例如我推出的"纵横英才孵化营",重点是让孩子不仅学会一项技能,而且能扩大视野、增长见识,结识一帮志同道合的伙伴。有导师,遇到问题可以商量,孩子不再独自承担。孩子选专业,以及遇到创业问题,都可以随时咨询。三天的课程不重要,关键是得到一个让孩子终身受益的机会,一位人生教练!这是一生的服务,这就是产品附加值。

第九,产品象征的身份和地位。就拿手表来说吧,有的100多万元一块,有的几十元一块,从功能上看几乎都是一样,都是看时间。那为什么有人要买100多万元的表呢?因为这是身份和地位的象征。为什么有人非要买奔驰、买宝马呢?你开个奔驰来,你企业的经营状况得到了展示。在这个"以外表取人"的时代,在别人不了解你的时候,通常通过你的穿着打扮、吃穿用度来判断你。你开奔驰或骑自行车,给人的感觉真的就是不一样。

一般来说,塑造产品的独特价值就从以上九个方面入手。如果你认真观察,就会发现一个品牌之所以能够深入人心,大都符合这九个要点,至少也要符合其中一部分。如果你想打造一个全新的品牌,需要仔细考虑自己应该围绕这九个方面做些什么。

第八讲 路演的作用——借路演把产品价值表达出来

如果你有一款好产品,如何才能把它卖出去呢?作为一名商人,如果连销售产品的能力都没有,生存尚且困难,何谈踏上大商之路呢?那么,具体应该怎样卖呢?

如果你掌握了鬼谷子路演智慧,只要给你一款真正具有独特价值的产品,你必定能够让它的价值最大化,分分钟引爆市场。事实证明,路演就是通过演说的方式进行产品推介、项目介绍,以赢得大家对产品的认同或赢得大家对你的投资。

按照我们前面讲过的九大法则,经过市场定位以后,你就要把你的产品定位说出去。说出去有两个目的:第一,在大家不需要我的时候让他知道我;第二,他一旦需要的时候能优先想到我。我有个企业家学员是做酒的,他是怎么把酒推出去的呢?参加各种总裁培训班。大部上课的时候他可以不来,但吃饭的时候他一定到场,而且为大家赞助酒。酒会上,他上台唱一首《一壶老酒》,气氛高潮时,他就推销他的酒,大家喝这个酒感觉不错,就在他这里订酒了。像商务宴请、婚嫁年节、礼尚往来等,大家都用他的酒,结果怎么样,他一年销售了将近3亿元!

他的这种销售方法是什么?就是路演!很多企业家出来学习,目的无非是三个:一是因为书到用时方恨少。学习是为了完善自己的理论架构,让自己在决策时没有思维盲点,从而更好地发展企业。二是渴望得到专家的指点。与其在摸爬滚打中得到一点经验,不如把别人几十年的心得和研究直接拿来为己所用。所以,学习是能让你持续不断产出的投资方式。我们周围很多人从来没有停止学习的脚步,而有些人压根儿就没想过要掏钱去学习。大学毕业的时候,班里的同学几乎没多大差别,但10年以后则会有天壤之别。三是整合人脉和资源。你必须学会与人交流,尤其是能站在讲台上,把自己和产品和服务介绍出去,让更多的人认识你和你的服务。

为什么我们要学习鬼谷子的路演智慧?因为路演能帮你将自己和你产品的独特价值传播出去。只要你能调查人们的需求,你可以在任何时间把任何产品卖给任何人。了解人、认识人、理解人,你就无所不能。所以,大商之道最重要的就是牢记一个词——顺天应人。天即天道,我们要顺应规律,没有人能伟大到违背规律行事,违背规律必将受到规律对你的惩罚;第二要合乎国家政策。这就是顺天的含义。什么是"应人"呢?了解人性、把握人心。世界上获得伟大成就的人,都是对人性有深度了解和掌控的人。人心在想什么?最核心的是追求快乐和脱离痛苦。这就是鬼谷子对人性的洞察之处。

我们为什么要做路演?路演实际上是销售演讲,是通过演讲完成销售。不管你愿意不愿意,会议营销已经成为各个行业中最有效的销售方式之一。一般来说,路演、销讲具有以下几种其他销售方式不具备的优势——

第一,销讲可以做到量大。以北京为例,如果你约见一个人,一般来说要用一天的时间。你早上去,见到的时候是中午,吃饭回来就是晚上了。一天见一个人,一个月最多见多少人?30人。如果采取路演会销,你可以把几十人或几百人召集在一起,你可以选出对产品知识最了解、个人形象最好、口才最具说服力的人对这些人宣讲,这样直接让你的效率增加 N 倍!这就叫会议营销,也就是路演中的销售演讲。

第二,销讲可以营造良好的营销氛围。你跟一个人沟通,无论这个人多么随和,也很难听你讲两个小时,可是在一个会场当中,通过播放音乐、公司宣传片、产品宣传片以及不时插入各种形式的活动,让他听两个小时没有问题。这样不仅节省成本,而且可以把理念讲透彻,真正激发顾客的消费需求,让他采取相应的决策行动。这种独有的气氛会刺激他快速决策。

第三,销讲可以借助人的从众心理。在会场外,如果你只给一个人讲,即使讲得再好,他也会说,我再考虑考虑。他一直都处于犹豫不决的状态。可是,如果在一个会场当中,如果他看到大家都采取了购买行动,就会产生从众心理。

第四,销讲可以借用公司、专家、讲师的力量。在会场营销中,公司的资源你都可以拿来使用,同时调动优秀的专家、讲师为你服务,这样说服力将大大提升。

第五,销讲可以创造结识更多人脉的机会。通过会议或课程的形式,大家成为同道之人,经过互动沟通,相互之间就成了朋友,从而建立更广的人脉。

第六,销讲可以创造资源整合的机会。我们上课或参加会议营销,通过自我营销,可以了解别人有什么,自己缺什么,优势互补、互通有无,从而有效促进同学之间的资源整合,让自己的事业快速做大做强。

第七,销讲可以节约成本。对一名业务人员来说,最大的成本就是时间。一日一访就地阵亡,一日两访摇摇晃晃,一日三访才算正常,一日四访有车有房,一日五访实现梦想,一日六访黄金万两。如果你真正做到一天六访,你就会变成世界级的推销员!

第八,销讲可以倍增业绩。一般来说,销售形式分批发、零售和转介绍。一对一的沟通是零售,一对多的沟通是批发。路演销讲具有一对多和转介绍双重特点,能够快速提升销售业绩,扩大市场占有率。

第九讲 路演的秘诀1——路演销讲的四个流程

如何做路演销讲？一般包括四个流程。

第一、提出问题，制造痛苦。关于这一点，鬼谷子的捭阖理论有深刻的论述。首先，我们要给对方进行需求分析，"言恶以终其谋"，让对方意识到这个问题如果不解决，将会多么烦恼，以至于寝食难安。

第二、创造价值，制造快乐。"言善以始其事"，你告诉对方如果让他寝食难安的问题解决了，将会多么高枕无忧、多么快乐。如果你创造这种价值，对方必定心动神往。

第三、展示实力，建立信赖。虽然对方认识到解决问题后会高枕无忧，但他为什么要跟你建立合作关系呢？为什么需要你帮我解决？你到底有什么地方与众不同？所以，这就需要你提供一个完美的方案，通过各种手段展示你的实力，让他信服并折服于你的实力，进一步赢得他的信赖。

第四、调动情绪，促进交易。有时候，对方虽然感受到了问题，也信赖了你的实力，但他们还是会犹豫不决。他们会想："我跟你合作，你给我什么政策？"这个时候，你就要运用各种优惠政策、礼品以及制造热烈气氛等手段调动他的情绪，促进交易快速达成。

我们在路演销讲中讲些什么？首先，跟大家介绍你公司经营的产品；其次，跟大家宣讲商业模式。面对消费者，你讲产品，可以促进成交。但如果你面对的是项目投资人和企业家，那么我建议大家不要讲产品，最好的方式是讲你的商业模式，从而寻找合作伙伴，有效进行资源整合。

你可以按我总结的四个流程来设计你的销售话术，让你的每个员工都背下来。在任何一个行业，顾客的拒绝理由一般不超六个。如果你能帮员工把客户最常见的六个拒绝理由找到解决话术，那么每个员工的成交率必会大大提升！

第十讲　路演的秘诀2——路演中如何推介项目

同样一个商品,不同的人介绍会产生不同的效果。有的人可以把稻草卖成金条,有人却把人参卖成萝卜。根本区别就在于思维和方法不同。那么,我们在路演中如何介绍商品才能激活客户的需求并促消费呢?我概括了一下,总结出四个流程。

第一、市场调查。先给大家做市场分析,找到市场缺口。分析这个市场前景有多大?你必须找到一个问题,描绘一个前景(包括钱景)。比如中国教育培训行业,一年有4 000多亿的市场总量。这就是市场调查,而且要有具体数据支撑。

第二、商业模式。你是如何解决这个问题的?你的商业模式是什么?告诉人们你打算怎么做才能帮人们解决问题、填补缺口。

第三、盈利模式。每个人都最为关切利益,所以站在路演舞台上,你必须告诉大家你是怎么挣钱的?你的盈利模式是什么?利润的关键点在哪里?成本收益具体如何?等等,这是说服别人、打动人心的撒手锏。

第四、加盟模式。通过你对前景、商业模式和盈利模式的描述,大家一看赚钱很容易,于是跃跃欲试,都想投资和参与你的事业。但是,具体应该怎么跟你合作呢?如何加盟你的事业团队呢?所以,你要提供一整套的加盟模式。

我有个学生在江苏徐州做用电安全行业。为什么要做用电安全?他统计了全世界的火灾事故,发现79.8%的原因来自用电不当。他给出的解决方案是——任何一个家庭、企业,一旦出现用电异常,立刻就能自行切断,而且自动报警。我问大家,如果真的有这样一套用电安全系统,你家里愿不愿意安装?你的企业愿不愿意安装?和你有同样想法的企业和家庭全国有多少?

你可以在路演讲台上宣讲:"一个几百亿的市场,别人想不到,我想到了;

别人做不到,我做到了!谁想和我一起把握这个难得的商业机会呢?"这就是通过市场分析,找到市场缺口,描绘市场前景,吸引大家参与。接下来再讲自己是怎么做到的,重点讲原理和方法。如果大家觉得有道理,你再告诉他自己是怎么赚钱的。看到这么赚钱,大家都想跟着赚钱,那么怎么跟你合作呢?所以,你还要提供加盟模式。如果我们在讲台上路演,就要牢记这四大流程。

第十一讲 路演的秘诀3——如何让项目和理念深入人心

在商务路演中,我们如何才能让自己的项目和理念深入人心呢?我们可以借鉴和学习电影讲故事的方法。

第一、策划电影——精心策划故事和概念。爱听故事是人的本性,上自70岁的老翁,下至4岁小孩,最喜欢听故事、看电影。电影的本质就是讲故事。所以,任何好的产品,最好的传播方式就是故事传播。我们有必要用故事的形式来推销自己的产品和概念。在路演上台之前,你首先要构思一个绝妙的故事和概念,这样才能吸引人们的注意力。

第二、播放电影——将故事或概念娓娓道来。如果我们对电影进行研究,就会发现它们大都遵循起承转合的逻辑,有条不紊地讲述故事,而且矛盾冲突一个接着一个,精彩纷呈,让人连眼睛都不舍得眨一下。我们在路演中也应该按照一定的节奏娓娓道来地讲故事,而且要多运用创意的手段,让台下观众感受到一次又一次的心灵撞击。

第三、推销梦想——用新产品或新功能点燃听众的激情。人的本能是喜新厌旧,如果一部电影老是重复已有的剧情,就必定没几人观看捧场。如果你在路演中提供新的产品功能或新的观念,就能让台下观众激情澎湃。

第四、策划高潮——给观众留下难忘的人生体验。四流的路演介绍产品,三流的路演推销功能,二流的路演创造独特的体验,一流的路演描绘理想的生活方式。眼见未必为实,只有亲身体验的经历才叫人生。所以,我们看完一部电影,留下的那种强烈体验就是价值。你能否在路演中掀起高潮,在观众心目中留下难忘的人生体验至关重要。你能抓住观众的心,观众必将为你疯狂。乔布斯把用户体验做到极致,所以他成为一代传奇人物。

第五、电影谢幕——使观众成为忠实客户和传道者。一部精彩的大片结束,很多人成为它的忠实粉丝,借助口碑票房再创新高。如果你在路演中能达到这种境界,台下观众必将为你痴迷,成为你的铁杆粉丝,自发地传播你的产品和理念。有的人做产品说明会,就算包吃、包住、包路费,能有几十个人来就不错了。但你知道当年乔布斯的产品发布会是什么样吗?2009年11月,乔布斯开新闻发布会。虽然此时天气非常冷,但竟然有4 000多人到现场参加,其中3 000多人在头天晚上9点就开始等待,他们的目的就是第二天上午能进入会场看乔布斯怎么卖东西!而且他们每个人还要掏555美元的门票费!乔布斯卖东西的广告路演,光门票就能收入几千万美元。最厉害的是,参加乔布斯新闻发布会的很多是世界各地的同行。你能把产品卖给同行,这才是真正了不起!乔布斯靠的就是自己的演说能力。

由此可见,即使你身无分文,只要你具有超凡的口才,就可以说服别人把资金投给你。哪怕你行动不便,只要你用对了策略,你也可以说服别人,背着你走向世界!所以,在这个世界上,你可以什么都没有,但只要你拥有了演说能力,什么就可以得到。

记住,泰森的魅力是身体的力量,耶稣的魅力是信仰的力量,孔子的魅力是道德的力量,鬼谷子的魅力是智慧加口才的力量。既然上天给了我们一个大脑、一个嘴巴,意味着我们不用动手动脚、动刀动枪,只需用智慧与语言就可以解决一切问题。

我们要坚信——只要路演过程正确,结果一定会正确。所以我告诉大家的这套路演流程是具有科学性的。凡是科学,任何人按照流程走都会得到类似的结果,至少可以保证达到80%的效果。另外,在路演销售中,成交的时候一定要有音乐。没有音乐的会场至少会打60%的折扣。音乐可以让你疯狂,也可以让你安静;可以抚慰你的心灵,也可以开发你的智慧。语言的艺术可以传播知识、可以启迪人的心灵、可以点燃人的智慧,也可以把一个东西卖出去。如果语言的艺术加上音乐的艺术,可以起到琴瑟和鸣的效果。

第十二讲 路演营销心理学——从意识催眠到情绪引爆

路演营销需要我们懂点心理学。什么是说服?从本质上说,就是一场不露声色的催眠!

在商业世界,真正的产品布道者,总是被一种救世主式的热情所驱使。他们追求创造新的事物,热情地为他人创造新的体验,同时还擅长意识催眠。比如乔布斯,他做梦都想把百事可乐的管理模式引入苹果公司,惠而不费的方法就是把百事可乐的总裁斯卡利挖过来。乔布斯当时实力有限,开的条件并不好。但乔布斯有一种神奇的魔力,任何人只要一看他的眼睛就能被他催眠。乔布斯看着斯卡利,说了这样一句话:"斯卡利,看着我的眼睛告诉我,你愿意在百事可乐一辈子卖那个无聊的糖水,还是来苹果公司给自己一个机会改变世界呢?"他说的话像一记重拳打在斯卡利的身上,斯卡利觉得卖无聊的糖水太无意义了,一定要给自己机会来改变世界,一周后他就做了苹果公司的总裁,与乔布斯并肩作战,一度把苹果公司做到了市值世界第一。

从某种意义上说,乔布斯是产品发明者,但真正把苹果做起来的是斯卡利——前百事可乐总裁。乔布斯的催眠魔力可见一斑。毫不夸张地说,乔布斯是世界沟通舞台上最具魅力的大师级人物,罕有人能够与其媲美。乔布斯的演讲往往会刺激听众大脑中的多巴胺分泌,让听众倍感快乐。乔布斯对自己的产品有一种持续的激情和坚定不移的自信,他教父般的超凡感召力,很少人能够不为他的这种领袖魅力所折服。他用非凡的魔力推销自己的产品和观念,使潜在客户转变为忠诚的粉丝,又将忠诚的老客户转变为新的福音传道者,从而通过良好口碑实现持续销售的目的。

由此可见,伟大的演说家、伟大的销售,都擅长运用大量催眠语言来达成自己的目的。那什么是销售中的催眠术呢?在销售过程中,我们要谨记这样三点:第一,你不要对客户说"您需要花多少钱买这个东西",因为花钱意味着一去不复返,你应该说"只需要投资多少钱,你就可以得到这么好的产品"。花钱意味着损失,再也回不来了,但投资就意味着有所回报。这就是催眠在销售中的运用。第二,在签合同的时候,你不要对客户说"你签个名",因为签名意味着法律纠纷。你应该说,"需要您把名字在这儿确认一下就好了"。第三,你不要说"这个东西很便宜",因为大家潜意识都认为便宜无好货,你要说"价格很公道,性价比比较高"。这就叫潜意识说服,又叫催眠式销售。

催眠具有很强的隐蔽性,很多技巧都可以使用。比如,我站在讲台上,对各位讲:"假如今天我有非常好的方法,能让大家的命运立刻发生改变,大家要还是不要?"你说个"假如",人们就不怀疑了。但你不说"假如",直接说"今天给大家一个方法,能让你的命运立刻发生改变",那大家都会撇嘴不相信,因为你说得太绝对了!话说得太满,往往就没有说服力了。你站在台上对大家说:"假如今天我有个好的方法,让你的收入可以提高两倍以上,你们想要吗?"就因为你说个"假如",对方就没有任何抗拒,完完全全地被你催眠和洗脑。

其实,销售很简单,只要你会问问题。问什么问题?问六个对方必须回答"是""同意""感兴趣"的问题。如果你让对方连续赞同了六次,那么当你第七次提出一个合理化的建议,对方也会习惯性地接受,这个方法叫"非常6+1"。

我们应该如何满足客户体验？乔布斯说："你必须从客户体验开始入手，再追溯技术流程寻找答案，而不是与此相反。"客户体验的本质是什么？就是心理催眠。在体验中，你感受到一种新奇和美好，不知不觉让自己被催眠。现代最棒的营销模式是场景革命，创造一个逼真的场景，让客户在场景中得到不一样的生命体验，因为这个体验实在太独特了，于是他会情不自禁地去分享、传播，分享传播的同时他能够获利，而且能把消费者变成合作者，这叫消费合作商。所以，在路演讲台的设计中，我们要掀起一场场景革命。凡是上过我"鬼谷子大商之道"课程的学员都会发现，我的讲台设计很漂亮，不仅有传统文化底蕴，而且讲台两边摆放两棵桃树，入目满是桃花朵朵开。案头摆着古色古香的香炉，香雾袅袅，还有鬼谷子的雕像，让人遥想先圣风姿。如果舞台空间允许，我们还会悬挂关于大商精神的对联："审时度势诚信至上商之本，化智为利取利入义贾之根""子贡经商取利不忘义，孟轲传教欲富必先仁"等。这样一来，环境气氛就有了。整个会场就不再是普通的会场了，纵观整个会场，全是大商之道的感觉和思想。你进入这个场景之中，就能感到这是个道场。有道场才会有卖场。为什么你到寺庙里面不敢大声说话，甚至不敢与佛对视？你到道观、教堂等处，就会莫名地感到肃穆？其实，这就是一种场能。经过场景革命，让你的用户在场景之中被催眠，并得到独特的生命体验。因为体验太独特了，你还要给他一个分享的由头，让他情不自禁地分享。分享的同时他也能从中得到利益，这样一来，消费者又变成生产者。这种体验式和场景式的催眠营销必将是很多的行业最佳的营销模式！

为什么我们到泰山要看日出、看封禅大典？为什么我们到西安要看长恨歌？为什么我们到少林寺要看禅宗大典？因为这里面蕴藏着丰厚独到的体验，唯有如此，旅游才会让你终生难忘。所以卖产品功能，不如卖独特体验。如果你是一个男士，不相信体验有这么重要，那么我问你："如果你和你梦中情人在一起吃饭，这顿饭的味道会不会一样？"

在营销活动中，最有效的催眠策略是利用从众心理。无论是多么精明的人,潜意识深处都有非理性的一面,从众心理就是人类思维中的盲点。那么,如何利用从众心理说服人心并引爆观众的购买欲望呢?我为大家总结出以下六条实用法则:第一,制造热卖的火爆场面。看到那么多人哄拥而上,再不需要的产品你也会心痒难耐、蠢蠢欲动。第二,发出独家小道消息。为什么谣言传播速度那么快?病毒式营销往往最精通此道。第三,利用广告引导、教育顾客。广告具有无形的洗脑催眠效果,能够快速抢占客户的大脑和心智。客户的购买行为很多时候都是随机的,是需要教育和引导的。你们的产品占领了大众的心智空间,那么其他产品将无力与你竞争。第四,制造脱销的新闻。物以稀为贵,越是脱销大家越是抢着买。房子和股票也是这样,买涨不涨跌。第五,让消费者现场见证。消费者的现身说法比销售员自吹自擂更加亲切可信,很多电视购物广告将此法运用到了极致。第六,与社会名流建立关系,以此借梯登高。你的产品如果没什么名气,找名人代言,立刻身价倍增。在路演活动中,如果能邀请社会名流出场支持,你路演的影响力必将大幅度提升!

第十三讲　言有象,事有比——路演魔力是这样炼成的

什么样的语言最有魅力?什么样的语言最能说服人心?鬼谷子在《反应篇》中说:"言有象,事有比。其有象比,以观其次。象者,象其事;比者,比其辞也。以无形求有声。"意思就是,语言可以有模拟的形象,事物一定有可供类比的先例。有了象征和类比,就可以从中观察对方下一步的言行意图。所谓"象",便是用语言象征所要表达的某种事物;所谓"比",便是用言辞反映可供类比的先例。利用像比手法,可于无形中得到有声的言辞回应。

在这里,鬼谷子提出了象比原则。也就是说,鬼谷子认为最有说服力和最有魅力的语言必须具有象和比。象与比,是鬼谷先生独创的名词。象是一幅图像,就是说话的人,所说的任何事情,像放映一个大片,要讲出画面,使听者听到声音、闻到气味,感同身受。比是比喻,打比方、讲故事、举例子。人在看见画面之后,就一定有所感触。就把脑子里储存的资料搬出来,一一比照,于是产生一种理解。用大家都熟悉和了解的事物来比拟那些抽象难懂的道理和理论,比如母爱像太阳。母爱是看不见、摸不着的抽象事物,但太阳是每个人都看得见的日常具象,这样一比大家都明白了。鬼谷子说:"欲开情者,象而比之,言有象,事有比。"如果一个人说的话富有图像感,又能深入浅出地打比方、举例子,必定独具感染力,让对方身临其境,从而能够快速打开和调动听众的情绪。如果你的演说能达到这种境界,即使台下坐着你的竞争对手,我想他也会情不自禁地为你鼓掌叫好。

我们在说话时如何才能增强画面感呢?这就要求我们在用言语描述一件事时,想象自己的眼睛是一台摄像机,逼真地描述场景,尽可能地让你所说的每一句话都真实可信,就像一盘大餐,色香味俱全。美国著名记者威尔·柯里姆斯说:"最好的写稿人总是把报道写成似乎可以触摸到的有形物体。如果你不这样做,那么你写的报道就会变成过眼云烟。读者也就感觉不到它的存在。"写东西是这样,说话同样如此。要想让自己的语言生动形象,如同电影画面,就要形象而犀利地突出细节,精准并娴熟地把握叙述的节奏。比如王维,人称"诗中有画,画中有诗"。的确如此,他的诗句细节生动,画面极强。大家看下《山居秋暝》这首诗:"空山新雨后,天气晚来秋。明月松间照,清泉石上流。竹喧归浣女,莲动下渔舟。随意春芳歇,王孙自可留。"在这首诗中,我们好像感受到了雨后的清新,看见了松间的明月、石上的泉水潺潺,以及拨开竹林走出来一群笑声如银铃般的洗衣女郎……这就是画面感,用语言文字来编织一幅画,让听众身临其境、陶醉其中。

关于鬼谷子说的"事有比",就是用打比方、讲故事、举例子的修辞来阐述事情和道理。什么是打比方?即通过比喻等修辞方法来描述事物特点的办法。善于打比方的人具有超出常人的观察力和联想力,他能够在两种不同的事物之间找到相似的地方,并进行生动形象的描述,从而给人醍醐灌顶、耳目一新的感觉。

有一年,赵国要去攻伐燕国。苏代是苏秦的弟弟,要说服赵王撤兵。见赵王以后,他说:"大王,我从燕国到赵国来,过易水,看见一个河蚌来到河边,把贝壳打开,想晒太阳。突然来了一个鹤,要啄河蚌的肉,那河蚌就把壳一合把鹤的嘴给夹住了。鹤说,今日不下雨,明日不下雨,三天之后这里就有只死蚌。蚌说,我今天不放开你的嘴,明天我还不放开,三天之后这里就有只死鹤。这时候,一个渔人来了,把这个河蚌和这只鹤一起捉走了。"然后他对赵王说:"大王啊,如果赵国和燕国一直在打,打到最后,精疲力竭的时候,那秦国就坐收渔翁之利了。你希望看到这样的结果吗?"赵王说:"哎哟,我明白了,那我赶快撤兵回来吧!"你看,苏代只是打了一个比方,就说服赵王撤兵了。

苏代跟随哥哥苏秦的合纵道路继续前进,取得很大的成就。他所用的正是鬼谷子留给苏秦的学问,经过一番刻苦钻研,领悟到其中的精髓。他的言论充满画面和比喻,越是复杂的道理越是打比方,这样更能一针见血、一语道破。这正是大师风范。

真正的大师最擅长打比方,这是只有少数人才懂的讲话智慧。在现代学术界,我们经常看见有专家把人人都懂的道理说得大家都不懂,这叫老学究;少数人才能把大家不懂的道理说得3岁孩子都能懂,这样的人才是大师。比方佛祖、基督耶稣,他们给大家传经布道从来不讲晦涩的道理,都是通过一个个生动的比喻和小故事来表现高深莫测的道理。

有个人骂如来佛祖。骂了很多,如来都不吭声。骂完了,如来问:"你骂完了?"他说:"骂完了"。如来再问:"如果你给别人送礼物,别人不要,那礼物是谁的?"这人说:"那礼物我可以拿走,还是我自己的。"如来又问:"你骂我半天,如果我不接受,那这个东西是谁的?"

你看佛祖说话牛不牛?骂人不带一个脏字,而且妙不可言!毛泽东主席也是一个语言大师,无论是谈话还是写文章,毛主席特别喜欢打比方,他的语言极具画面感,讲起道理来深入浅出、生动形象,令人叹为观止。毛主席最鼓舞人心的话:"星星之火,可以燎原。"最豪迈和傲气的一句话:"一切反动派都是纸老虎。"打仗的时候,共产党30万人对国民党的60万人,毛主席拿一个石头,前面一个水缸,他说我们的部队虽然小,但它是石头。国民党的部队,虽然人比较多,但它是个缸。虽然石头小,但只要够硬就能砸破水缸。你看比喻多形象!

很多学者和专家都愿意采用打比方的方式来说明一个问题。但是,并不是每一个人都知道如何打比方,以及如何才能准确地打比方。鬼谷子的"象比原则"告诉我们,讲话一定不要讲太高深的道理,再高深的道理大家如果听不明白,是没有任何用的。无论你的想法多好,必须记住——把道理讲明白,这是第一位的。"象比原则",这是古今中外演说大师秘而不宣的独门秘诀。在这里,鬼谷子毫不吝啬地倾囊相授,如果我们不好好学习就真是"暴殄天物"了!从此以后,希望大家在工作中以及日常谈话中,多加尝试运用"象比原则",可有效增强自己言语的画面感和生动性。

第十四讲 路演营销的技术——从零开始玩转会议行销

不可否认,路演营销也是一门技术活,按照固定流程来操作,往往能够收到相应效果。路演营销最突出的体现是会议行销。目前,不少商家的产品或服务适合采取这种方式来销售,效果十分明显。那么,会议行销的关键是什么?如何从零开始玩转会议行销?

第一、会前宣导是前提。没有宣导就没有客流,没有客流,会议行销就无从谈起。会前宣告的工作包括先通过各大宣传平台收集客户名单,然后通过电话或其他通信工具摸清意向,对即将组办的会议行销甄选客户。最后,经过反复的挑选和过滤,确定要邀约的核心客户,并递送参会请柬。在约定的时间地点,业务员负责接待并引导客户进入会场,并配合解答他们的各种问题,满足他们的相关需求。

第二、会议组织是保证。一场成功的会议行销犹如交响乐团的演奏,组织人员就是整个乐团的指挥,有着至关重要的决定意义。组织得当,会议圆满成功;出现纰漏,不仅很难达到预期目标,而且可能沦为众人的笑谈。

第三、主持人是核心。会议主持人担负着重要角色,其一颦一笑都决定着整个会议的基调,所以主持人不仅要具有操控全场和活跃气氛的能力,而且要具有产品营销意识和心理催眠技巧。可以说,主持人代表会场的形象,非十八般才艺样样精通者不可担任。

第四、讲师是煽动者。讲师一方面要具有专业的演说口才并深谙客户心理,更重要的是,他们同时要具有所推销产品的专业知识。他们以导师的形象出现,是专家的化身,一言一行都必须让客户深深信服,而且他们要具备极强的煽动力,犹如战国时期的苏秦和张仪那样,一句话就能点燃台下观众的购买热情,让他们群情激越,购买冲动一触即发!

第五、业务员是主角。业务员在台下起到配合、协调和支持的作用。一旦主持人和讲师将台下观众的购买冲动激发到最大点,业务员就要及时跟进,对于客户的疑问和犹豫随时进行解答,做好成交的顾问,排除一切成交的障碍。

第六、跟进签单是关键。所有的工作都是为了签单,在最后要爆出猛料,讲师和业务员要密切配合,最后的临门一脚一定要踢好。比如,业务员要提供相应的材料和工具,让那些有意向成交的客户快速采取购买行动,千万不要等他们的购买热情冷却后后悔不迭。

第七、会后总结是提高。世上没有十全十美的事物,所以任何会议行销都存在这样那样的不足之处,不管事前准备多么充分,都无法避免出现纰漏。

为了下一次行销工作更加成功,我们必须进行会后总结,一方面对工作流程进行梳理和完善;另一方面吸取本次会议营销中的教训,总结经验,下一次力求完美,避免重蹈覆辙。

另外,会场灯光也很重要。一般来说,灯光要通明,话筒要震撼。因为灯光是舞台的灵魂,如果没有灯光,舞台的场能就不够大。话筒如果不够震撼,就无法撼动观众的心灵,无法调动他们的情绪。总之,要想做好会议营销,我们要记住这样一句话——让我们的员工"脑中有观念,嘴里有话术,手上有工具"。老板最重要的工作就是给员工创造工具,这一点很重要。

作为一名商人,如果你连讲台都不敢上,又如何能成长为未来的大商?可以说,路演是商人的必备技能。鬼谷子路演智慧,会彻底击碎你上台的恐惧,帮你洞悉客户心理的深层秘密。如果你掌握了路演技巧,讲项目,订单会如雪片飞来;讲产品,让你收钱收心,塑造自己的超级说服力。鬼谷子的路演智慧,能够让你无论在任何地方出现,都能变成众人瞩目的焦点。只要在讲台上一站,立刻就能发挥自己超强的影响力!可以毫不夸张地说,凡是学过鬼谷子路演智慧的学员,只需要三天时间,不管是小孩还是成年人,都将完成人生蜕变!第一天不敢上台,第二天敢于上台,第三天享受舞台。

一个人有没有训练过,绝对不一样。如果你到泰国去游玩,可以发现大象能用鼻子甩飞镖、踢足球、给人按摩,而且它给男生、女生按摩的手法、方位还不一样。这就是训练的魅力!那么人类呢,是否更需要加强训练?在这个世界上,一个企业最大的成本就是使用没有经过训练的员工。培训是不流血的战场,战场是流血的培训,一个战士要想在战场上少流血,就需要在训练场上多流汗。为什么我们看特种部队训练,就像虐待他们一样?他们的教练说,如果我不让他们经过严格的训练就上战场,就是拿他们的生命开玩笑!那么,你是否对自己及员工进行过科学系统的训练呢?

第十五讲　路演登台要诀：稳场、稳神、稳口

对于路演能力欠佳的商人而言，如何提高上台演说的能力呢？在此，我简单跟大家分享几点演讲的技巧。前面我已经讲过很多演说理念，但有时候怎么讲比讲什么更重要。根据我的实战经验来看，下面六个字是路演登台必须掌握的要诀。

第一、稳场。稳场，就是稳控全场，让全场静下来，让大家听你讲。一个没有功底的人，站在舞台上用语言静场半天，大家还是说话。但有功底的人到舞台上只需一声问好，立刻能稳场。这就是气场的问题。作为台上演说者，一定要内在有思想、外在有气场。有气场就会有道场，有道场当然就会有卖场。什么叫气场？气场源自功底，而演说功底等于上台的次数，控场能力等于你在舞台上站了有多久。所以，演说训练最好的办法就是——不断上台。等到你站在舞台上没紧张的感觉了，心态就训练好了。要想提高自己的稳场能力，第一要有胆，第二要有识。有思想、有见识才能折服人心。在我的"鬼谷子演说智慧"课程中，有一个环节叫胆识口风训练，这个训练一旦过关，你在舞台上就可以侃侃而谈。

第二、稳神。有些人一上台就慌张，目瞪口呆说不出一句话来。针对这种情况，《鬼谷子·捭阖篇》中说："口者，心之门户也；心者，神之主也。志意、喜欲、思虑、智谋，此皆由门户出入。故关之以捭阖，制之以出入。"由此可见，我们的口是心的门户，而心又是精神的主宰。所以我们不能一上台就乱说话，一定要稳住心神，让自己镇定不慌张，控制住嘴巴，想好之后再动口。这样一来，你才能自由准确地表达你心中的想法，才能谈笑自若、纵横捭阖。

第三、稳口。有些人在舞台上胡言乱语，观众完全不知所云。还有些人在台下侃侃而谈、头头是道，但在台上口笨舌拙笑料频出。怎么办？我们一定要想在前面、说在后面。在自己的演说过程中，一定不要追求太精彩。为什么你老是讲不好？因为你患得患失。第一个是想得到怕得不到，第二个是

怕自己讲不好丢人。《论语·阳货》中说:"鄙夫可与事君也与哉?其未得之也,患得之;既得之,患失之;苟患失之,无所不至矣。"孔子说,患得患失这种人叫鄙夫。什么叫鄙夫?丑陋之人、卑鄙之人。无法站上舞台上演讲的人,就叫鄙夫。你为什么不敢站到舞台上演讲?要么患得,要么患失。所以,我们不要关注事情的结果,要关注过程。要知道,只要过程对了,结果也就对了。不要追求精彩,要追求准确表达。只要你能把内心所想准确、如实地表达出来,本身就是精彩。

第十六讲　路演关键词:活色生香、眉飞色舞、手舞足蹈

要想让路演活动魅力十足、精彩纷呈,我们有必要让自己掌握如下几个关键词。这些关键词都是我几十年演讲经验的精华,可以说,如果你悟透了其中三昧,并且能够熟练掌握、活学活用,那么你就距离登堂入室不远了。

第一、活色生香。活色生香,原意形容花的颜色鲜丽、香味浓郁。在演讲中,这个词是什么意思呢?"活"是鲜活,演讲的语言要鲜活;"色"是绘声绘色。

什么叫绘声?在《智取威虎山》第六场戏里,土匪座山雕为考验杨子荣,特意比试枪法。座山雕先挥手一枪打灭了一盏灯,下面杨子荣接过枪来,挥手一抬,"啪"——一枪打灭了两盏灯!这个拟声词"啪",在说书艺人的口中,模拟得就好像真在现场开了一枪。这就是绘声。

什么叫绘色?请看说书艺人是如何描摹岳飞的——

头上戴亮银盔,上安十三曲簪缨,八支护背旗飘摆脑后,搂海带钉满银

钉,身穿亮银甲。护心镜,亮如秋水。绊甲丝绦,九腹勒成。鱼搭尾三环倒挂。飞虎战裙遮住双膝。虎头战靴银跟衬。左挎弯弓,右带箭,背后一根四楞银装锏。往脸上看,面似银盆,眉分八彩,目如朗星,颌下微须。天庭饱满,地阁方圆!胯下一匹马,掌中一杆帝银蟠龙枪,真气度不凡。看上去是百步的威风、千丈的杀气!……

通过这样一番描述,我们的眼前是不是很逼真地出现了岳飞的具体形象?这就是绘色。

我们再看古典名著《老残游记》中是如何形容王小玉说书的——

正在热闹哄哄的时节,只见那后台里,出来了一位姑娘,年纪约十八九岁,瓜子脸儿,白净面皮,相貌不过中人以上之姿,只觉得秀而不媚,清而不寒,半低着头出来,立在半桌后面,把梨花简了当了几声,煞是奇怪:只是两片顽铁,到他手里,便有了五音十二律以的。又将鼓捶子轻轻的点了两下,方抬起头来,向台下一盼。那双眼睛,如秋水,如寒星,如宝珠,如白水银里头养着两丸黑水银,左右一顾一看,连那坐在远远墙角子里的人,都觉得王小玉看见我了;那坐得近的,更不必说。就这一眼,满园子里便鸦雀无声,比皇帝出来还要静悄得多呢,连一根针掉在地下都听得见!……

怎么样?你是不是感觉到王小玉栩栩如生就在你面前呢?

所以,语言是有魔力的。很多语言大师三言两语简单描绘一个人的眼睛,立刻就传神。大家看《红楼梦》是如何描述王熙凤的:"一双丹凤三角眼,两弯柳叶吊梢眉,身量苗条,体格风骚。"粉面含春威不露","丹唇未启笑先闻。"只是几句话,我们就知道王熙凤的形象是什么样。"粉面含春威不露",什么意思?就是有一点笑意但没表现出来。"丹唇未启笑先闻",嘴唇没动你都听到她笑了。这是从什么地方笑出来呢?嘴唇没动是鼻子里笑的。就这样,一个辣妹的形象活脱脱地表现出来了。这就叫作绘声绘色,也就是我们说的"活"和"色"。

"生"是什么意思呢？即生猛爆料。你在演讲中所用的内容和材料大家都没听过，大量的生猛爆料，这样大家才会感兴趣。那什么是"香"呢？就是说，听完你的演讲，大家如同咀嚼蚕豆，口齿生香、回味悠长。这四个字合在一起，就叫"活色生香"。

第二、眉飞色舞。根据汉语解释，眉飞色舞是指人的脸色和表情。当一个人说话滔滔不绝、兴奋不已的时候，就往往是这个样子。这意味着我们在演讲中，要眼带笑意、喜上眉梢，要脸色亲切、表情灵活，总之就是要眉开眼笑、绘声绘色。

第三、手舞足蹈。关于手舞足蹈，《诗·大序》中说："诗者，志之所之也。在心为志，发言为诗，情动于中而形于言。言之不足，故嗟叹之。嗟叹之不足，故咏歌之。咏歌之不足，不知手之舞之足之蹈之也。"为什么要手舞足蹈？因为言语和歌声都不足以表达内心情感，所以要用身体动作来表达。这就是身体语言！我们的双手不会说话，但声音却很大。所以，我们除了要学会运用自己的语调语气，同时还要用动作帮自己传情达意。大家看相声，是不是就是这样？相声这门艺术讲究说学逗唱，如果只是干巴巴地说，就会很没有意思。

比如，在我的演说课堂上，我经常会教学员将语言和动作组合起来表演节目。例如，说有一只小猪，它在那儿吱儿吱儿地喝水，嘎嘣嘎嘣地吃黄豆。我像风一样跑了过去，"咣"给它一脚，你猜怎么着？嘿，它死啦！只要将这段话在关键地方配上相应动作，立刻就变得活灵活现了！但如果我没有动作，只是背诵这段话，就一点意思也没有。由此可见手舞足蹈对演讲的重要作用。为什么叫演讲？因为除了讲，你还要会表演！

如何才能做到手舞足蹈呢？双手不会说话，声音却很大。要善用态势语为自己传情达意。所以，我们在路演中要记住这三个关键词：活色生香、眉飞色舞、手舞足蹈。除了这三个关键词之外，我们还要知道舞台艺术的基本常识。舞台上所有艺术都来源于两个词：节奏感和旋律美。只要有节奏和旋律，你就能给人带来一种美的享受。

第十七讲　路演中如何让别人听你讲

要想站在舞台上尽情表达自己的观点和思想,让别人听得津津有味、流连忘返,我们还需要掌握更多的演讲技巧。那么,到底都有哪些技巧呢?

你往舞台一站,大家立刻会在心里问:"你是谁？你在干什么？我为什么听你讲？听你讲对我有什么好处？"如果你讲的东西对大家没好处,大家立刻就会丧失兴趣。所以,一旦你站到舞台上,就要问大家三个问题:一个是大家关注的问题,一个是与大家有关的问题,一个是对大家有帮助的问题。你问对了这三个问题,大家就会对你产生兴趣。

举个例子,我有个学员是做水晶生意的。我指导她开场可以这样说:"在座的各位朋友,谁想让我们的人生更丰盛、家庭更幸福、事业更辉煌,想要的请举手？俗话说:一命二运三风水。风水有自然风水和个人风水,在座各位,我给大家推荐一个非常好的方法,可以立刻让你转运。想知道的请举手！在香港、在台湾,人们不戴金不戴银要戴水晶,因为一个水晶里蕴藏着宇宙最有能量的东西,如果它可以快速改变你的命运,让你变得更有运气,你想不想了解水晶的奥秘？想知道的请举手！"站在舞台上,要有身体语言。如果没有身体动作,你的演讲就丧失了 55% 的影响力。关于台上站姿和动作,我总结出这样一套说辞:"手臂抬,虎口开,四指并,手腕硬。"

第十八讲　路演要懂的鬼谷子定位学

路演重要的是心态。一般来说,我们要有三个心:一个是恩惠之心,一个是成就之心,最后一个是帮助之心。站在舞台上,先要把东西给出去,然后再要回来。路演中,你要表达你能给大家带来什么资源,你希望大家拿什么资源给你。这叫有来有往。

做路演或资源整合,有四个步骤。国外有特劳特的"定位法则",鬼谷子智慧中也有定位法,共分四个步骤。鬼谷子的学生为什么是各领域中的顶级人物?因为鬼谷子教学不是对所有学生都教一样的课。孙膑、庞涓,是兵家;苏秦、张仪,是纵横家。鬼谷子给他的每个学生都定好了位,所以教出的学生个个成才。

定位很重要,人生成败很大程度上取决于定位是否精准。

那么,什么是定位?其实,定位很简单,就是下面这三句话——

你擅长吗?

你感兴趣吗?

未来它的市场足够大吗?

如果你不感兴趣,你怎么会有创造?如果你不擅长,即使再有兴趣也很难有成就。如果你又感兴趣又擅长,那么它有市场吗?你要确保你能把自己所学的东西转化成生产力。所以,定位的依据就是这三句话。没我们想象的那么复杂。

企业如何定位?很多人在谈核心竞争力,我告诉你,不要找到公司的核心竞争力,你应该找的是核心资源,然后再把核心资源变成持续竞争力。因为核心竞争力很快就没有竞争力了,你要培养的是持续竞争力。

20 世纪 90 年代之前,我国物品奇缺,竞争的焦点在工厂,要的是产量,评选的是劳动模范。90 年代到 2010 年之间,我国供需达成平衡,这时候市场营销是最火的。但现在你再靠市场营销能卖出东西去吗?很难。如今靠的是抢占顾客的心智资源!传播的目的,就是抢占顾客的心智资源。传播并不等于打广告,如果你定位不准,做再多广告也没有意义。

如果你经常看电视,就会发现很多广告都不知所云。举个例子,彩虹糖广告。我问大家,这个广告是干什么的?你看懂了吗?如果让观众看不懂,你说这广告定位得多失败啊!经过调查,我发现 90% 的人都不知道这广告是说什么的。如果定位不准,广告诉求不明晰,这就是无效传播。

鬼谷子四步定位法如下。

第一步,量权、揣摩。就是分析整个外部环境,确定"我们的竞争对手是谁,竞争对手的价值是什么"。这与德鲁克在回答管理第一问"我们的业务是什么,应该是什么"时间的"我们的顾客是谁,顾客的价值是什么"。相反,因选择过多,心智有限,决定了经营方式已从顾客导向转向竞争导向。找到市场空隙,避开竞争优势,然后从对方忽略的地方来找机会。

第二步,以实击虚,以镒称铢。避开竞争对手在顾客心智中的强势,或是利用其强势中蕴含的弱点,确立品牌的优势位置——定位。

第三步,先取诗书,混说损益。为这一定位寻求一个可靠的证明——信任状。就是找到理论依据或权威认证来支撑你的独有地位。

第四步,传播、植入。一旦定位准了,将这一定位整合进企业内部运营的方方面面,梳理商业模式,让所有的人力、物力以及宣传资源,都倾注在你的定位上。特别是传播上要有足够多的资源,以将这一定位植入顾客的心智。

在这个时代,不是老板推荐产品的时代,而是客户搜索产品的时代。如果客户的心目中没有你,在网上碰见了也不可能买,大家都是我想到、搜到才会买。所以,现在要抢占的是客户的心智资源!

定位加传播就是营销。由此可见,定位精准传播才有意义。传播的目的就是发现你等于什么,更进一步是什么等于你!

按照市场法则,第一名占整个市场的70%,第二名占整个市场的10%,其他所有同行共分余下的20%。根据最新的消费心理分析:人们的购买习惯逐渐倾向大品牌,比如我们买冰箱也是这种情况,世界第一名的冰箱和世界第二名的冰箱就差几十元钱。只有这几十元的差别,我为什么不买第一名的?未来消费者的购买习惯一定是向第一品牌集中,第二品牌就很难。第三、第四品牌可能直接被忽视。在互联网上,未来不管你情愿不情愿,都将直接把你的产品和世界第一的产品放在一个平台上让大家选择,如果你跟第一名没有区分,没有独特的定位,大家连搜你的可能性都没有。

那么，如何传播？我根据鬼谷子的智慧，总结出一套理论。就五句话：公司有来历，老板有传奇，产品有故事，理论有依据，背后有高人。

公司有来历指什么？你要告诉大家，你为什么创建这家公司，这是你的初心、情怀和使命。老板有传奇指什么？你要挖掘老板传奇的经历、不凡的人生，塑造大IP，这样才能引发大家的好奇和推崇。产品有故事指什么？现代人都喜欢听故事和看故事，围绕产品进行故事传播。理论有依据指什么？依据就是证明，比如东阿阿胶，现在卖到800元半斤，就是因为找到《神农本草经》上一句权威的话——"人生滋补有三宝：鹿茸、人参与阿胶"。一句话就把阿胶和鹿茸、人参化为一个等级了，于是价格倍增。所谓背后有高人，就是说你的营销团队、策划团队和技术团队，以及你背后的专家顾问和明星代言等。作为一名商人，我们一定要做好一个定位、创造一个奇迹、制造一个传奇，让你的商业故事在江湖中永远流传。

学了鬼谷子定位学，你就知道如何梳理商业模式。商业模式梳理以后，接下来要广泛传播，再到最后的整合，同时还离不开谈判。这些都是我根据鬼谷子的智慧总结出的策略和方法。

第七部分

掌握取与予：如何整合天下资源

第一讲　鬼谷子合纵思维与整合之道

这是一个整合的时代！专家做精做专，大师做整合。这是一个合作的时代！单枪匹马的孤胆英雄已经过时，抱团打天下才是明智之举。追根究底，这是一个合纵连横的时代！

鬼谷子思想的核心是什么？四个字——纵横捭阖！关于捭阖，我们前面已经讲过很多。什么叫纵横呢？鬼谷子一生的理想就是"弭兵"。他认为，天下若想结束纷争，走向太平，只能有两种方式：一是列国共治，二是天下一统。如何列国共治？鬼谷子提供的智慧是合纵；如何天下一统？鬼谷子提供的智慧是连横。

什么叫连横？即联合强国削弱第三国。如果自己的实力很强，如何联合强者维持我的垄断地位？树立高门槛，让弱小者无力竞争，以及削弱竞争对手的力量。谁这么做过？阿里巴巴的马云。马云曾经把马化腾、马明哲这三"马"联合在一起。马化腾是流量之王，马明哲代表平安保险财团，他们三个合在一起干吗？要强强联合，狙杀更多弱小的互联网企业。像这样几个企业巨头联合，就叫连横。

鬼谷子的学生苏秦是合纵的创意总监兼首席执行官，他提出合纵倡议，得到东方六国的一致支持和拥戴，共同拜他为相国。东方六国是齐、楚、燕、韩、赵、魏，这6个国家从地图上看，从北到南排列，呈上下纵形。苏秦将这6个国家联合在一起共同对付秦国，所以人们称为合纵。苏秦的师弟张仪又是如何做的呢？由于张仪是秦国的相国，他建议秦国联合东方联盟中实力较强大的齐、魏诸侯国，然后把苏秦的合纵联盟给破了。由于张仪所联合的这些国家大都呈东西方向横向排列，故称为连横。秦国就是通过连横统一了六国。

所谓合纵，即合众弱以抗一强。如果你力量弱小的话，可联合众小攻一大。苏秦就是这样，通过合纵之策将六国联合起来，共同对抗强大的秦国。

那么，在商业竞争中，弱小者如何让自己变强大呢？我们同样可以采取合纵智慧。以买矿泉水为例，我们买 1 瓶矿泉水时，老板一般不会便宜，如果我们一下子买 10 瓶，老板是不是就可以给便宜点？这里的关键在于数量增加。另一种方法是我们一天买 1 瓶，告诉他这样坚持买 1 年，你说老板会不会便宜点？这个办法的关键在于增大频率、延长期限。第三种办法是什么？我是小代理商，你是大公司，看我实力小所以不愿给我优惠政策，如果我把很多小代理商联合起来跟你谈，你可以优惠吗？这一办法的思想基础就是鬼谷子的合纵智慧。由此可见，合纵是让我们如何由小变大的学问。

有人说，鬼谷子的合纵连横策略只适用于战国时期，现在是和平年代，已经严重落伍了？果真如此吗？冷战时期，东西方分为两大阵营，以苏联为首的东方合纵，以美国为首的西方连横，堪为纵横的现代翻版。如今的世界格局表面看风平浪静，其实国与国之间各怀心思、暗流涌动，所有这一切都与中国战国时期神似。大家先看美国、英国所处的位置，只要美国一动作，一定要和英国联合在一起，一个在东，一个在西，这像不像当年的秦国与齐国？而欧洲 28 个国家联合在一起叫欧盟，由北到南排列，正好一条纵线，像不像当年的东方六国之合纵联盟？历史为什么总是惊人的相似？相似的地方就是规律所在。如今，无论是中国、美国、日本、俄罗斯、印度，都在施展各种手段进行合纵连横，国际形势每时每刻都在风云变幻。

一言以蔽之，所谓纵横思维，就是找朋友、打敌人。纵横思维大可用于国际邦交，中可用于团队较量，小可用于人际交往。在商战中，小公司合纵，可对付大公司的垄断；大公司联合，可瓦解小公司的合纵。在个人发展中，如果自己弱，则可交朋友对付敌手；如果自己强，则用连横之术破坏对方的合纵。可以毫不夸张地说，合纵连横是明者之选！跨界整合是智者之择！大商成就大业的玄机无外乎"合纵连横"四个字而已！

第二讲　什么是资源整合——万物不为我所有，但皆可为我所用

如果放眼全球，你就能发现——凡站在金字塔顶端的人物，要么忙着合纵，要么忙着连横。他们都在忙着整合一批又一批的资源。谁拥有资源，谁拥有整合的主导权，谁也就掌握了话语权！在今天，你还在单打独斗吗？要知道，置身这个时代，我们身不由己，不是你自己愿不愿意合纵连横、资源整合，而是你已经自觉不自觉地被时代大潮推动着——你只有两个选择，要么你整合别人，要么你被别人整合。如果你能整合别人，证明你有能力；你能被别人整合，证明你有价值。如果你既不能整合别人，又不能被别人整合，那你就收拾收拾一边凉快吧！所以，合纵连横、资源整合，已经不是我们愿意不愿意、情愿不情愿的问题，而是必须做以及怎么做的问题。

人类经济发展经历了这样几个阶段：第一个阶段是农业经济时代。在这个时代，谁有土地、劳动力，谁就变成地主。第二个阶段是工业经济时代。谁拥有资金、设备，谁就成为资本家。第三个阶段是知识经济时代。谁拥有知识和技术，谁就成为时代的宠儿。第四个阶段是互联网信息时代。谁拥有载体、平台，谁就成为财富新贵。你看，目前的BAT（百度、阿里巴巴、腾讯）全是平台型的企业。

那么，在未来什么公司才能更好地生存呢？未来是集团作战的时代！谁拥有整合思维，谁擅长合纵连横，谁必将在未来笑傲江湖！无论小企业还是大集团，都在互相参股，都要合纵连横。这就是大势所趋。

什么叫资源整合？资源整合之前，我的是我的，你的是你的。资源整合之后，我的还是我的，你的还是你的；不管你的还是我的，都是大家的。这就是资源整合前后的区别，既保留各自的独立性，又有合作的集体责任和共同职责，两者是相辅相成的关系。以鬼谷子思维为基点，我认为资源整合有以下几句话需要我们深刻理解。

第一句话：万物非我所有，但皆可为我所用。现在是共享经济时代，共享经济的信念基础就是"万物非我所有，但皆可为我所用"。很多洋洋洒洒几百万字的书，只需这两句话就可以总结。共享经济概念起源美国，最早是Uber和Airbnb两大独角兽公司引爆的。Uber在中国的跟随者是滴滴出行，其最大的价值是让"使用权"的门槛降低。资源整合也是如此，只要是你需要的，都可以拿来使用，只要你能找对方法。

第二句话：但求使用，不求拥有。别人的资源能让你用就好，不要执着于非得据为己有。记住，不要掏钱买资源。不管谁的资源，只要我想用，我只需要把利分出去，资源就可以尽情享用，最后我再把钱赚回来。资源是拿来用的，掠夺不如使用，而且掠夺的代价太大，性价比不高。在这种理念的指导下，如果我们需要一个东西，怎么办？下面是几种资源整合的策略和方法，与大家分享一二。

首先要考虑的不是买，而是可以免费吗？我们知道，企业经营就是A减B等于C的游戏，销售额减去成本等于利润，你谈判省下的每一分钱都是净利润。所以，如果我们需要一个东西，首先考虑的不是买的问题，而是——我可以免费吗？比如我要开设一门课程，需要寻找一家有大型会议场所的酒店。任何一家酒店都想让高素质的学员进来，而我的课程大都是企业家学员，如果过来入住几天，吃喝住宿，一个人一天消费1 000块，四天酒店就能创收4 000块！如果是200个企业家学员，那酒店多赚多少钱？所以，我就可以跟酒店负责人洽谈资源整合事宜。我这样说："如果我把课程放在咱们酒店，你能不能把场地费免了？"这样成功的概率是不是挺大的？你看，我首先考虑的就是不掏钱行不行。就这样，一下子为自己节省不少成本，而且这是双赢的整合思维。

其次要考虑的是——如果免费不行，能不能置换？以我们公司为例，每年过中秋节、元宵节等，我都要给员工发好多东西，一发都好几万元。我挣钱不容易，买这么多东西感觉花得太心疼，怎么办呢？于是我就思考这样一个问题——在我的企业家学员当中，有没有谁是做月饼的，但想上我的课又不想出钱？别说,还真有这么一个人。我有个学生是甘肃的,他给我20万元的月饼,我给了他20万元的课。对他来说,如果要上课,必须真金白银20万元,而对我来说,20万元买月饼,同样是真金白银。但这样置换之后,对他来说,20万元的月饼成本可能就几万,而对我来说20万元的课程成本只是多几个位置。你看,对他也划算,对我也划算,为什么不置换呢？这样一来,我们都用最低的价格得到了最好的结果。

除了以上案例之外,我们公司员工和学员身上所穿的定制服装也是置换而来的。像我们身上所穿的这种材质和款式的服装,一套衣服光市场价就1 000多元,公司有100多名员工,请问我应该花多少钱？要花十几万。而我的学员何金林是专业做服装定制的。他对我说:"兰老师,我上你的课你不要钱,我给你做衣服也不要钱,好不好？"我满口答应:所以,我们想要一个东西,第一个首先考虑的不是买,而是我不掏钱行吗？如果不掏钱不行,那就考虑能不能置换。这是资源整合中的一个习惯性原则,我们每个人都要牢记在心。

如果免费不行,置换也不行,那就考虑可不可以租用？尤其是对于那些一次性使用的东西,花费高价购置但又用不了几次,性价比实在不高,这对资源造成了浪费。最好的办法就是采取租用的方式,尽可能地降低成本。

如果免费不行、置换不行,租用也不是长久之计,在必须采购的情况下,我们应该怎么办？那就运用我教你的谈判方法,最大限度地降低成本。很多人买东西没有谈判习惯,要知道,企业的利润有时候并不是来自销售额,更多时候是来自谈判。为什么？因为谈判省下的每一分钱都是净利润。

现在让我们再重新回到主题:什么叫资源整合？我总结的答案就是——我把我的资源与你分享,你把你多赚的钱分点给我。你把你的资源与我分享,我把我多赚的钱分点给你。资源整合就这样简单,背后秘诀就是取与予。欲取先予,小予小取,大予大取,不予不取！如图7-1所示。

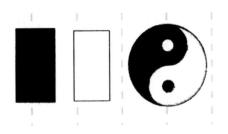

图7-1　资源整合示意图

所以,如果你真的需要1 000个渠道,并不需要自己开发,只需找一个有1 000个渠道的企业合作就能立刻拥有!我有个学生王鹏程是做艾草行业的。他知道自己开发渠道不容易,而我的另一个学生邓钰萱是做养生的,在全国有800多家店,于是他们师兄妹一整合,王鹏程立刻拥有800家店的渠道。如果你想拥有800家渠道,要么自己开800家店,要么你找一个有800家店的朋友合作。这就是资源整合!记住,遇到问题首先考虑的不是我自己买、自己造,而是先问谁有。然后把利益分出去,就能把钱拿回来。

所谓整合思维,就是大家一起搭台子,在这个平台上大家都能受益。资源不用就是浪费,整合之后可以最大限度地发挥它的效用。正因如此,我们要铭记"只求使用,不求拥有"法则,最后你从中得到的利益比你想象的还要大。资源整合总是能创造这样的惊喜。

马云成为中国首富之后,第二到第四位的三位大佬就强强联手结盟了。这三位大佬是腾讯、百度和万达。他们在深圳联合召开发布会,正式宣布在香港注册成立电子商务公司。你看,合纵连横的资源大整合时代已经来临,难道你还想一个人孤军奋战吗?要想存活下来,那就赶紧与同行业联盟吧!整合,还是被整合?我们每个人都必须作出自己的选择!

第三讲　资源整合原则——互补、相知、共利

资源整合是有原则的。一般来说,资源整合的目标是达成双赢或多赢,想成功达成这个目标,我们需要遵循以下三个原则。

第一、互补。资源整合的前提是彼此需要。

第二、相知。资源整合的基础是相互信任。

第三、共利。资源整合的出发点是互利互赢。

第四讲　资源整合之魂——神奇的六句话

有些人看到"大人物",如地位比自己高、名气比自己大、财富比自己多的人,总会产生崇拜之情,想千方百计寻找机会与他们接触,争取合作机会,但结果往往不尽如人意。其实,这就是我常说的"无交而求,自取其辱"。"无交而求"正是资源整合的大忌。怎样才能建立交情?人与人之间相交的情谊从哪儿来?一般来说,相交从相知来。相知又从哪来呢?从相识来。

根据我的经验来看,资源整合之魂是什么?其实就是六句话。

第一句话是,我想要什么?明确自己内心所向。

第二句是,我拥有什么?明确我的优势是什么,我能给别人提供什么。资源整合的前提是你自己必须有独特的资源,这正是你的资本。

第三句话是,我缺什么?找到自身的短板,这正是你要整合的重点地方。

第四句话是,谁拥有我缺少的资源?找到合作伙伴。

第五句话是,我的伙伴需要什么?要想弄明白这一点,必须经过详细的

市场调研。

第六句话是,我能为合作伙伴做什么?欲取先予,这既是一种礼尚往来,更是一种互惠互利。

成功的最大原因是什么?我认为成功等于智慧加贵人相助。我们再思考一个问题:贵人为什么要帮助你?经过分析,我认为有三个原因。

第一,你值得他帮。要么你人品好,懂感恩、重感情;要么你有潜力,有增值空间……总之,你身上一定得有什么闪光的东西打动了他。

第二,帮你对他有好处。从互利原则来说,他帮助你可以得到回报,他当然愿意帮你。如果你把公司10%的股份送给他,那么他帮你就是帮自己。你对他有好处,所以他才会不厌其烦地为你提供帮助。

第三,他欠你的人情。如果你让一个人欠了你的人情,那么他很难不帮你。结交人脉最笨但是最有效的方法是什么?就是为你有所求的人做事,采取人情攻势帮他完成心愿……我建议大家找一个本子,封皮上写四个字——人脉存折。把生命当中你认为对你事业有帮助的人的名字一一写出来。比如:兰彦岭,国学老师。兰老师的资源有哪些……将来对我的人生必定会有所帮助的,怎么联系到他?兰老师需要我帮助什么?通过这个本子把人脉记录下来,持续不断地帮助他。某个时候,你的人脉存折就真正可以提款兑现了。

第五讲 欲取先予——爱人者人必爱之,利人者人必利之

如何才能玩转资源整合?鬼谷子给出一个很好的办法是"欲取先予"(意同"欲取先与")。鬼谷子在《反应篇》中说:"欲闻其声,反默;欲张,反

敛;欲高,反下;欲取,反与。"意思就是,想要听到对方的声音,自己反而要沉默;想要张开,反而先收敛;想要向上,反而先下降;想要取得,反而先给予。

要知道,人都是有逆反心理的,牛不喝水强按头是愚人的做法,从反面入手更能得偿所愿。如果你总是滔滔不绝,怎么能听到对方的心声呢?想要扩张你的地盘,必须收敛自己的行为,隐藏自己的野心。想要获取更大的发展和利益,必须懂得给予,正所谓"财聚人散、财散人聚",你失去的只是芝麻,得到的却是西瓜,众人的推举和支持会让你得到更多。在这里,鬼谷子明确提出资源整合的核心思想——欲取先予。你要想获取什么,就先要学会给予和馈赠,把利益送出去。

关于"欲取先予",流传着这样一个故事:一名旅行者走在沙漠之中,头顶炎日当空,口干舌燥,他口渴要命,再也没力量了。他眺望四周,看不到一棵树、一点绿意,他心想我可能就要渴死在这沙漠里了。突然,他发现不远的地方有间小草屋。他怀着希望,朝小草屋的方向踉踉跄跄走了过去。推开门,他看见草屋里有个压水井。他大喜过望,感叹上天待我不薄。于是,他走上前用力压动水杆,但压了半天不见一滴水出来。他绝望了,颓然地坐在地上,认为自己再也走不出沙漠了。

就在他绝望的时候,突然发现压水井旁边居然有一只水壶。他心想:"水壶里不会有水吧?"一拿水壶,沉甸甸的,打开一看果然有水。他举起就要喝,突然发现水壶上写着一句话:"请你把水壶里的水倒进压水井,这样你就可以有喝不完的清洌泉水了!"那一瞬间,他思绪复杂、犹豫不决,心想:"我如果把水倒进去,压不出来水怎么办?那不是把我渴死了吗?如果我把它喝到肚子里,至少不会渴死在这里……"

怎么办才好呢?突然他想到一个问题——如果前头那个人也是这样想的话,那我不是就得不到这壶水了吗?想到这里,他毅然作出决定——把水倒进压水井里!倒进去后他狠压了几下,一股股清洌的泉水喷涌而出。他喝了个大饱,并重新把水壶灌满,另加一句话:"朋友,照着做吧!这是真的!"

现在,我要问大家的是:这个旅行者如果自己把水喝了,会有什么结果?第一喝不饱,第二无法造福后人。其实,你所投出的人情、给出的利益,就是放在压水井下面的那壶水。只要这一壶水倒进去,就可以换来不断的回报。这就是"欲取先予"!

为了进一步证实这一观点,我和一名学员特别做了这样一个互动——

我:"咱们认识一下可不可以?我姓兰。"

学员:"我姓孙。"

我:"我叫彦岭。"

学员:"我叫静彬。"

我:"我老家是河南的,现在在北京工作。"

学员:"我老家沈阳的,现在也在北京工作。"

我:"非常好!我家四口人,我、老婆,还有两个孩子。"

学员:"我家三口人,我、老婆和我女儿。"

我:"太棒了,我的电话是××××××××××××。"

学员:"我的电话是×××××××××××。"

在互动中,我问他叫什么名字了吗?我问他家在哪儿了呢?我问他家中情况了吗?我问他电话了吗?你看,我一句都没问他,他把信息全给我了!他为什么给我?因为"欲取先予"。只要我让他得到他想要的,他就能让我得到我想要的。关于鬼谷子这一观点,墨子也有类似叙述:"夫爱人者,人必从而爱之;利人者,人必从而利之。"这就是资源整合的秘诀。

第六讲　财自道生，利缘义取——给出感情，给出价值

鬼谷子取予之道中的"取"和"予"究竟是什么意思？取，是获取的意思；予，是给予的意思。那么，作为一个怀着大商理想的企业家来说，在修炼过程中一定要知道，自己要取的是什么？要给的是什么？

其实，我们看似取的是实实在在的东西，实际上取的是道，正所谓"君子爱财，取之有道"。关于"取之有道"，孟洛川的师傅告诉孟洛川八个字："财自道生，利缘义取。"这也是我们在道与术中所提到的要点。大商之道要说的就是这个道理，只要你走正道、合大道，你就可以赚钱。记住，赚钱永远是为社会做贡献之下的"副产品"，赚钱永远是一个顺带的结果，而不是一心向钱看就可以得到的。

一个商人要想深刻领悟取予之道，有必要铭记四个字："大商无算。"大商不是不算，而是不斤斤计较。因为大商知道自己要的是千秋利，求的是百世名，追的是万世功，绝非眼前的蝇头小利。孟洛川是一位当之无愧的大商，他伟大的地方在哪里呢？

下面我跟大家讲一个孟洛川谈判的故事，看取予智慧是如何在商道中发挥作用的——

瑞蚨祥是做绸布生意的，经常要购买棉纱织布。有一年，孟洛川意欲收购大批棉纱。当时，市场上一担棉纱的价格为24两银子。孟洛川与法国一个买办洽谈棉纱交易，他的谈判技巧实在了得，价格生生让他谈到17两银子！谈到对方都想哭了，但因为买主太大，最后人家咬咬牙还是跟他把合同签了。可是，就在签合同那一瞬间，孟洛川喊："停！24两银子的一担棉纱，你愿意17两卖给我，这让我知道你的诚意了。既然你愿意17两跟我成交，我现在决定19两成交，让你多赚2两银子！"闻听此言，对方感激涕零，紧紧握住他的手说："小兄弟，以后我在中国做生意，只跟你打交道！"

让我们一起分析下孟洛川的高明之处——如果孟洛川从24两直接谈到19两,跟对方以19两价格成交了,那么对方会非常不高兴,心中会想:"你这人太会谈判了,不想让我赚钱。"但孟洛川谈到17两,人家愿意成交了,他却在签合同那一瞬间,从自己的利益中让出2两,由此结结实实赢得了一个终身要好的朋友和合作伙伴。格外给2两银子,证明不只照顾自己的生意,还会照顾合作商的感情。所以,在谈判过程中,我们最应该关注的并不是利益的取得,生意赢不赢不在钱的多少,而在于对方的心理感受。如果你给出的利益超过对方的期望,他就会认为自己赢了,就会为你鞠躬尽瘁、死而后已。

所谓取予之道,不仅在于利益的取予,更在于如何处理各方心理平衡的问题。给不给是策略,怎么给是艺术。

我们常说的大商无算,不是不算,而是不计蝇头小利,让利出去反而会赢得更多。所以我们在与人打交道的时候,不要想我能赚多少钱,而是要存恩惠之心、帮助之心,还有个成就之心。其实,这背后的玄机也暗合取予之道。

第七讲 精神施与——别说自己一无所有就无法给予

在我的"鬼谷子大商之道"课程中,每当谈起"取与予"这个话题时,就会有不少人满脸无奈地对我说:"兰老师,我自己都已经穷到一无所有了,拿什么来施与别人呢?"此时,我总是不厌其烦地和大家解释:"别总认为自己一无所有就无法施与了,如果你暂时在物质方面不富足的话,那就拿精神来施与对方吧!"

我们知道,资源整合的关键就是交换。如果你的资源很少,如何跟那些资源丰富的人交换呢？其实，你并不是一无所有，你天生就自带宝贝。东汉许劭说："忠于明主，义施君子，必有报焉。"意思就是，遇到明主或君子等资源比你多、实力比你强的人，你的忠义就是最有价值的宝贝。你对他们施以忠义，必将换来源源不断的惊喜回报。

上面所说的"忠义"属于什么？就属于精神施与的层面。很多时候，精神施与比物质施与的影响力更大。如果你是企业领导者，在对团队的管理上，除了给予下属物质回报之外，还要懂得精神施与，因为它更能持久地凝聚人心。一个企业要想强大，必定要有一个伟大的精神领袖，不断给内部团队精神施与，让大家活力四射、干劲十足。

精神施与并不需要我们付出太多。比如，当对方哭泣时，你递上一张纸巾；当对方遭受挫折时，给予一句鼓励；当对方表现优秀时，你向他伸出一个赞美的大拇指……总之，精神施与就是让对方感觉自己被推崇、被信赖、被温暖、被在乎、被认可。

下面我跟大家一起分享 12 种精神施与的策略——

第一、施与口德。语言是人与人交流的工具，既能让人如沐春风，也能令人寒冷刺骨。有的人说话比较直，经常使他人难堪。其实，口无遮拦并不能和实诚画等号，说难听一点，这叫"缺心眼"。没有口德的人，本质上就是情商低，不善于委婉表达自己的观点。另有一些人，说话总是冷冰冰，不带丝毫感情，这种人并不是铁面无私，而是缺少爱心、同情心。如果你是这类人，一定要学会将想说的话捂暖了再说。还有一些人爱说狠话，自我情绪控制能力差，一件很小的事情都可能会激怒他，一旦有争执发生，对别人不是讽刺就是挖苦，甚至谩骂。可一旦气消了，他们又后悔自己言语过重得罪了人。这三类人都不会有好的人缘，甚至没有交心的朋友。

常言道："凡事留一线，日后好相见。"同样，作为一名商人，我们更应该在语言沟通上给自己留一份"口德"。无论任何时候，千万不要以"刀子嘴，豆腐心"来给自己找借口，要知道你那"刀子嘴"早已把对方刺得遍体鳞伤了，对方哪里还有胆量来感受你的"豆腐心"呢？所以，没有口德，也就没有了福德。而一个有口德的人,往往就能顾客盈门、生意兴隆。如果你对周围的人施与口德,必将为你自己赢得众人相助,从而让丰富资源聚集到你的身边。

第二、施与掌声。有句话叫"一赞值千金",可很多人就是不懂这个道理,随时随地都把别人的缺点和不足放在嘴边,根本看不到别人的优点。这种凡事挑剔的人,会活得越来越消极、越来越狭隘。而真正智慧的人,他们善于赞美别人,愿意为别人鼓掌喝彩。与之同时,他们也将获得别人的赞美和支持,从而使自己越来越成功、越来越自信、越来越精彩。

第三、施与面子。人最看重什么?有人说是财,有人说是命,还有人说是尊严与面子,不然也不会有"死要面子活受罪"这句老话。在资源整合中,我们要善于施与他人面子。例如当你看穿了对方的谎言,也尽量不要当面揭穿,要懂得"看破别说破"的社交规则。如果做到了这一点,你施与"面子",别人会回报给你"里子"。如果你做不到这一点,处处给别人难堪,揭对方老底,将会变成孤家寡人。

第四、施与善良。善良不仅是人类的美德,更是一种世界通用的语言。关于善良,莎士比亚说,善良的心,就是黄金。卢梭说,善良的行为有一种好处,就是使人的灵魂变得高尚了,并且使它做出更美好的行动。当你将善良、真诚施与别人,对方也将对你以善相待,给你真切的帮助。

第五、施与倾听。倾听是精神施与的一个重要部分,它可以使彼此之间思想一致并保持情感交流畅通。我们这里说到的倾听,不仅指靠耳朵来接受声音信息,同时也包括文字、图片等其他形式的信息交流。我们常说,倾听是最好的恭维和尊敬,所以在精神沟通过程中,倾听者要做到多听多看少打岔,以诚信、耐心、虚心的态度为对方排忧解难。善于倾听的人大都情商较高,这类人适合担任团队的领袖,容易赢得众人的尊重和信任。

第六、施与信任。没有信任,所有的资源整合都无法长久。信任是连接人与人之间的纽带,人与人之间如果离开了信任,社会将变成一盘散沙。只有彼此之间建立了深层次的信任,才能相互合作,建立良好关系。

第七、施与礼节。中国是"礼仪之邦"。孔子曰:"不学礼,无以立。"老话也说:"礼多人不怪。"所以,在现代社会,一个商人要想受众人欢迎,首先要做一个彬彬有礼的人。那么,如何提升自我的礼仪素养,并施与他人精神上的满足呢?这就要求我们平时多学习礼仪常识并在生活中多多实践。

第八、施与微笑。微笑是人际交往的万能钥匙,没有人会拒绝迷人的微笑。微笑能够拉近与朋友、合作伙伴之间的距离,也能够轻松化解竞争对手之间的矛盾。武侠小说家古龙说过,爱笑的女孩,运气不会太差。其实,每个人都是这样,施与别人微笑可使对方快乐、自己快乐,这样的人通常运气都不会太差。

第九、施与尊重。尊重是一个人心地善良和家教良好的表现,更是与他人交往的基础。人与人之间有尊重才有理解,有理解才能够做到顺畅沟通。如果你打心底不尊重一个人,就很难做到心平气和地听他说话,更无法客观地判断他言语、行为的对与错。这样一来,彼此之间必然会产生隔阂,很难从精神上给予对方肯定和支持,对方对你也会避而远之,再多的资源也无法聚拢到你的身边。

第十、施与宽容。常言道:"金无足赤,人无完人。"所以,任何人都有犯错的可能。在面对他人的过失和错误时,切不可耿耿于怀、睚眦必报,而要学会宽恕,给他人改过自新的机会。俄国作家屠格涅夫说过,不会宽容别人的人,是不配接受别人宽容的。

第十一、施与理解。很多时候,我们常常因为不被他人理解而痛苦。可是,当你抱怨他人不理解自己时,有没有真正做到理解他人呢?论语中说:"己所不欲,勿施于人。"自己不想要的,不要强加给别人。知道自己不喜欢什么,也理解对方不喜欢什么。那么,如何做到理解他人呢?理解他人的第一步就是要学会换位思考,能够站在对方的角度来思考问题,并尽可能地照顾到对方的感受和情绪。

第十二、施与激情。很多人认为,成功是聪明人的专利,事实非也。当你真正了解那些成功者之后则会发现,聪明并不是成功的第一要素,而激情与坚守才是一个人成功的首要条件。激情是一种状态,可以激发一个人立即采取行动,而不是在臆想中荒废时日。所以,如果你想让身边的人变得更出色、更优秀,就要毫不吝啬地施与激情,使他马不停蹄地向成功奋进。如果你想让级别更高的人给你平台和资源,你也要让对方看到你的激情和活力,你的激情可以感染对方,促使对方行动。

有人问日本投资家孙正义,当年为何在5分钟时间内就决定投资阿里巴巴?孙正义的回答是,他没给我展示任何商业计划,也没作陈述,但我跟他谈了5分钟就决定了,我说我要投资你们。他说我不需要钱。我问他,那你来干吗?但不管怎样,他的眼睛闪闪发光,你能感受到他身上洋溢的能量。你看,马云两只眼睛闪闪发光、激情四射,这为自己企业的发展吸引了大批的资金和整合了大量的资源。这就是激情的魅力!

第八讲　如何运用取予之道整合人脉资源

凡是在中国诞生的大商,无不是整合人脉的高手,因为中国人自古以来最精通为人处世之道。如果你在人际场上左右逢源,事业必将风生水起。可以说,人脉就是钱脉。然而,人脉到底是个什么东西呢?对此,人们还没有一个固定标准答案。

众所周知,血液是人体赖以生存的基础,四通八达的血脉能够让身体中的血液通往全身各处,从而维持人体各种生命活动。关于血脉的重要性,《黄帝内经·灵枢》中说:"人之所以成生者,血脉也。"而对于一个商人来说,人脉与身体中的血脉同样重要,如果说血脉是人体存活的基础,那么人脉也是商人生命存活的基础。所以,一个生意人要想成为大商,必须善于整合人脉资源,让自己在众人协助下成就一番大业。

中华老字号"瑞蚨祥"堪称中国儒商典范,是中国丝绸业的第一品牌。但说起瑞蚨祥的发展历史,我们不得不提一个重要人物孟觐侯。孟洛川慧眼独具,选孟觐侯做自己的左膀右臂。孟觐侯是孟洛川的远方族侄,既是瑞蚨祥的总经理,又是孟洛川的外交官。这个人最大的本事是什么?就是擅长整合人脉资源。当时的北京城说起孟觐侯这个名字,没有人不知道的,在商业圈具有"通天侯"之称。

孟觐侯为了扩大经商人脉,经常参加上层社会的社交活动,结交各路权贵,清朝时期的贝勒、亲王,民国时的军政要领都曾与孟觐侯有密切交往。比如,孟觐侯与北京九门提督王怀庆、山东督军张宗昌、东三省权贵鲍贵清是结拜兄弟。段祺瑞、曹锟、张作霖等政治人物也都与孟觐侯来往密切,曹锟封孟觐侯为总统府名誉顾问,张作霖封孟觐侯为大元帅府名誉顾问。由此可见,孟觐侯所整合的人脉资源范围之广、质量之高。

从孟觐侯工作之地瑞蚨祥西栈的题词,就可以看出他身份地位非同一般。瑞蚨祥西栈分为三个院,里面设有接待厅。院内第一道门的横眉上写着"平安吉祥"四个字,是清末文华殿大学士陆润庠题词;第二道门的题词为"白发红颜略相似,鹤骨龙筋尚宛然",这句话是工部尚书翁同龢所题;第三道门写着"松荫绕院鹤相对,柳絮盖池鱼翅肥",这句话为清末状元刘春霖所题。

不仅于此,孟觐侯还是少帅张学良的师伯,张学良曾亲自为孟觐侯祝寿。张学良的父亲张作霖遇害后,孟觐侯曾帮助张学良调解他和张作霖姨娘之间的矛盾,使他们一家人和睦相处。

我们不得不说,瑞蚨祥能够做大做强,跟总经理孟觐侯超强的人脉拓展能力有极大的关系,他利用四通八达的政治人脉,使瑞蚨祥左右逢源、如鱼得水,快速发展壮大起来。其实,瑞蚨祥不仅重视政治人脉的整合,同样重视商业伙伴人脉资源的整合,通过巧妙的"取予"之道,让对方对自己忠实如一,建立起坚不可摧的合作关系。

瑞蚨祥布料的染色工作是外包给其他染坊负责的。这些染坊之所以能保质保量地完成任务,跟瑞蚨祥对待合作伙伴的态度有极大关系。瑞蚨祥的东家孟洛川从来不在合作伙伴面前摆架子充老大,更不会在钱款上拖延或打折扣,而是每月定期给对方付款。逢年过节时,瑞蚨祥还会给合作伙伴赠送鱼肉、面粉等生活用品。所以,与瑞蚨祥合作的染坊在工作上总是尽心尽力,保证染出来的布料都是上等货品。

瑞蚨祥的丝绸布料主要来自苏州。有一次,苏州一家信誉良好的丝绸厂提供的丝绸出现了质量问题,瑞蚨祥拒收。这家丝绸厂的老板亲自找到孟洛川,向他请求说:"孟东家,如果您拒收这批货的话,我们的工厂将会倒闭,这样一来,厂里的工人都要失业,这些工人都拖家带口的,还指着这个钱养家糊口呢!"孟洛川思考再三,最后决定亏本将这批货收下来。如此一来,虽然自己亏了本,但却让这家丝绸厂起死回生,避免一批工人因失业而没有饭吃。这家丝绸厂老板对孟洛川万分感激,从此再也没有出现过产品质量问题,而且成了瑞蚨祥最忠实的合作伙伴,大效犬马之劳。

不过,也有不少人固执地认为,商人的职责是经商,用心做好自己的生意就行了,没必要涉足其他领域。可是在现实生活中,商人却不得不与社会各界人士发生各种联系,如政治圈、文化圈、艺术圈、科技圈、教育圈等都是商人需要拓展、结交的人脉圈子。无论是古代商人还是现代商人,凡是智慧的商人都善于编织一张四通八达的人脉网,然后以这张网来收罗各路资源,从而组建一个巨大的商业帝国。

为什么商人要整合这么多的人脉资源呢?难道不是浪费时间吗?非也!要知道商人经商最重要的就是信息和情报,而人是信息和情报的创造者与传播者。无论是在古代社会还是在现代社会,政府政策的出台都会对商人有着很大的影响力。如果你有相关人脉资源,就能让自己提前一步获知蛛丝马迹。古代有不少经商之人在政府官员的帮助下成了大富豪,也有不少商人因为官场政要的一句话而倾家荡产。

政府政策的出台与实施对商人的经营活动有着极大的影响,所以商人要时刻关注社会政策的变化,必要时还要积极行动,推进某一政策的落实与实施。比如,晋商推动明朝政府与蒙古议和开设马市,这是一个典型的"官商合力、互惠互利"的成功案例。

蒙古人过的是游牧生活，他们对中原的粮食、丝绸、药材、茶叶等商品非常急需，然而当时的蒙古与明朝政府是死对头，矛盾重重、彼此较量，所以明朝政府限制中原商品流入蒙古地区。与此同时，蒙古资源丰富的牛奶、皮货也很难进入中原地区。

1570年，明朝大臣王崇古、张四维提出与蒙古议和的想法，并建议开设马市。为实现这一主张，张四维设法联络内阁大臣高拱，王崇古与张居正密切来往，最后获得高拱、张居正两人的大力支持。在决策讨论中议和派占上风，明朝政府接受与蒙古议和，并允许中原与蒙古之间互通有无、进行贸易。

在议和与开马市这件事情上，王崇古、张四维两个人起到极大的推动作用。为什么他们如此卖力地主张与蒙古进行贸易往来呢？这对他们又有什么好处？我们不妨从二位的家世背景来进行分析。从亲族关系上来说，王崇古、张四维都出身于晋商世家，王崇古的父亲、兄弟、伯父、舅舅、姐夫都是商人，而张四维的母亲是王崇古的二姐，张四维的父亲、叔叔、弟弟、岳父、妻弟也都是经商之人。无论是王氏还是张氏，都是晋商世家，主要经营粮食、丝绸、盐业等货物。他们主张执行的议和政策将给他们的家族带来巨大的商业利润，所以他们才会全力以赴地主张和争取。当然，除了个人利益，对大明王朝也是好事一桩。

晋商还很善于通过对政府政治活动、军事活动的物质帮助来获取经济回报。清康熙年间，政府平定准噶尔叛乱，有一些晋商为清军队筹集军粮、军马等真正所需军资。这些商人在为清军提供军资保证之余，也与蒙古的牧民进行贸易交往。当时与蒙古进行贸易的最大商号是"大盛魁"，它的创办人就是随军进行贸易的三个商贩，这三个人分别是王相卿、史大学和张杰。除此之外，与蒙古进行交易的晋商还有"兴隆魁"商号，它的创始人是山西范氏，在平定准噶尔期间为清朝军队提供军粮上百万石，为清政府节省军饷600万两。在为清政府服务的同时，也在与蒙古人的交易中获得了丰厚利润，成为当时规模仅次于"大盛魁"的著名商号之一。

纵观中国几百年来大商的经商之道,他们之所以能够攫取大财富、获得大成功,是因为他们善于结交各路人脉,并严格坚守"先予后取"的交往原则。另外,大商们通常胆量超人、敢想敢做,他们懂得"大予大得,小予小得"之道,所以他们格局大、气魄大,一方面他们通过物质支持帮政府解决了难题;另一方面他们还善于从国家政策中发现商机,凭着胆量和智慧迈入大商巨贾之列。

第九讲　如何运用取予之道合伙做大做强

从小商到大商,需要多长时间?如果单打独斗一步,一般都会异常艰难而缓慢。事实上,很多智慧的商人采取合伙经营之道,从而让企业获得10倍、20倍乃至100倍的成长速度。可以说,合伙是中国商人比较常用的经营模式。所谓合伙经营,即两个或两个以上的人共同出资、共负盈亏、共同承担责任的抱团发展模式。

为什么很多人都喜欢搞合伙经营呢?与独立经营相比,合伙经营有两大优势:其一,合伙经营比较容易筹集资金。一个人手里的钱数量有限,而大家将钱放到一块,就可以做更大的买卖了。其二,合伙经营可以降低资金风险。要知道,世界上从来没有只赚不赔的生意,一个人单干虽然赚的钱全是你的,但赔钱的时候也全由你一个人承担,但合伙会大大降低风险。其三,合伙做生意,可博采众智。俗话说:"三个臭皮匠,顶个诸葛亮。"合伙做生意,每个合伙人都会出谋划策,有利于企业的决策正确,从而抱团发展壮大。

关于合伙经营,古人将这种经营称为"合本""连财"。据有关史料记载,合伙经营最早出现在2 000多年的春秋战国时期,这就是被我们誉为佳话的"管鲍之交"。

管仲的祖上曾是贵族,可是等发展到他这一代时,家族早已败落。更为不幸的是,在管仲很小的时候他的父亲就去世了,自幼与母亲相依为命,日子过得极其艰苦。

管仲有个好朋友叫鲍叔牙,家境比管仲富裕得多。他们打小一起玩耍、读书,用现在话来说就是两小无猜的"发小"。《史记·货殖列传》中说:"以贫求富,农不如工,工不如商,刺绣文不如倚市门。"意思是说,搞商业的人要比做农民、做工人的人赚钱容易。妇女在家里织布绣花,倒不如到市场上开一家小门店赚钱。管仲、鲍叔牙估计就是受这种思想的指导,两个人开始合伙做起了生意。

早年的管仲穷困潦倒,有一个老母亲需要赡养,所以在生意分红时,管仲拿走的银两往往比自己应该得到的多很多。用现在的话来说,就是多吃多占贪便宜。

有些人看不惯管仲的贪婪行为,为鲍叔牙打抱不平,你看管仲这个人,太不够哥们义气了,每次都只占便宜不吃亏。鲍叔牙却跟这人解释,你不了解管仲,他并不是贪婪之人,他家里还有一个多病的老母亲等着花钱,多给他点是应该的。

在管仲与鲍叔牙分钱这件事上,并不是因为管仲强势所以才得到更多的利润,而是因为鲍叔牙理解他、包容他。在鲍叔牙看来,管仲所谓的贪婪只是表面,他眼中的管仲是一个孝敬、本真、经邦济国之人,一旦机遇到来,将会叱咤风云干一番轰轰烈烈的大事业。后来,他们两个从合伙做生意到合伙搞政治,共同辅佐齐桓公,让齐国成为春秋五霸之一,其功业青史留名。尤其是管仲,其治国才能让诸葛亮都顶礼膜拜。

如今,"管鲍之交"已成为知己朋友的代名词,他们之间的信任、宽容、忍让、支持、帮助都是在合伙做生意的过程中逐渐建立起来的。这两个人合伙做生意的经历告诉我们,两个人能否长久合伙,关键就在于能否真正理解并包容对方,其次才是财物分配的公平不公平。如果两个斤斤计较的人合伙做生意,就会在蝇头小利上争来争去,哪还有什么精力把生意做强做大呢!

所以，理解和信任是对合伙创业的第一道考验。合伙人之间只有过了这第一关，才能够将合伙生意持续下去，并进一步发展壮大。

说到合伙，不得不提的就是晋商企业。晋商在商界可谓声名显赫，创办了一个又一个商号，赚取了令人惊羡的巨额财富。然而大家却不知道，很多晋商都是从小商小贩起家的，为增强商号的经营实力，晋商大都采取合伙经营模式。比如，晋商著名商号"大盛魁"就是由三个肩挑行走的小商贩合伙创办起来的。另外还有乔家的生意，最初也是合伙创办起来的。

相信很多人都看过《乔家大院》这部影视剧。乔家大院的创始人乔贵发年少时父母双亡，靠为别人做帮佣度日。乾隆年间，与朋友秦肇庆结为异姓兄弟，并合伙创办了商号"广盛公"，从此乔、秦二人一起当上了财东，将生意做得红红火火。乾隆五十一年（1786），乔贵发、秦肇庆两个人功成身退、告老还乡，一心一意经营家业，建宅置地，放心地将商业全权交给子孙经营。

只不过，儿孙自有儿孙福。后来，秦家子孙荒废堕落，将股份渐渐兑现抽出，就这样一天天败家殆尽。而乔家子孙则励精图治，秦家每抽出一股，他们就补上一份。就这样，合伙生意慢慢变成乔氏独家经营了。

乔氏家族做生意注重诚信，不断地积累经验和财富，发展到第三代时，乔贵发的孙子乔致庸将生意进一步发扬光大。在同治初年，乔致庸耗费巨资修建了著名的乔家大院，这一建筑被誉为"清朝北方居民建筑的一颗明珠"。

晋商的合伙创业习惯延续到现代。百度公司总裁李彦宏是山西阳泉人，堪称新一代晋商代表，晋商向来主张的合伙经营理念在他身上得到了充分体现。

1991年，23岁的李彦宏去美国布法罗纽约州立大学修读计算机科学硕士。2000年，李彦宏与好朋友徐勇携带风险投资半岛基金和信诚合伙公司的120万美元，从美国硅谷回国创业。2005年8月，百度公司上市，股价一路飙升，创下了自2000年互联网泡沫以来纳斯达克最高首日上市涨幅，同时也成为美国历史中上市当日收益最多的十大股票之一。

百度公司能够在短时间内获得如此成就，在很大程度上得益于李彦宏选择合伙人的标准与原则。在李彦宏看来,选择合伙人就好像农夫种菜,不仅要除草浇水,更需要肥料的滋养,只有在整个过程中对小菜苗精心养护,菜才能够长得又鲜又好。在百度公司创立之后,李彦宏开始从不同领域猎取合伙人才,比如百度的技术长刘建国是北京大学计算机系教授,财务长王湛生来自普华永道会计师事务所,运营长朱洪波来自软件和咨询业,负责媒体与行销的副总裁梁冬曾经是香港凤凰卫视当红主持人。从人才配置上来说,这些合作伙伴在专长上毫无交集,但李彦宏却能够将这些优秀人才聚集一堂,并充分利用他们的专长。与其说这些人被李彦宏所说服,倒不如说他们从百度公司看到了实现梦想的机会,以合伙协力的方法来实现人生价值。

从古至今,山西商人之所以能够形成一股强大的商业实力,是因为他们在企业经营中非常重视发挥群体的力量。晋商最善于联盟经营,在互帮互助、互惠互利中增强市场竞争力。

晋商为了更大规模地占据市场,商号与商号之间也会进行合作,他们将这种合作称之为"相与"。凡是参与"相与"的商号,都会相互帮助、同舟共济。关于晋商的这种合作模式,清末晋商李宏龄在《同舟忠告》中说:"区区商号如一叶扁舟,浮沉于惊涛骇浪之中,稍一不慎倾覆随之……必须同心以共济。"

不仅晋商推崇合伙经营,以瑞蚨祥为代表的孟氏商族同样喜欢抱团发展。孟氏商族是依靠宗族来获得人力、资本支持的,以一种亲和的姿态聚集在一起。他们因宗族结合到一起,以血缘为纽带、以地缘乡谊为基础,组合成地域色彩浓重的亲密团体,彼此之间互帮互助。然后通过扩大宗族圈来结交生意伙伴,以宗族势力来增强财力、人力优势,形成区域性垄断。从经营方式上来说,瑞蚨祥的合伙方式有两种:股份制和联号制。

第一,股份制。股份制公司的全局性问题必须由财东决定,如人事、财物、审计等。财东通过旬报、月报、年中约算等方式来了解每个分号的经营状况,及时调整经营策略。财东本人并不直接经营,而是把资本委托给领东掌柜(领东掌柜又称为西家,即现在公司总经理),主要职责是协助财东管理分号,比如商铺增添人员需要请示领东掌柜批准。在合伙经营中,东、西家之间会制定契约,东家出资,西家出人,除资本亏折外,否则东家不得要求散伙,散伙时需要清算资产,西方要拿走应得部分。

第二,联号制。所谓的联号制,也就是我们现在的连锁经营模式。一代大商孟洛川在当时就能够创造出连锁经营模式,真可谓是商业天才,直到现在连锁经营仍是备受推崇的时髦经营模式。联号制下的各个商号独立核算,不过它们在购进货物、交换信息、销售产品方面相互扶持,有时还会调动资金相互帮助。当某个分号经营异常时,也会对其他分号产生提醒、预警。另外,联号制经营属于大规模采购,从而降低了各分号的进货成本,赚取了更大利润。所以,连锁经营可以使一个企业的规模迅速扩大,增强企业在同行业中的影响力和竞争力。

无论是晋商还是以瑞蚨祥为代表的孟氏儒商,他们都是在团结互助、相互扶植过程中行走了数百年,成为商界中令人瞩目的商帮。同样,现代企业要想发展壮大,增强自我竞争力,绝不是靠个人力量单打独斗来完成的。而是要寻找有实力、有品格的合作伙伴,在团结互助、同舟共济中形成一股强大的经济实力,缔造出庞大雄伟的商业帝国,成为同行业的名牌企业。

第十讲　如何运用取予之道让客户长久合作

春秋末年,齐国国君荒淫无度,为满足个人享受,逼百姓缴纳高额赋税。齐国贵族田成子看到国君的所作所为,对下属说:"朝廷以这种方式榨取百姓钱财,表面上看是获得了不少财富,实际上这种获取是'取之犹舍也'。"意思就是说,看上去是获取得多,其实是在舍弃自己的未来利益。

田成子又是怎么做的呢? 为了减少民怨,他准备了大小两种斗,并打开自家的仓库,用大斗借出谷米,然后用小斗收回谷米,达到了"予民以惠"的效果。这件事之后,齐国百姓不肯为国家效力,而是纷纷投奔到田成子门下。田成子这种"大斗借小斗收"的处事风格,失去的是粮食,收获的是人心,表面上是失去,实际上是得到。之后,田成子快速扩大田氏家族的势力。公元前481年,田成子发动政变,杀死了阚止和齐简公,拥立齐简公的弟弟为国君,就是齐平公。之后,田成子所管辖的区域比齐国国王还要大,齐国江山实质上已经变成田氏家族的了。这就是历史上著名的"田氏代齐"事件。关于这件事,庄子称田成子为"诸侯大盗",这就是成语"窃钩者诛,窃国者侯"的由来。

关于"取"与"予",《后汉书·桓谭传》中说:"天下皆知取之为取,而莫知与之为取。"这里的"与",即给予的意思。这句话是说,众人都知道从别人那里取走东西是获得,却不知道给予别人也是一种收获。老子在《道德经》中的观点是:"将欲取之,必固与之。"这些道理都在告诉我们,一个人要想得到,首先要做的不是索取而是给予。其实,这种道理不仅在人际交往中适用,在商场中同样行之有效。作为企业管理者,如果真正搞懂了得与失之间的相互转化,将会在商战中游刃有余、如鱼得水。

北京同仁堂可谓是一家百年老字号药店,为什么它能够经久不衰,直到现在还备受顾客欢迎呢?一方面是由于同仁堂的药品质量过硬,另一方面是因为同仁堂在自我营销上独有一套,尤其善于以"小失大得,先失后得"的方式俘获人心。

清朝时,北京城内每年都会挖一次城沟,每次将持续一个月左右。每当这时,同仁堂就会在城门附近挖沟的地方高挂灯笼,为行人和挖沟的人照明,灯笼上赫然写着"同仁堂"三个大字。尤其在漆黑的夜里,"同仁堂"这三个字十分显眼,在看到灯光的同时,大家对同仁堂加深了印象。另外,同仁堂还经常对老百姓施恩行善,冬天时会设粥棚,夏天会散发解暑药物,举办义学,施舍棺材。同仁堂的各种善举打动了人心,当人们需要买药时,第一个想到的自然就是同仁堂了。这样一来,同仁堂轻而易举就占领了中药市场。

不仅北京同仁堂,中国最早的啤酒厂——烟台啤酒厂也很善于运用"先予后得"的智慧来收买人心,最终达到了意想不到的营销效果。

烟台啤酒厂的创始人是王益斋,年轻时在天津做食盐生意,开办过钱庄,1920年时创建了烟台啤酒厂,是天津当时赫赫有名的富商。

从时间上来说,西方的啤酒传入中国与西方列强侵占中国是同步的。当时的外国人来到中国,他们喝不惯中国的白酒,只喜欢喝啤酒,而中国是不生产啤酒的,所以他们最早喝的啤酒都是进口的。直到20世纪初,俄国在哈尔滨开办了第一家啤酒厂。后来,英国和德国在青岛合资创办了"青岛英德啤酒公司"(青岛啤酒厂前身)。

20世纪20年代时,中国人也逐渐接受了啤酒这种低浓度饮料,市场前景大好。当时,垄断中国啤酒市场的是英国友谊啤酒厂、怡和啤酒厂及法国的国民啤酒厂。

在这个时候,王益斋创办了属于中国人自己的"烟台啤酒厂"。为了与洋人抗衡,打造国产品牌,烟台啤酒厂在上海各大报刊登启事:"××月××日,新世界按正常票价出售门票,持门票进入新世界后,可免费领取烟台啤酒厂赠送的毛巾一条(毛巾上印有烟台啤酒字样)。另外,所有游客可免费喝啤酒,喝酒前三名者,分别予以厚奖!"免费活动当天,人们就喝了500箱啤酒,每箱有48瓶。当这一新闻被报道后,轰动了整个上海。

可能有人会想,烟台啤酒厂举办这个活动花了不少钱吧?从表面上看,烟台啤酒厂是吃了个不小的亏,但从企业经营者的角度来分析,它们快速占领了上海的啤酒市场,捞了大便宜。不过,一个商人如果没有一定的魄力,是很难做到这一点。行取予之道,非大格局大魄力的商人,不能为也!

刘伯温的著作《郁离子》中记载有这样一个故事:有三个商人在同一个集市上卖同一样商品,其中有一个商人降价而卖,很多人都买他家的东西,一年之后发了财。而另外两个人不愿意降价舍利,一年下来只赚了很少的钱。这个故事告诉我们,真正智慧的大商并不贪图过高的利润,而是懂得薄利多销,在积少成多的过程中发展壮大自己的企业。

古人常说"吃亏是福",从商道角度来说,这种"以小损换大益"的行为是商人的一种经营手段,从表面上看,他们是吃亏了。但实际上这种吃亏是临时的、表面的,实际上他们却因为敢于"给予"别人,反而收服人心,占了长久的大便宜!如果你能深刻领悟到这一点,大商智慧就已在你的头脑中生根发芽了。

第十一讲　取予整合中必须牢记的戒条

取予之道是大商整合之道,这一点相信大家已经达成共识了。然而,在施行取予之道过程中,我们要有底线思维。《淮南子·本经训》曰:"取予有节,出入有时。"意思是说,一个人获取与给予都要有所节制,切不可贪图放纵。另外,佛家也告诉我们,"舍得,舍得,有舍才有得"。在现实生活中,很多人在无穷无尽的诱惑面前,误入歧途、落入陷阱。所以,一个商人要想在大商路上走得更久,在"取予"之道上一定要牢记以下三大戒条。

一、无功不受禄

古人说:"无功不受禄。"这里的"禄"原指俸禄之意,用现在的话来说就是薪水、报酬。也就是说,平白无故不要接受别人给予的好处。孔子也有很多类似的理解,比如他曾说"先事后得""敬其事而后其食""仁者先难而后获",都是说先干事而后再谈回报,先干活再吃饭等。关于"无功不受禄"这句话,我在此给大家讲个故事。

从前有一位修行者,每天专心参禅、精心研究佛法。平日的吃喝用度由一对虔诚的母女供养。几年后,修行者自省:"我一个修行之人,如此这般怎么会有进步呢?"觉悟之后的修行者决定出外参学,并将自己的想法告诉这对母女。

老妇人说:"出外参学的确是件好事,可您能不能再等几天,让我帮您做件御寒的衣裳?"

修行者心想:"出门在外,的确需要件衣服御寒,便答应妇人晚几天再走。"

几天后,老妇人送来一件衣服,并对修行者说:"这衣服是我母女俩赶工做好的,我们用这一针一线祝福您路上一切能遂愿如意!"这老妇人说着,又从兜里掏出4个元宝给修行者,让他拿着做路上的盘缠。修行者感谢后接受,准备第二天出发。

当天晚上,修行者正静心打坐,却突然进入这样一种境界:一行打鼓、吹奏的乐队远远地朝他走来,有一位童子手里捧着一朵莲花,要求他坐上莲花宝座。

修行者内心警惕,有一种预感:这不是什么好事,或许是魔王的障眼法。之后他一再提醒自己,无论看到什么都要稳住心神,切不可动摇。可是,那位手捧莲花的童子再三地邀请他,修行者只好将身边的引磬(佛家敲击的乐器)放在莲花上面,随后这种境界消失。

第二天天亮,母女二人给修行者送来饭菜,并顺便跟修行者道别。见到修行者,老妇人说:"师父,昨天晚上我家的母马生了一匹小马,可不幸的是那小马刚出生就死了,奇怪的是它身上竟插着一支引磬。你看,这引磬不正是您的吗?"老妇人说着,将引磬递给修行者。

修行者接过引磬,浑身直冒冷汗地说:"一件衣服即是一张马匹,4个元宝即是4个马蹄。还算我定力够稳,不然就堕入你家做牛做马了!"

通过这个故事我们明白,平白接受别人的供养是一件非常可怕的事情。中国人说:"无功不受禄。"那西方人说什么?他们说:"世界上没有免费的午餐。"无论东西方对此认识都是相同的。由此可见,无功不受禄是运用取予之道资源整合中要牢记的重要戒条。

常言道:"拿人手短,吃人嘴软。"在资源整合中如果你平白接受了别人给予的好处,就要受命于人,为别人办事。尤其在商人汇聚的商业圈,每个商人的目的都是赚钱,如果想让自己不受制于人,就不要平白无故接受他人给予的好处。一旦接受了别人的给予,就要做好付出更大代价的思想准备。总之,世界上没有免费的午餐,我们一旦"无功受禄",就会处于受人摆布的被动局面,任由他人牵着鼻子走!

二、不因利厚而贪

精明的山西晋商最善于发现生财之道,比如经营票号的晋商有一个不成文的规矩:明处让利,暗里取利。具体来说,就是晋商在跟顾客兑换银两时,将汇费定得很低,一般只收取银两数额的百分之一,很容易被顾客接受,这就是所谓的"明处让利"。而"暗处取利",则是在银子的"平色"上大做文章。这里所谓的"平",即银子有没有达到标定的分量;所谓"色",即银子的成色好不好,含银量足不足。

由于当时的中国幅员辽阔,每个地方白银的种类、成色不同,各个地方银两在"平色"上差异很大。当银子在异地进行汇兑时,必定会出现"平色"差异,然后找补扣除。也正是由于"平色"原因,晋商找到了可乘之机,他们在白银兑换中发现了生财之道。

这种由银两兑换而获取的暗中收益,通常从"平"中获利千分之四,从"色"中获利千分之五或千分之六,两者合起来为百分之一。由于票号每天兑换银两的数额极大,"成色"获利便成了票号重要利益来源方式。不过在"平色"暗利上,晋商们不因利厚而过贪,而是始终恪守底线,坚持"取予有度"的原则。因为他们知道,过于贪婪暗利,必将使顾客发现其中破绽,最终将会失去客户的信任,最终亲手葬送自己的发财之路。

三、戒满履和

《菜根谭》中说:"花看半开,酒饮微醉,此中大有佳趣。若至烂漫酕醄,便成恶境矣。履盈满者,宜思之。"像花开和饮酒这样美妙的事情,一旦过头了就变得丑陋不堪,更何况其他的事情呢?尤其可见戒满履和的重要性。

在"官本位"的封建社会,商人的社会地位极其低下,甚至被人瞧不起,所以商人们需要通过手段来改换门庭、提升社会阶层。商人是如何装潢家族门面呢?最有效的手段就是与官员建立联系,拥有强硬的政治后台。正是在这种"官本位"风气的影响下,很多商人由最初的"重商轻仕"变成"官商兼顾"。曾几何时,商人圈子里的"捐官"热潮应运而生。

何为"捐官"?就是我们常说的拿银子换官帽子。对于大权在握的实权官员来说,拿钱换来的"空头官衔"并没有任何意义,但对于那些物质富足但社会地位底下的商人来说,"捐官"可以使他们获得与官员平起平坐的资格,最终达到装潢门庭、光宗耀祖的目的。所以,很多有钱的商人都竞相"捐输"官位。他们不但为自己"捐输",还为妻子、儿子、孙子"捐输",甚至为死去的亡父、未出生的玄孙"捐输",简直形成了一场"捐输"比赛。

为迎合捐官热潮,市面上竟出现了指导人们如何捐官的"工具书",里面详细介绍了每个官位的"捐输"价格,想买官的人只需查阅此书便一目了然。据有关史料记载,只咸丰三年(1853),全国"捐输"银两就达到了500多万两。

然而,如此疯狂之举又如何呢?这就犯了古圣先贤"戒满履和"的忠告。商人经营,利字当先,这本无可厚非。可是,一旦官商成为一家,商人们就容易狂妄自大,丧失职业道德,破坏市场规范。这种"唯利是图""官商相卫"的社会风气将会阻碍社会发展,使平民百姓陷入水深火热的苦难之中。

从某种意义上说,红顶商人胡雪岩最后的覆灭正是吃了这方面的亏。他在官商一体的路子上走得太远,以至于无法回头了。胡雪岩的阜康钱庄成为官员的私家银行,最后经济出现亏空,导致朝廷下令抄家。当朝廷派人带兵到胡雪岩豪宅抄家时,发现他"所有家产,前已变抵公私各款,现人亡财尽,无产可封"。红顶商人胡雪岩,最后落个"身败名裂,莫为援手,宾客绝迹,姬妾云散,前后判若两人"。即使落到这么悲惨的田地,朝廷仍要赶尽杀绝。户部尚书阎敬铭上书朝廷"拿交刑部治罪,以正国法",而且胡雪岩的家属也不能放过,都要"押追着落,扫数完缴"。看到这个阵势,胡雪岩不等命令下来,就郁闷而死了。如果胡雪岩在最后的人生阶段能够牢记"戒满履和"这四个字,晚年绝不至此。

  人的一生既要面对诱惑,又要抵御诱惑。适当的诱惑可以激发一个人奋斗的力量,而过度的诱惑则可能使人陷入牢狱之灾,甚至丧失生命自由。所以,在运用取予之道进行资源整合过程中,我们要让自己做到不妄想、不奢求,始终坚守以上所列举的三大戒条。

第八部分

活用方与圆：谈判绝学

第一讲 鬼谷子方圆谈判智慧

鬼谷子智慧可谓无所不有、无所不包,除了讲捭阖之道外,更讲方圆之道。方与圆的概念很早就出现在鬼谷子著作中了。《鬼谷子·反应篇》说:"未见形,圆以道(导)之;既见形,方以事之。"意思就是,刚接触某些人、事、物,形势不明朗,摸不清具体情况的时候,运用各种圆转灵活的方法刺探、引导对方的内心,让对方把真实情况说出来,从而获取真正的信息。如果形势清楚、事情明朗,就要在坚守原则的基础上用既定方针去办事。该方则方、该圆则圆,方中有圆、圆中有方。方圆有致,方可万事亨通。

什么叫"重剑无刃"?什么叫"大象无形"?就是说,虽然表面上我一句都没谈与具体事务相关的问题,但实际上所谈的所有话题都与这个事务有关系。这就是谈判的最高境界。南宋诗人陆游在《示子遹》中说:"汝果欲学诗,工夫在诗外。"不谈而谈,谈判才能取得好结果。同样道理,不推而销才是最高明的销售。

为什么鬼谷子如此推崇方圆智慧?鬼谷子说:"如阴与阳,如阳与阴;如圆与方,如方与圆。"意思就是,谋划之道要注重阴阳和方圆的转化,要方中有圆、圆中有方。思维要圆,策略要方,即谋圆行方。谋划要圆润灵活,执行时的策略方案则要方正具体。谋划必须包含具体的方案,方案要有应变、圆融的变通。曲中有直、直中有曲。

谈判同样如此,要方圆兼备,方是原则、底线、原则问题是绝不违反和让步的,但方法则是圆转灵活的。不管怎么圆转灵活,目的就是达成目标。活用方圆之道,谈判才能见招拆招,无往而不利。

第二讲　谈判的价值——谈判让一切皆有可能

谈判谈判，谈的是什么？谈的是感情；判的是什么？判的是利益。谈感情，是为了以后长期合作；判利益，是为了利益的划分。如果只有利益的划分，没有谈感情，那么则会失去长远的合作。只知谈感情，而丧失了原则，也会把好好的事情办砸。如果两者结合到位，则叫方圆有致。所以，谈判一定要方圆兼备。一般在谈判中，我们要秉承这样的方圆法则：第一要坚守原则，不失我方之利；第二要圆融通达，合作共赢。

上自国与国之间，中至组织与组织之间，下至人与人之间，凡有利益纠葛的地方，都要靠谈判来平衡。凡有矛盾冲突的地方，都要靠谈判来化解。凡有纠纷，花费最小、最有效的解决方法即谈判。谈判可以化干戈为玉帛，可以化腐朽为神奇，可以搅长江为酥酪，可以变大地为黄金。

关于外交谈判的作用，《孙子兵法·谋略篇》中说："百战百胜，非善之善者也；不战而屈人之兵，善之善者也。"如何才能不战而屈人之兵？鬼谷子提出了具体解决办法。什么办法？用军事实力为后盾，用外交手段来解决。公孙衍合纵，纠集楚燕韩赵魏5个国家共40万大军在函谷关要攻打秦国。秦国一个国家无法抵挡其他5国，怎么办？张仪以一人之力，深入敌营，靠三寸不烂之舌施展连横之策，瓦解合纵同盟，智退五国联军。而张仪，不费一兵一卒，纯粹用外交手段就避免了战争。拯救了多少天下苍生？真可谓功莫大焉！

由此可见，凡有利益纠纷的地方，最好的解决办法不是打仗、不是斗争，而是谈判。坐下来谈，永远是最好的方式。实在谈不下去了，才用军事说话。但是，不管怎么打，最后还要坐下来谈。所以最好的解决冲突的办法就是谈判。

生在这样一个时代，你要想施展抱负，就有必要学习鬼谷谈判学。如果不会谈判，可能会操戈于同室，关系交恶，反目为仇，既不利己也不利人。学会了谈判,对敌你会攻心为上、谈笑用兵、恩威并施。恩说好处,威说坏处。诱之以利,胁之以灾,逼其就范。对朋友要真诚相待、情理动人,通过沟通和交流,找到彼此心里的平衡点,从而心心相印、达成合作,让双方的关系牢不可破。

第三讲　利润靠谈判——谈判谈下的每一分钱,都是净利润

在工作生活中,我们一刻也离不开谈判。比如生意人做买卖、农民工讨工资、警察逮捕罪犯、教师开导学生等,处处都涉及谈判。可以说,小到个人,大到家庭、企业、国家,无时无刻都离不开谈判。

作为一名商人,我们为什么要学习谈判?经商的目的是获取利润。在现代市场经济环境下,几乎所有的利益集团随时都在以各种方式互动,各方为了保证自己的利益,谈判是不可避免的。经营者是否掌握一定的谈判学原理、知识和技能,在很大程度上将决定着其经济活动的成与败。

谈判是什么?谈判不是你我之间的对立,而是心与心的交流、真诚的互动。谈判的目的不是让你把利益赚尽,而是成就对方的同时也成就自己。谈判一定不要把自己的利益最大化。为什么?因为你的利益最大化,就意味着对方利益最小化。请问各位,你知道宇宙之间、人与人之间,最伟大的奥妙是什么?平衡!一个合理的谈判,一般要协调好法、理、情三者的平衡关系,其中包含大量微妙的谈判心理技巧。

凡上过我谈判课的学员都知道我最爱反复强调一句话,那就是——谈判谈下的每一分钱都是净利润!为什么这么说?我们知道,企业运营就是A减B等于C的游戏。A是销售额,B是成本,C是利润。假如销售额1亿

元,成本8 000万元,问大家利润多少? 2 000万元。所以,获得利润有三个方法:第一个方法叫提高销售额。不过,销售额增长了,利润一定会同比增长吗?不一定。有时候卖得越多可能亏得越多,因为人员成本太高,市场成本太高。第二个办法是降低成本。如果你降低成本是刻意削减产品品质、偷工减料,短时间内可以赚钱,长时间则是"自杀"。第三个办法是谈判。如果我手中这支笔本来是卖20块钱的,如果你会谈判,节省1块钱,以19块钱把它买回去,有没有可能?那就等于降低5%的成本。你看,如果会谈判,降低5%的成本很简单。那么我问大家,8 000万元的5%是多少? 400万元。这400万元是不是净利润?反过来讲,如果你是卖家,这支笔本来卖19块钱一支的,你服务做得好、品牌做得好,谈判能力比较强,多卖1块钱,把它卖成20元,就等于提高了5%的利润。那我问大家1亿元的5%是多少? 500万元。500万元加上400万元是多少?什么成本都没增加,广告成本没增加、人员成本没增加,单单是从成本和销售上提高谈判能力,立刻就能多赚900万元!公司利润立刻增长45%!你想技术开发,你想优化流程,你想做机制改革,你引进一套管理的办法,等等,然而你又有什么办法能让成本不增加,立刻增长45%的利润?我告诉大家,很多企业年利润未必能赚900万元,但就因为你会谈判,900万元不知不觉就赚回来了。你看谈判的价值大不大?

对企业家来说,一旦进入谈判的智慧殿堂,就是打开一个新世界,和你之前学的所有知识完全不一样。今天我们学的销售、沟通、演讲、说服都是一个领域的,现在我给大家开启另外一个领域,你完全不了解的全新天地。像沟通演说等技巧,属于冷兵器时代的技术。你拿把剑,说自己是武林高手,用的是独孤九剑,但如果我手里拿把枪,在火器面前,冷兵器不堪一击。在今天,你手榴弹扔得再远、枪打得再准,在核武器面前也是不堪一击。你说哪个厉害?

凡是上过鬼谷子谈判课的学员都说——没上之前真幼稚,上了以后真恐怖。因为你凭着经验总结的非专业的东西,在谈判大师面前根本不堪一击。比如"谁先开口谁先死"这一条,如果你先开口,就意味着你的谈判空间已经框死了。还有第二条:谁不还价谁吃亏。你认为自己不还价很潇洒,觉得"男人最好看的动作是刷卡的动作",我告诉你,你一刷走了,别人背后偷着笑呢!

第四讲 双赢谈判——得到自己想要的,并让对方感觉赢了

关于双赢谈判,我曾向学员提出过这样一个问题——小红和小丽想吃橘子,两人到厨房发现只有一个橘子,怎么分配才公平?针对这个问题,学员的答案是五花八门的。

有人说,从中间分开,一人一半。那么,一人一半真的合理吗?有人说,年龄大的多吃一点,或先拿到的多吃一点。还有人说,让小红分,然后让小丽选。这样一来,小红为了避免自己吃亏,就会尽量分得公平一些。不过,我问大家——即便做到了绝对平均,难道就意味着公平了吗?假如一件衣服价值100元,卖方报价150元,买方报价80元。它们之间差了多少?70元。70元的一半是多少?35元。一家一半,105元卖。那么,这样对买家来说公平吗?它价值100块,买家出80元,它与公平之间差20元,卖家多要了50元,那对买家公平吗?两个让的距离能一样吗?所以,在谈判中,价格均分不一定是对的。

到底该怎么分呢?还有一个方法:先了解对方的需要。如果其中一个人拿去是为了吃橘肉,而把橘皮扔了。另外一个人则不是为了吃橘子,是为了用橘皮做一个小橘灯,那么他可能把橘肉扔了,橘皮留下做橘灯。你看,事前的沟通重要不重要?否则,看似公平的结果是彼此浪费了一半的资源。如果沟通一下,就可能发现你想要的是橘子皮,我想要的是橘肉,这样一来你得到

整个橘肉,对方得到整个橘皮,避免了浪费,是不是两全其美?

事实上,很多谈判最后往往聚焦在价格上。如果两个人都想要橘肉或者都想要橘皮,这可怎么办?最好的办法是引入另外的选项。小红说:"这样吧,如果橘子让我吃了,前两天你借我的棒棒糖不用还了。"这个时候,小丽就可能想道:"刚好我向爸爸要了5块钱,要买棒棒糖还给她的。既然现在她不让我还棒棒糖了,那我拿着5块钱可以打游戏去了!至于橘子,不吃也罢。"小红的牙可能已经被虫蛀得不能再吃糖了,所以她不让还棒棒糖,而是选择多吃橘子,从而双方都能实现自我利益最大化。所以你看,只要会谈判,我们就有无穷的解决办法。

什么叫谈判?我们先来看"谈"这个字怎么写:左边是一个"言",右边是两个"火"组成的"炎"。第一个"言",意味着首先要说话。你不开口说话,根本连机会都没有,因为机会是谈出来的。如果夫妻两人有矛盾,而你又不愿意放弃对方,那么谈一谈是有必要的。天下不知有多少人不能成为眷属,就是因为有误会,而误会百分之百是沟通的问题。第二个"炎"是两个火,什么意思呢?第一个火,说明双方都有谈的意向和欲望,都有火热度。你喜欢我的产品,我喜欢你的钱,只是单方需求根本无法谈。第二个火,是告诉我们,如果谈着谈着利益未能达成平衡,以至于陷入僵局,这个时候就可能会大发怒火。

"言""火""火",构成了谈判的前期布局和开场基调。所有谈判的最后结果,不会超出开场时的条件。开场最重要的问题是什么?逼对方亮出底牌。对方的底牌一旦亮了,后面所谈的结果不可能超出这个底牌,所以这就叫"谁先开价谁先死"。

中场最大的问题是要把大家带入不同的旋涡。这个旋涡有两个方向,一个是对方,一个是我方。如何利用迂回的方式控制整个谈判的节奏,这一点很重要。你问什么问题,对方就会把注意力放在什么问题上。学会问问题,永远是沟通、演说、谈判最重要的技能。我曾经有堂课专门训练大家如何打开对方心门,叫"一分钟开心门"。如果你学会了这门学问,对方就会主动说出各种信息和情报,当你掌握了对方的底牌,还愁谈判不成功吗?

现在,我们再来看"判"这个字。一个"半",一个"刀",代表理性的判决与名利的划分。若一方过火了,拿出刀来,一人一份,这就是双赢谈判的最终结局。为什么我们说是"一人一份",而不是"一人一半"?因为"一人一半"未必公平,均衡分配不等于平均分配。而一份可以是大半份,也可以是小半份。为什么一份不是全部呢?如果你发火了,全部拿走行不行?当然不行,谈判要给别人留下一个余地,以求长远。记住,我们追求的应该是公平而不是平均。在这里,我想跟大家分享个谈判技巧——

假如我卖一套房子,售价 85 万元。而小飞要买房子,出价 75 万元,中间差了 10 万元。如果我们双方都认识到各让一步可以成交,那我问大家,妥协价 80 万元是我提出来比较好,还是小飞提出来比较好?如果我说 80 万元,小飞也能接受,但他会做一个心不甘、情不愿的买家,他或许会说:"你看你这人,非得 80 万元卖!气死我了!"既然对方不高兴,他就没有赢的感觉。要知道,对方赢不赢,不在钱的多少,而在于内心的感受。谈到最后,你越难受,对方才会越好受。如果你喜笑颜开,对方就会想我是不是上当了。是不是这样?

2012 年,我让公司一名员工去中关村给我买一台电脑。他到了中关村,买了电脑,又买了一台投影仪。他给我打电话说:"兰老师,我今天可占便宜了,我把那个卖东西的小哥谈得都快哭了!"我说:"你上网查下这两款产品价格怎么样?"一查,他哭了!人家才是高手!

谈判到最后的时候,我们要记住——一定不要过分感谢对方。为什么呢?如果你低三下四地感谢对方终于让你签了这一单,就意味着这一单是他施恩给你的。你的感谢会让他产生疑问——你到底从中挣了多少钱?那应该怎么做?你应该这样说:"祝贺您,终于有机会与我们公司结缘同行了!"你看,我祝贺他是证明我在给他机会,而不是他在给我机会。即便最后我达成我想要的结果了,我还要做个心不甘、情不愿的卖家,所以你要恭喜对方而不是感谢对方。

让我们再回到刚才卖房子的案例——如果双方都感到80万元可以成交，你一定要故意让他提出。那么，具体应该怎么说呢？我们可以这样说："小飞，我说85万元，你说75万元。你看我这新房子装修这么好，你也比较满意，难道就因为这么小的一点差距，让咱们家住不上这么好的房子吗？"小飞会问："那这样吧，一人一半。"我方应该立刻锁定："一人一半什么意思？我说85万元，你说75万元，咱们在中间各让一半。哦，你的意思是80万元可以成交是吗？"这个时候，我们要假装很为难的样子说："哎呀，80万元太少了！我不知道回家咋办？要不这样，我回去跟家里人商量一下，明天9点钟你给我打电话好不好？"记住，不要说你打电话给他，你打电话给他是你找他成交的，你要让他给你打电话。到了第二天早上，他打电话过来了，我们就说："小飞，本来我以为80万元虽然少了点，但我感觉离我想的差不太多了，没想到我家里还是对这个事情不太满意。小飞你看，我说这85万元，你非要说80万元，咱们中间不就差这5万元钱吗？难道就因为这5万块钱差距而成交不了吗？你看看怎么办好？"这个时候，很奇妙的事情发生了！昨天，你们的谈判空间还在75万元到80万元之间，但此时已经变成80万元到85万元的距离了！如果你鼓励对方再中分一次成交，那就是82.5万元！对方让了四分之三，你才让了四分之一，而且，你还可以做个心不甘、情不愿的卖家让对方高兴。你可以跟小飞说："你看你这人，连2.5万元都不愿意出，真是的！"对方看到你难受抱怨的样子，肯定会开心死了。我问大家，这样的谈判技巧，是不是十分美妙？

所以，销售的最高境界是你赚票子，对方赚面子。你达成自己的结果，还让对方觉得是他赢了。这样的谈判策略叫什么？双赢谈判！由此可见，谈判是策略的比拼、是利益的交换、是意志的竞赛、是智慧的较量。商业谈判就像下棋，有一套必须遵循的游戏规则。掌握这套规则，你就能预测对方的反应，采取适当的措施，从而达成双赢的目标。

谈判是一门科学。科学是不同的人按照同样的方法和流程会得到同样的结果。而艺术则是不同的人做同样的事给你感觉不一样。那么，我们如何学习谈判呢？我的建议是——最好先按科学的方法学习谈判，然后再把你掌握的谈判科学上升到谈判艺术。这样一来，你的谈判水平就能到达出神入化的境界了！

第五讲　女开发商和钉子户的对决——双赢谈判八大技巧

谈判是一种双赢智慧，单方的胜利不叫双赢谈判，而且必不长久。只有双方都能从中受益，才叫双赢谈判。

在这里，我向大家推荐三部与谈判有关的影视剧，有时间大家可以看一看。第一是《谈判官》，里面包含的几个谈判技巧不错。第二是美国大片《王牌对王牌》，两个王牌谈判专家之间的对决。我教给大家的很多谈判技巧里面都有论述，都有具体的运用。还有一部叫《谈判专家》，关于拆迁房子的时候怎么谈判。其中，《王牌对王牌》是最专业的。如果你看完这三部影视剧，再来上我的谈判课，相信一定会更容易理解。

关于双赢谈判，我与各位分享一个开发商和钉子户谈判的影视片段——

在待拆的房子里，一位女士开了家花店，一位男士和她合租铺面。他们两人靠各自的生意赖以生存，不愿意拆迁，而开发商要把房子推倒，因此制造了僵局。

一天，开发商的工程队在隔壁拆迁，砖石滚下来，将男店主的车砸了。男店主一气之下站在了铲车上，拦住去路。于是谈判就这样开始了。

拆迁队长和钉子户男店主对峙，一个不走，一个非要撵他走。这样下去，肯定会打架。怎么办？开发商女老板来了！这是一名谈判高手，经过她的一番谈判，双方都笑了。这场谈判最终达成了双赢。

你看,刚开始的工程队队长是个谈判菜鸟,就懂得对峙,让事态恶化。而女老板则是谈判高手,三言两语轻松化解矛盾,化干戈为玉帛,顺利达成双赢。那么,开发商女老板究竟是如何做到的呢?她到底都用了哪些谈判技巧?下面我来给大家具体剖析。

第一、先制造一个僵局。如果你需要谈判,就必须先制造一个僵局。开发商在拆迁的时候,砸中了钉子户的车。为什么要砸车?因为如果我去找你,就必须进到你的屋里让你搬家,那你就要给我提条件。现在我逼你找我,那我可以跟你讲条件。如果双方都有谈判的意愿,一定要鼓励对方来找自己。比如一个男孩和一个女孩相互喜欢,女孩就要鼓励男孩来追求自己。占据谈判的有利位置。

第二、头衔的力量。在谈判过程中,有一个非常重要的谈判技巧是"头衔的力量"。很多时候,你的身份和头衔决定了你在谈判中的受信任度和威慑力。在剧情中,董事长来了,先向钉子户亮明身份,凭着气场暂胜一筹。所以,谈判的时候,公司的谈判专家应被授予较高的头衔,这样有利于谈判目标的达成。

第三、太极手法,避免敌对。当钉子户站在铲车上提条件的时候,女老板采取的对策是含糊答应,不直接对抗。这个很有用的谈判技巧,叫"太极手法",可以避免矛盾激化。钉子户说:"我要底商!"女老板回应说:"我知道你要底商,你下来说。"钉子户依然质问:"我要底商,你明白吗?"女老板含糊回应:"我明白。"钉子户直接逼问:"你应该答应我!"女老板说:"好,你先下来。"女老板所做的一切就是避免敌对,采用的就是"太极手法"。什么是"太极手法"?即"不丢不顶,引进落空"。不躲避问题,也不顶过去,而是把对方的问题接过来,然后把它化解掉,这就叫"太极手法"。谈判初期一定要避免敌对,不管真答应还是假答应,最起码你要在形式上给对方一个肯定。女老板知道,只要他从铲车上下来,就失去有利地位了,那就什么都好谈了。这就叫调虎离山,用太极手法来避免敌对。

如果对方的意见你不同意,应该怎么说呢?你可以说:"你的意思我明白。"如果他提了一个过分的要求,你可以回应:"我如果是你,也会这样想。"这样说可以让对方深受感动,但是你又没有任何损失,因为明白不等于认同,认同不等于投降。在这些话语中,你明确答应他了吗?没答应。你反对他了吗?没反对。但是,你却在形式上给了他一种认同。一旦学会太极手法,你的沟通谈判效果将立刻提升。

在工作生活中,常用的太极手法有哪些呢?在这里,我与大家一起分享几句话,"那很好""那没关系""这个问题问得好""你的意思我明白""您的心情我理解""我如果是你,也会这样想""您的要求我收到"……在这些话语中,你充分认同对方,但认同不等于就答应了他的一切条件。你明白了他的意思,不等于就完全按照他说的去做。你收到他的要求,不等于就全部兑现。但从对方角度来看,你的太极手法避免了敌对,让他的心里感觉舒服多了,即使你后面再进行磋商,他也能够理解和配合。

你看,太极手法可以让你的沟通谈判效果立刻提升。如果你是领导,掌握了太极手法,领导力也会大幅提高。作为领导,我们还需掌握下面这些常用的太极话术,具体包括"很有道理""太重要了""我怎么没想到"……不管对方说什么,你认同不认同,接受不接受,你说这些话都无伤原则。如果你说"我早知道了",对方就会再不给你提意见了。对于一个人,我们可以不认同他的观点,但他提意见这个行为是需要认同的。所以,太极手法在很多时候都是沟通谈判的好工具。

第四、威慑的力量。当钉子户强硬的时候,开发商女老板柔中带刚地说:"这不是我第一次搞开发,钉子户我见得多了!"这句话什么意思呢?潜台词就是,听我的什么都好商量,不听我的我也有办法治你,背后有一种无形的威慑。在谈判中,并不是一味附和和奖励就能赢得好的结果,有时适当运用威慑和惩罚,效果会出奇的好。

第五、鬼谷子飞箝之道。在谈判中,开发商女老板运用了鬼谷子的"飞箝之道"。《鬼谷子·飞箝篇》中说:"引钩箝之辞,飞而箝之。钩箝之语,其说辞也,乍同乍异。"意思就是,借用能捕获人心的话语,以溢美之词来钳住他。这种以引诱手段来控制对方的话语，是一种游说辞令，其特点是在交谈之时要时而表示认同，时而表示与他相异，以便了解对方的实情。所谓飞箝之道，就是赞美你、抬高你，让你下不来台。开发商女老板对钉子户男女说："我看你们个人不像胡搅蛮缠的人。"她这句话一说，你都不好意思再胡搅蛮缠了。不管对方是好是坏，都能为我所用。你说这飞箝之道厉害不厉害？

第六、斩断后路，逼对方亮底牌。等钉子户态度软下来后，开发商女老板这才告诉他："底商真的没有了。"这一招直接斩断对方的后路，而且进一步告诉他："就算给你底商，你也挣不了钱。你是小生意，人家都是做大生意的，否则你连物业、水电成本都交不起。"这样一来，钉子户一点幻想都没有了。女老板采取的办法就是让对方先断了念想，然后再给他开救命的药方。谈判成功的关键就在于你所提供的条件能够超出对方的期望。你先把期望压到冰点，斩断后路，然后你给他提供的任何一个方法都是出路。

第七、提供方案，略施小惠。女老板知道钉子户底牌后，对症下药提供了补偿方案。补偿超出对方的心理预期，对方就不再有怨言了。小恩小惠是四两拨千斤的策略。女老板说："不如这样，我原来答应的拆迁房离市中心比较远，我给你一套离市中心近一点的房子，而且是现房，可以立刻入住，你看行不行？而且，我公司有很多业务，我随便给你们一点，你们就够吃了，你们看行不行？"钉子户立刻说："行行！"钉子户说："不给底商，那你得补偿！"女老板就笑了，因为钉子户亮出了底牌。只要他要补偿，一切都好谈了。

第八、扩大成果。谈判的最后环节是扩大成果。如何才能扩大成果？关键时刻，你略施小惠，可以让对方感恩你。女老板又说："另外呢，在小区门口，我有个门面房，可以让你开花店，到时给你们免半年租金！如果你们觉得生意不错，还想继续租，租金咱们再谈。"妙就妙在这个地方，让你免费用半年，如果再用的话，就要掏租金了。你看，谈判高手不仅给你提供方案，而且提供恩惠，同时还顺便把自己的房子租出去了。高明不高明？

将谈判的具体事宜落实到合同上。不管口头达成了什么协议，最终都要用法律的手段来保护自己的利益。所以，所有的谈判最终都要形成白纸黑字的文本凭证。这就是你谈判的成果。

第六讲　谈判中不可不知的六大要点

什么叫谈判？就是双方经过沟通交流找到心理和利益的平衡点，达成共识、创造共赢。谈判不是随机应变的一门艺术，而是有分工、有合作、有创造的一整套科学流程。谈判就像一场演出，必须有导演、演员、脚本，互相合作、提前排练，才能取得好的结果。

然而，现在很多企业领导在谈判中完全没有策略，谈判成员之间各自为战，随机应变。谈判一定要有脚本。谁唱红脸，谁唱白脸？谁是主谈判，谁是辅助谈判？什么时候用蚕食法则？什么时候用中分法则？什么时候用上全部法则……这些都需要专业的训练以及科学严谨的安排。谈判之前，我们要判定对方是什么性格，是自我认定型的人还是逃避型的人，这决定我们所用的谈判策略。

正所谓"知己知彼，百战不殆"，所以我们在谈判中要知天知地、知阴知阳、知柔知刚、知弛知张、知捭知阖、知微知著，即谈判中不可不知的六大要点。关于这六大要点，下面我来为大家具体剖析一二。

第一、知天知地。所谓"知天知地"，就是说我们要知晓天时和地利。"知天"是什么时候开始谈判比较好，"知地"在指在哪里谈判比较好。谈判一定要重视时间的选择、地点的选择，有时候时间不对，你去谈判就是找死。当年赵高故意安排李斯在秦二世胡亥和妃子嬉戏的时候进谏，结果搞得秦二世看到李斯就讨厌。地点选择也相当重要。一般来说，在你的主场谈判，更容易得心应手，往往更容易谈出你渴望的结果。

第二、知阴知阳。所谓知阴知阳，就是知道自己和对方的优势和劣势。

第三、知柔知刚。所谓知柔知刚，即什么时候向对方施加压力，什么时候用温情感化对方。

第四、知弛知张。所谓知弛知张，即如何把握好张弛的节奏。如果谈着谈着谈不下去了，太紧张了，就休息一下，让心理松弛一下。大家看看电视，看看足球比赛，或者这边派个服务员过去给他们倒倒茶。在谈判中，服务员的确可以起到润滑剂作用。或者先不谈了，吃饭去。一顿饭下来，可能事情就有所改观了。总之，我们要把握好节奏。

第五、知捭知阖。根据鬼谷子的观点，捭是打开，阖是关闭。所谓知捭知阖，就是分清什么话题可以公开讲出来，什么时候必须闭紧嘴巴、严守机密。这就是知捭知阖的谈判智慧。

第六、知微知著。所谓知微知著，就是既能看到细节，又能看到全局。微是微小，著是显著。在谈判中，我们既要观察大事，同时又要关注对方的细小行为。察言观色很重要，真正的谈判高手是要懂点儿读心术的。

在谈判中，知微知著的能力真的很重要。如果一个人总是摸鼻子，意味着他对自己不确信，因为鼻子代表自己。摸鼻子，说明他的话很可能是谎言。由此可见，一个看似微不足道的小动作和微表情，都暗藏着人性的大秘密。

第七讲　鬼谷子谈判策略的六个过程

鬼谷子在《谋篇》中说："为人凡谋有道，必得其所因，以求其情。"意思是说，运筹帷幄是有规律的，必须弄清楚事物背后的原因，并通过搜集信息来探求实情。

为什么我们要弄清原因和实情？《孙子兵法》中说："知彼知己，百战不殆。"鬼谷子讲："知之始己，自知而后知人也。"我们要想弄清一个东西，要先从自己开始,只有了解了自己,然后才能了解别人。如果不清楚别人怎么想,就设身处地换位思考。人都是一样的,你怎么想,别人也会怎么想。通过获取信息和数据,我们才能对自己有一个清醒的认识,才能做出正确的谋划。在谈判中,信息的重要性同样不可小觑。如果你能在谈判之前充分占有信息和资料,就往往能够占据谈判的主动权。

一般来说,鬼谷子的谈判策略包括以下六个过程。

一、说服谈判的前提——量权

《鬼谷子·揣篇》说:"古之善用天下者,必量天下之权,而揣诸侯之情。量权不审,不知强弱轻重之称。"意思就是,古代善于凭借各种情势而把自己的才略运用于天下的人,必定要衡量天下政治形势的发展状况,揣测各位诸侯的真实情况和心意。如果对天下各种形势实力的衡量不详尽周密,就不了解各国强弱虚实的对比。由此可见量权的重要性。关于量权,鬼谷子又说:"何谓量权?曰:度于大小,谋于众寡。称货财之有无之数,料人民多少、饶乏,有余不足几何?"意思就是,什么叫量权?回答是:度量一个国家地域的大小,谋略智能之士的多少;包括衡量和计算有没有财物?人口有多少?富饶还是贫乏?哪些方面富余,哪些方面不足?量权,即我们在谈判之前要对双方度权量能,主要指考量形势、趋势、社会动态及对方的各种情报信息,只有这样才能摸清对方的轻重长短和远近强弱,这样在谈判的时候才能恰到好处。如果不懂量权就贸然上谈判桌,就会如"盲人骑瞎马,夜半临深池",不仅无法达到谈判的理想目标,而且还可能掉入对方的谈判陷阱。

二、说服谈判的出发点——揣情

揣情,即揣度谈判对象的内心实情,了解对方的喜好与厌恶,旨在掌握对方个性特点。《鬼谷子·揣篇》中说:"揣情不审,不知隐匿变化之动静。"意思就是,如果对对方真实情况和心意的揣测不细致周密,就不了解隐蔽和变化的征兆。为什么揣情很重要?由于人类擅长伪装和隐藏,所以真正的思想、实情和情绪往往是秘而不宣的,如果不懂揣情就难以知其变化动向。有时候,一个人明明答应帮我们做某件事,但在谈判桌上他却忘了。我们气得骂:"这人有毛病!"是这人有毛病吗?不是,是你没有真正揣清他所隐藏的内心活动,这些隐藏的心思他不给你说,但表面上又假装很支持你,导致你的误判。此时此刻他内心的真实想法可能是——真是个天真的家伙,想得太美了!我凭什么要帮你啊?这件事对我有什么好处?……你听到他心里所说的话了吗?你没有听到,所以怪不得别人,只能怪自己对揣情之道学艺不精。这就是揣情的重要作用。

三、说服谈判的顺利进展——摩意

双方见面以后,要经沟通互动来了解对方的真实想法。什么是摩术?《鬼谷子·摩篇》中说:"摩者,揣之术也。内符者,揣之主也。"意思就是,摩是揣测的一种方法。通过观察对方的外部表现而准确判断其内心的思想感情,从而被自己所掌握,这便是揣情的主旨。"揣"即望和闻,"摩"即问和切。揣与摩的目的都是为了准确而细致地认识和把握对方,并据此仔细斟酌施说进谋。关于摩的具体含义,一般有触摩、接触之义,在接触中试探对方,尽力顺从对方的心意,以求亲密无间。《广雅·释诂》曰:"摩,顺也。"就是说要顺着别人的心意。当我们不知道对方的想法时,可以先顺着他,看他下一步怎么行动。《礼记·学记》中又说:"摩,相切磋也。"这里的摩就是互相切磋和研究的意思。南朝文学家陶弘景认为:"摩者,顺而抚之也。摩得其情,则顺而抚之以成其事。"可见,摩之道在于如何顺应对方脾性口味,并进一步刺激抚弄让对方实情暴露,然后再顺着实情去做人做事,如此必定能够成事。摩是一种以言语诱动的方法。我们需要对收集而来的资料进行由表及里、去伪存真的揣测过程,否则得到的极有可能是假信息。

在谈判中,摩术应该如何运用呢?首先我们要牢记鬼谷子的忠告:"摩之在此,符之在彼,从而应之,事无不可。"(出自《鬼谷子·摩篇》)此是己方,彼是对方。意思就是,我方运用隐秘的"摩意之术",而显著地表现却在对方,然后自己跟从他、应和他,便没有什么事情办不成的。鬼谷子在这里强调的重点是运用摩术要保持自己的隐秘性,不要提前让对方知道你在揣摩试探他,否则摩术就不灵验了。

四、说服谈判的原则——趋利避害

《鬼谷子·捭阖》中说:"言善以始其事,言恶以终其谋。"人的本性并不复杂,都渴望幸福美满、大吉大利,憎恶灾祸忧患、坎坷损失。所以,在谈判中,就要善于运用利害法则来说服对方。

五、说服谈判的弹性——转圆从方

《鬼谷子·本经阴符》中说:"转圆者,无穷之计。"意思就是,所谓转圆,便是指计谋像圆珠那样圆转灵活没有穷尽。通过思虑,无数层出不穷的谈判方略诞生出来。一个接一个,持续不断地连锁发动、层出不穷。鬼谷子接着说:"转圆者,或转而吉,或转而凶。圣人以道先知存亡,乃知转圆而从方。"意思就是,计谋就像圆一样运转变化,有的转化为吉,有的转化为凶。圣明的智者通晓大道和规律,能够预知事物的成败存亡,能够在无穷的计谋中找到最合情理的计谋来制定切实可行的措施。遇到一件事,一看就知道能不能干,能不能做成。遇到一个人,一看就知道能不能合作,靠谱不靠谱。在处理事务时,我们能够从各种计谋中拍板敲定最合适的方案;在寻找合作人时,我们能够从形形色色的人中选出最适合最靠谱的那一个。这就是"转圆从方"的智慧。

"转圆"是计谋的动态生成和推敲过程,"从方"则是计谋的静态确定之结果。在生发计谋时,我们可上天入地、天马行空,但等真相大白、尘埃落定之时,我们就要选定一个最佳计谋和方案,脚踏实地去执行。众所周知,圆球滚动不止,而方形器物则屹然立定。如果我们掌握了"转圆从方"的智慧,那么就能对未来形势下的吉凶祸福和生死存亡立判分明,所采用的应对之计谋必果断不疑、立竿见影。鬼谷子说:"圆者,所以合语;方者,所以错事;转化者,所以观计谋;接物者,所以观进退之意。"意思就是,圆转灵活,是为了让言语合乎情理形势,使彼此意见融洽;方正具体,是为了正确地制定措施,有效处理事务;运转变化,是为了观察计谋的得失;接触外物,是为了观察进退的想法是否合宜。在这段话中,鬼谷子告诉我们谈判中的说话智慧和实践艺术。

如何才能做到"转圆从方"呢?我的建议是像水学习。老子在《道德经》中说:"上善若水。"水是最为圆通灵活的,可以进入任何容器。我们也应该像水一样,可以走进任何人的内心进行灵性沟通。比如我自己,上到80岁老人,下到4岁小孩,只需在瞬间我们就能成为非常好的朋友。如果你家孩子上过我的课程,你就会发现——孩子刚被送来的时候,哭着闹着不情愿,但一旦送来以后,孩子就不愿意走了。为什么?无论是调皮捣蛋的七八岁小男生,还是胆怯畏惧的四五岁小女孩,我都可以跟他们快速成为朋友。我运用的就是水的智慧。

当今世界上有两位伟大的沟通高手,一个是约翰·葛林德,一个是理查·班德勒。为什么他们两个能够成为世界沟通高手?因为他们两个曾帮当代最伟大的催眠大师艾瑞克森整理过15天的课程,负责把音频转化为文字。在整理过程中,他们发现艾瑞克森不管跟谁打交道,都能在瞬间建立亲和力。而且,他们在整理中必须反复不断地看视频录像,发现艾瑞克森与不同人说话的方式、语气、语调、语速是不一样的。经过一番研究,他们发现——如果用艾瑞克森的常见词句与别人沟通,你也能得到类似的结果。

由于理查·班德勒是一位数学家和电脑学家,而约翰·格林德是一个语言学家。于是,他们就把语言经过编码,合创一门学问叫NLP(Neuro Linguistic

Programming,神经语言程式),两个人的学科因此融合其中,非常有效实用,于是一时之间风靡世界。所以,人与人之间沟通、谈判是有技巧的。为什么我站在舞台上能让这么多人专心致志听三天而很少跑神,甚至让每个人都生怕漏掉一个字?为什么会这样?第一个原因是课程里讲的东西确实有料,第二个原因是所讲内容有趣,第三个原因是有效。要知道,世界上有多少肚中有货的人,不能把肚子里东西倒出来给别人。所以,演讲一定是有方法的,称得上是感性和理性的统一。要想收服人心,必须用生动的语言和语气抓住听者的耳朵,用丰富的面部表情和持续的动作抓住听众的眼睛,用深沉的思想和价值抓住观众的心。

要想让人欲罢不能,就必须做到有料、有趣。要知道,成年人听课和小孩不一样。你可以让小孩坐好,把手背到后面。他如果不注意听,你可以吆喝他,成年人如果不听,可能他一生气就走了,所以说服演讲一定是有技巧的。它既是科学又是艺术,可以像水一样可以走进任何容器,我们也可运用"随圆从方"策略与任何人进行沟通和谈判。

六、进言谈判的方法——得情制术

面对反复无常、复杂多变的谈判局势,我们应该怎么办?《鬼谷子·内楗篇》中说:"不见其类而为之者,见逆;不得其情而说之者,见非。得其情乃制其术。此用可出可入,可楗可开。"意思就是,凡是不了解同类情况的解决办法便贸然行事,就一定会遭到拒绝;凡是不了解内心想法便进行游说,就一定会被人非议或非难。只有充分了解到真情,才能制定并实现自己的谋略。我们使用这种办法,可以进、可以出;可以进谏献谋,也可以全身而退。当你进言或谈判的时候,一定要记住这一点。

第八讲　谈判中的套路——双簧成交法

作为商人，我们从事于各行各业。在现实生活中，经常会有朋友来找我们买东西，这个时候我们应该怎么做？很多人认为，对朋友一定要特别讲义气，二话不说直接给最低价格。在这里，我要问大家的是——你给了朋友最低价，但他们会认为是最低价格吗？你一分钱没赚，他还是会认为你赚他的钱了。那为什么还要给他最低价呢？你这样让的有意义吗？如果以后再遇到这种情况，我们应该怎么做？

你不如原价卖给他，额外赠送给他东西。按原价卖是正当的，而送出的则是人情。另外，对于朋友买的东西，你尽量要和别人不一样。要不朋友一对比，发现在你这儿买的东西居然比在别处还高，那你当的是什么朋友啊？总之，不要做无谓的让步，让要让出感情。

对于经商之人，除了卖产品给朋友、亲戚等情况需要谈判技巧，在日常生活中，处处都需要谈判。而且，谈判中的陷阱太多了，一不小心我们都会中套路。

我来给大家讲个例子，大家看自己有没有被套路过。你去商场买衣服，看上一件衣服价格1 800元，你砍价砍到了1 200元。这个时候，你想以1 000元的价格买下来。谁知，正当你从1 200元往1 000元价位谈的时候，突然来了一个经理，对和你谈价的销售员说："小李，我问一下，你谈的是哪件衣服呀？"她指着你要买的衣服说："就是这件！"经理问："你多少钱要给他？"销售员小李说："我给他1 200元，他说1 000元。"经理说："等一下，我查一下账。"经过仔细一查，经理发怒地质问："小李！你怎么回事？这件衣服进价都1 280元，你怎么能1 200给他？给不了的！"闻听这一幕，这个时候你慌了，忙说："他刚刚答应1 200给我的，你可不能反悔！1 200必须给我！"此刻，你再也不想以1 000元价格拿走了，你觉得1 200元拿走都赚大便宜了。我问大家，在现实生活中你遇到过这种情况吗？其实，这不过是对方的一个策略而已,他们通过互演双簧的方法促你快速买单。

这种套路在商战中无处不在。先谈判,再撤回承诺,然后演双簧促使你主动成交。

你看,谈判中的套路太多了!所以,谈判无处不在,谈判就在你身边。

第九讲　谈判绝杀技:没学之前真傻瓜,学了以后真恐怖

凡上过我谈判课的同学,能够认识到自己的短板和不足,这是进步的体现。为什么大家学过以后会觉得震惊呢?因为在我的谈判课程中,囊括了太多谈判大师每天在用但又秘而不宣的技巧,十分有效!在此仅举两例,以飨各位读者。

不管以前你学过什么说服技巧,在谈判大师面前都是不堪一击的。假设在一条狭窄的公路上,两辆车狭路相逢,互不相让,如何谈判才能让对方让步呢?

针对这个问题,我曾在谈判课沙盘演练中做过实验,我发现没上过谈判课的同学都喜欢用说服的方法。

可是,你知道什么叫谈判吗?谈判是智慧的比拼、权力的较量。

销售高手告诉我们:"假如我不能,我就一定要。假如我一定要,我就一定能。"这样对吗?错!在谈判中,你越一定要,越一定输。因为你一定要,就意味着你必须给我出高价。因为我跟你合作不合作都没关系,既然你急着跟我合作,那你就要给我开条件。谈判高手是这样告诉我们的——如果你一定要,请给我开出更好的条件,因为我要不要都没关系。即使我很想要,我也要假装要不要都没关系的样子。这一招怎么样?微妙不微妙?

我有一个学生,在宁夏做枸杞生意。有一天他问我:"兰老师,我面临一场谈判,您能不能指导我一下？"于是我就帮他进行了谈判指导。

我问他:"你是做什么的？"他说:"兰老师,我是做农业的。"我问:"你遇到什么问题了？"他说:"兰老师,是这样的。我邀请了一位 A 大学的博士生导师,外加 3 位博士做专家,但他们一开口就要每年服务费 70 万元。我付不了那么多,怎么办？"我问:"你除了他之外,还有别的选择吗？"他说:"兰老师,我没有选择。"我说:"对不起,假如你没有选择的话,人家要多少,你给他多少。"他不甘心地问:"老师,那该怎么办呢？"我说:"假如你没有选择,一定不要让对方知道你没有选择。一旦对方知道了你非他不行,对不起,这个生意你肯定输！"

如果一个合作商知道你非他不可,他和你合作是奖励你,他也可以利用不跟你合作来惩罚你。我告诉这个学员,如果他只有 A 大学的专家可供选择,就必然会陷入被动。如何让 A 大学专家失去谈判主导权？必须让自己另有选择对象！学生很聪明,我一点他就全懂了。第二天,他就去拜访 A 大学的专家,和对方说:"虽然今天咱们谈判,但未必就一定会合作。为什么呢？因为 B 大学也在找我谈,而 B 离宁夏更近一些,我的成本也会更低。所以呢,今天你们两家谁给我开的条件好,我就和谁合作。"对方一听这话,就有点着急了。要知道,大学老师找一个项目不容易。就这样,对方的报价一路低下来,最后以 36 万元成交！整整省了 34 万元！

很多人没有谈判的意识,更不懂得谈判的策略。这就像下象棋,如果对方走一步看一步,而你能把后边三步都看到,而且找到方案对策,一定可以掌控全局。

现在我想问大家的是,假如今天和你坐在桌上谈判的是经过专业训练而且经验丰富的谈判高手,而你是一个对谈判知识知之甚少的门外汉,那么你们之间的谈判结果怎么样呢？可怜的你,简直就是待宰的羔羊！只能眼睁睁地看着对方把你的经营成果掠夺殆尽而无能为力……

第九部分

彻悟生与死：否极泰来

第一讲　为什么而活——乔布斯的生死感言

人生没有什么值得纠结的大事，要说大事，无非生死而已。

生死所涵盖的内容非常宏大，这是一个永恒的主题。对于生死，每个人的态度与觉悟是不同的。面对今天的我，昨天的我已死去。而现在的我，很快也会消失在未来的洪流里，一切都是转瞬即逝。生死就像重重谜语，面对它我们充满疑惑，很难做到内心坦然。为什么无法坦然？因为对生的执着和对死的恐惧。与此同时，我们对生的意义和死的价值又思考太少。你为什么害怕死？你又没有经历过死，怎么知道死很痛苦？你没经历过，为什么却又为此而恐惧呢？生的执着、死的恐惧，这真是人类根深蒂固的顽疾。

不管是不可一世的帝王，还是叱咤风云的大商，只有当自己面临死亡威胁的时候，才会真正开始思考生命的意义。下面我们一起看下苹果"教父"乔布斯的遗言——

作为一个世界500强公司的总裁，我曾经叱咤商界，无往不胜，在别人眼里，我的人生当然是成功的典范。但是除了工作，我的乐趣并不多，到后来，财富于我已经变成一种习惯的事实，正如我肥胖的身体——都是多余的东西组成。此刻，在病床上，我频繁地回忆起我自己的一生，发现曾经让我感到无限得意的所有社会名誉和财富，在即将到来的死亡面前已全部被变得暗淡无光，毫无意义了。

我也在深夜里多次反问自己，如果我生前的一切被死亡重新估价后，已经失去了价值，那么我现在最想要的是什么，即我一生的金钱和名誉都没能给我的是什么？有没有？黑暗中，我看着那些金属检测仪器发出的幽绿的光和吱吱的声响，似乎感到死神温热的呼吸正向我靠拢。

现在我明白了，人的一生只要有够用的财富，就该去追求其他与财富无关的，应该是更重要的东西，也许是感情，也许是艺术，也许只是一个儿时的梦想。无休止地追求财富只会让人变得贪婪和无趣,变成一个变态的怪物——正如我一生的写照。

上帝造人时,给我们以丰富的感官,是为了让我们去感受他预设在所有人心底的爱,而不是财富带来的虚幻。我生前赢得的所有财富我都无法带走,能带走的只有记忆中沉淀下来的纯真的感动以及和物质无关的爱和情感,它们无法否认也不会自己消失,它们才是人生真正的财富。

这番遗言,可谓震撼灵魂!在遗言中,乔布斯说:"无休止地追求财富只会让人变得贪婪和无趣,变成一个变态的怪物。"乔布斯有钱吗?当然有钱!但是,他没怎么做过慈善。他是二婚,自己拥有那么多财富,竟然几乎没有给前妻分一点。乔布斯也坐禅,因为坐禅可以升华人的灵性,帮人修复免疫系统。但是,他的利心太重,不能真正从坐禅中静下来。

不管道家、儒家、佛家,各家练功都有静坐这个过程。佛家讲坐禅,道家讲入定,儒家讲自省。关于静养,《道德经》第十六章说:"致虚极,守静笃,万物并作,吾以观复。夫物芸芸,各归其根。归根曰静,静曰复命。"人体的"根"是哪里?就是肚脐眼。如何归根?就是要腹式呼吸。孩子都是腹式呼吸。可是到了中年,人们的呼吸变得短促了,一般都在胸部。老年人的呼吸更浅,一般都在嗓子眼。当你把呼吸调整到腹式呼吸,呼吸的时间就变长了,这个时候就"归根"了,恢复到了婴孩状态,就叫"复命"。

在这里,我想问大家,乔布斯一生赚了那么多钱,如果在临走那一瞬间,让他拿出全部身家买他的生命,他愿意不愿意?他肯定愿意啊!你看,赚那么多钱有意义吗?曾国藩也打坐,但曾国藩为什么60多岁就没了?因为曾国藩杀心太重。所以,所谓修身养性,就是修慈善之心、利他之心、恩惠之心、成就之心,等你修成了这些心,自然你的心就坦然了。为什么夜晚可以安然入眠?因为你从来没做过亏心事。

什么是家?心安的地方就是家。你买个房子,但这个房子是你的家吗?这个房子一定可以给你安全感吗?很多人晚上睡觉,总起来看看门锁了没有、窗关了没有？这就是心不安的表现。为什么你总是那么不放心？如果心不安，那个地方永远是房子而不是家！《黄帝内经》里说："志闲而少欲，心安而不惧。"所以，心灵的归宿才是家！为什么心灵的归属是家呢？小时候，有爸妈的地方就是家；儿女大了，有儿女的地方就是爸妈的家。心安之处即为家，而不在于财富多少。人生的目的很简单，心安而已。

儒家修炼的三纲八目：三纲：明明德，亲民，止于至善。八目：格物、致知、诚意、正心、修身、齐家、治国、平天下。目的就是追求人生的三不朽，即立德、立功、立言。道家追求的"死而不亡"。那么什么才是死而不亡呢？简单地说，只要精神永存、圆满，即为不亡不朽。这种思想从古人的"德为楷模，行为世范"，到今天"榜样的力量是无穷的"。一以贯之。中国的神都是由人而修炼成的，民间讲祖宗崇拜，而那些成了神的祖宗不过是道德的化身，拜祖先其实是对他们对本民族、社会、后代的贡献的肯定和感恩。

所以，"精神"并不是虚无的，而是实实在在能影响我们行为甚至是深入我们心灵深处的一种能量。如何才能获得这种能量呢？中国人又提出了以学习楷模的崇尚圣贤的文化和"内省"为主的自我修炼文化，并以道、德、仁、义、礼五德作为日常修养的五个具体标准。

试想，如果一个民族能通过学习和自省，不断地自我完善与升华，她必然能在历史长河中绵绵永存，在世界各民族的大争中脱颖而出。一个人亦当如此！

第二讲　每个人都知道自己的起点，但并不知道自己的终点

每个人都知道自己的起点，但并不知道自己的终点。一个人只有经历生与死，才能悟透人生的真谛。2009年10月，我到妙峰山参加一个重要的会

议。那天雾特别大,我们的车子已经到山顶了,却看不见前面的路。当时我是坐一个朋友的车到那个地方去的。妙峰山特别大,不知道前方的路怎么走了,所以我们的车就停了一下。结果就因为停了这么一下,路边没有栏杆,下面很深一个沟,我们五个人就掉下去了。

当我们掉到下面那一瞬间,我思绪万千。就那样掉下去,你不知道沟有多深。此时此刻,我想到的是什么?我很遗憾,很多重要事情居然在生前没有任何安排就走了。

不知过了多久,我醒来了,非常庆幸自己还活着!我赶紧看我的同行者,一个辽宁来的女士坐在后边一排,她的胸椎断了,于是我打120,喊身边的人。我和另一个同行者把旁边的两个人托上去,好高的沟,我们就一个托一个拉。拉上去以后,把他们安排好,一直送到医院安置好。那一瞬间,我突然发现我自己话都说不了了,因为肋骨断了两根,直接伤的是肺。我在办入院手续时,钱包掏不出来了。

后来,我躺在床上下不来,连刷牙都刷不了。但我在断了两根肋骨的情况下,居然可以把人背出来,再搬到医院里边,一个多小时办完入院。这时候,我明白一个道理——当你自己责任没尽到的时候,你会有一口气在。这就是责任的力量!

我在医院整整躺了10天,我要求出院。医院不让我出来,还打着绷带呢,我就偷偷地从医院跑了出来,讲了两天课。我为什么那么拼?因为那时候公司刚创业,能把学员约过来不容易,我不能因为我的问题,跟我的学员爽约。我在舞台上讲,后来坐到凳子上讲,讲课效果很精彩。但是我的助教知道我的情况,他们都是含着眼泪听完了我的课。所以,人活着做一件事,"知之者不如好之者,好之者不如乐之者"(出自《论语·雍也》),做任何事情都是一种责任在支撑。

从那以后,我会在我的课程中加一节课,让每个学员来上课时带一个旧物,看见这个旧物你联想到什么?你要和大家分享这个旧物的来历,并告诉大家你感悟到了什么?还有就是,我安排大家回去以后写一封信。什么信?

一封遗书。我们需要在信中写,假如今天是我生命中的最后一天,现在坐在你面前的就是你的爸爸妈妈,你要跟他们说什么?假如今天是我生命中最后一天,坐在你面前的是你的孩子,他后边的人生你无法陪他度过了,你会给自己的孩子交代什么?假如今天是你生命的最后一天,你的爱人坐在你面前,你们曾经山盟海誓,然而后半生你却无法陪伴她了,你会和她说什么呢?多少的承诺、多少的愿望,你再也无法实现了。假如今天是你生命中的最后一天,你和你公司的合伙人坐在一起,你会和他说些什么呢?……对于这些,我们都无法预测,我们只能说,每个人都知道自己的起点,却不知道什么时候是自己的终点。如果今天是你生命中的最后一天,而你根本没有机会交代后事,你会留有遗憾吗?

根据一份调查报告显示,每年全国银行里有几百亿的死账,都是没人去领取的钱。所以,我建议大家回去以后写一封遗书,把你该说的话都说出来,把银行卡密码告诉自己的爱人或父母。一旦你把这封信写完了,你就会突然感到完全放松了,即使现在就离开人世,也没有太大的遗憾了。大家说这封信应不应该写?

人的一生要经历很多风雨,你身上的棱角是否已经变得圆润?什么叫成熟?成熟就是只做自己有把握的事情。如果你现在四五十岁了,还要抛弃原来的行业,去重新寻找行业,这本身就是在冒险。为什么10岁到30岁之间我们要学儒家?儒家崇尚"明知不可为而为之",因为年轻可以随时重来。但是,如果你已年过四十,你面临的就是——只允许成功不允许失败。不要再做冒险的事情,"君子不履险地"。不要做让自己可能产生意外的事情,不要去探险。要知道,你很重要,很多人就是因为你才能好好地活下去。想一想是不是这样?

现在,我要问大家的是——你公司的接班人选好了吗?培养好了吗?中国儒家讲:"不孝有三,无后为大。"这"无后"不仅是说有没有孩子,而且是说你能不能把孩子培养成才、光宗耀祖,延续你的事业。如果你不能把孩子培养成才,把孩子培养成败家子,即使你有再多的孩子,那能叫孝吗?为什么富不过三代？就是因为你在活着的时候,没有考虑将来死的问题,没有居安思危的意识,没有为子孙后代做好长久的打算。如果你能想清楚生命的价值和意义,就能让自己和自己的企业活得更久一些,活得更好一些。

第三讲　企业生死录——大商由盛转衰的教训

人的一生要面临生死的考验,企业同样会面临生死的挑战。瑞蚨祥创始人孟洛川,有一次去上海买棉纱,他买了5万担棉纱,花了100万两银子。可是等棉纱运到上海,他发现上海已经有3万担的棉纱了。当时全中国一年的棉纱销量也就5万担,这意味着什么？有了3万担,再有5万担,将意味着整个行业会崩盘。一旦崩盘,孟洛川就是中国棉纱行业的罪人！怎么办？棉纱行业的人都说把山东这个乡巴佬赶走,纷纷表示要把孟洛川弄死。孟洛川当时才二十几岁,此时他面临这样的生死抉择——如果5万担棉纱卸下来,整个中国的棉纱市场就此崩盘,他变成千古罪人。另外,5万担棉纱可是100万两银子啊,如果销毁将面临破产的危险！怎么办？不过,经过一番思索,孟洛川毅然作出决定,邀请同行聚集在他的货场,当着众人的面一把火将棉纱全烧了！宁愿我破产,也要救行业。

虽然这把火让他倾家荡产,但孟洛川却在行业赢得了极高的声誉,谁都愿意跟他合作。这就叫"向死而生"。海尔集团董事长张瑞敏说:"自杀重生,他杀死亡。"这就像一个鸡蛋,你从里边向外面突破,那是新生命的诞生。可如果让别人从外向内打破了,就可能变成一个煎鸡蛋,煮鸡蛋或茶鸡蛋了,只有变成别人的盘中餐。如果是被杀,你永远不可能活过来。如果是主动去死,死后让自己重生,那叫凤凰涅槃。

无论人生的生与死,还是企业的生与死,我们都要明白这个道理——个人永远服从集体，企业一定要服从整个行业的行规。当自己利益与整个行业发生矛盾时，你是取利还是取义？义利并举当然更好，但很多时候必须选择其一怎么办？在利和义面前，我们一定要把义放在第一位。在关键时刻，老板一定要做对决策。一场生死之间的决策，向前一步是生，退后一步是死；有时向前一步是死，退后一步海阔天空，关键就看你如何看待生与死。

企业如何避免死亡？《鬼谷子》书中说："知存亡之门户……而守司其门户。故圣人之在天下也，自古之今，其道一也。"为什么管理者的使命，从古到今是"救亡图存"而不是别的？这就是辩证法的重要性了。宇宙中的一切事物都存在于阴阳的矛盾之中，阳必定朝着与自己相反的阴转变。什么是阳？"长生、安乐、富贵、尊荣、显名、爱好、财利、得意、喜欲，为阳，曰始。"（《鬼谷子》捭阖）什么是阴？"死亡、忧患、贫贱、苦辱、弃损、无利、失意、有害、刑戮、诛罚，为阴，曰终。"（《鬼谷子》捭阖）生命进行的极点，就是死亡。"阳还终始，阴极返阳。"（《鬼谷子》捭阖）当人们正在欢庆尊荣富贵的时候，就是最要担心忧患苦辱可能霎时降临的时候。电视剧《亮剑》中，男一号李云龙洞房花烛夜，日本人来偷袭。乐极生悲，喜极而泣。正在安乐得意的时候，苦辱、诛罚的种子已经不知不觉地在发芽了。矛盾因内外条件的催化而分裂。世间没有无缝的墙，没有无节的木。墙崩于缝，木毁于节。世间没有不亡之国，没有不灭之家。国亡于腐败，家灭于淫乱。领导者因为具有辩证法的修养，所以他比众人敏感，成为：先知先觉。他必须知晓矛盾转变的契机，就是"知存亡之门户"，同时负责"守司其门户"。为什么《鬼谷子》反复强调：存亡！存亡！因为"安乐尊荣"是表象；"忧患死亡"是实质。表象越盛，实质越凶。要过好日子，就必须不断地除去死亡的因子才行。老子说："圣人不病，以其病病，是以不病。"（道德经》七十一章）就是说：圣人不生病，不是他不会生病，而是他不断的"病"病，就是不断地'祛'病，所以他健康不病。不生病的秘诀是不断养生保健，所以他不生病。

没有问题的企业是不存在的，如何减少问题的发生？如何使小问题不变成大问题？如何消除隐患？是每个领导人必须要考虑的。《鬼谷子》强调：

领导者的使命,第一要"知"存亡之门户,第二要"守司"其门户。时时刻刻为救亡图存而奋斗,即使是在最兴旺的时候。"筹策万物之终始,达人心之理,见变化之朕焉。"这段话是为"守司其门户"而准备。就是说,领导者必须有高明的谋划策略、方法和技巧,才能达成守司其门户、救亡图存的使命。筹策是筹谋和策划,万物之终始,是说人、事、物的变化。但变化是有其一定征兆和规律的,这个规律就是辩证法,阴阳开阖。世间的事物发展与人的心理息息相关,而心理学的规律又是根据物理学的规律运动。领导者要把自己塑造成非常敏感的心理学家,见微知著。留心观察朕兆:"蜎飞蠕动,无不有利害。"虽然是宇宙变化无穷无尽,但一切变化还是有各自的归类和规律。"圣人者以类知之",圣智超群的领导者在辩证逻辑的思维方式下,很容易就能理出它的条理来。能归纳总结出事物的规律,所以,可洞察事物的真相,把握事物的本质,可以因应变通。因此,领导者既在变化之中,又超越变化之上。所以他能看得清变化,能理得清变化的脉流。"蜎飞蠕动"一个蛾子飞,一个虫子爬,他都能及时把握住它们所显示的征兆,而掌握利和害的可能影响。一般人还在懵懂之间,而领导者早已看出玄机,做好了妥当的安排。基辛格说过,所谓的远见,就是透过眼前的乱象能看到未来的真相。

第四讲　自杀重生,他杀死亡——破产演练

每个人一定要在知道自己想要的东西是什么之后,还要经历人生的磨炼。如果你没有经历挫折,没有经历生与死的体验,那么你就很难彻悟人生的真谛。如果一个企业家,没有经过破产或失败的经验,就难以真正理解大商哲学。

在"鬼谷子大商之道"课程中,我特意设计了一个破产环节,目的就是

训练企业家"向死而生"的能力。一个企业家不具备这种能力,在经营中稍微遇到风浪就会让他一蹶不振。所以,我爱跟学员说这样一句话——在我的课堂中,要么你当一次冠军,要么你就经历一次破产,得到别人所没有经历的一种体验。因为生命的真谛不在于结局,而在于过程。

在整个课程中,我会让人专门统计各组的分数,分数最高的团队会得到奖励,而倒数第一的团队要宣告破产。团队破产了,队长和助教要亲手把自己队的海报揭下来。每一个队的成绩就好像你公司的经营成果。现实就是这么残酷,如果你没有好的表现,必然会惨遭淘汰。

我曾对一名破产团队的队长说:"作为团队的队长,你为此感到惭愧吗?大家那么相信你才选择你当队长,结果你把它带破产了。在各个团队中,最高分有3 000多分,你们团队只有1 000多分。如果只差300多分,还情有可原,可是你带的团队竟然差了2 000多分,无论如何都不能容忍。你们队的助教非常优秀,你们团队的每个人都那么优秀,为什么如此优秀的一群人,组在一起却变成了最弱的?原因是什么?"我为什么要跟他说这番话?这是因为做为团队队长,就是一个企业的主要负责人,必须承担主要责任。当然,助教也要承担重要责任。我把这个团队交给你,你把它带破产了,必须承受相应的代价,所以助教要做俯卧撑。

虽然团队破产不只是助教一个人的问题,我们也知道每天起得最早的是助教,休息最晚的是助教,她在关心每个学员的成长。你的每一点成长,助教比你更高兴;你的每一点失误,助教比你更担心。虽然团队成员中有人站出来,说愿意替她把俯卧撑做了。但是,属于她的责任必须要自己承担。

人看到这一幕,心里很难受。的确,这不全是她的错。她付出所有努力,但结果还是破产了。在现实中也是如此,父母也许并没有做错什么,但孩子最终还是惹祸了。怎么办?做父母的必须要承担这个责任!很多人看到这一幕热泪盈眶,其实这一幕并不稀奇,在生活中经常出现。我要告诉大家的是,如果在现实生活中,你的团队真的破产了,可比这要惨烈得多!到那时可不是做俯卧撑的问题,那可能会倾家荡产,那可能会家破人亡!

为什么一个团队会破产呢？下面请听破产团队学员的感言——

来自河北邯郸的队长说："我从事钢铁贸易和房地产开发。这是第一次参加这个课程，中间有很多放不开，欠缺沟通，不积极，我这个队长做得很失败。通过破产，我从中学到了很多道理——如果在经营公司中，我像今天一样，跟同事、员工没有沟通，做事不积极，肯定也会像今天一样破产！"

一个来自浙江的学员说："这次虽然是一个活动，我觉得自己是一切失败的根源。我觉得我犯的最大错误就是麻木，我觉得我对不起队长。我认为自己只是其中一个人，但是忘了我们是一个团队，是一个整体。"

一个来自郑州的学员说："说实话，团队破产有我很大的原因。我的专注度不够，细心度不够，在换钱游戏中，我竟然用最大的钱换最小的钱，最后手里只剩下16块钱，拉了很大的分数，这是一个很深的教训。在团队里，我要做好我自己。"

一个来自北京的学员说："我的感触有三点：第一应该活在当下，要全力以赴。第二做事业的过程中不要怕。我们团队里的几个成员，大家老是不想往前冲，老是有些顾忌，老是怕。其实，有什么可怕的呢？第三就是不要悔。我希望自己后面要做的事情，再也不要像今天站在台上后悔。"

一个来自湖北的学员说："我在公司是一个领导，在这里当了被领导的成员，于是在心理上就陷入消极被动。关于这次破产，我的感受是很深的，我要调整自己，做好从领导到被领导的转化。这种换位思考，在今后的管理中，我将会从员工角度思考如何把团队带好，这将会起到很大的作用，希望大家以后不要像我们学习。"

一个来自北京的学员说："我们团队这次破产，我的感触非常大。我觉得一个团队要取得好的成绩，每一个团队成员都要付出自己的努力，最大限度地做好自己，扮演好自己在团队里的角色。在团队中，我觉得我扮演的是一个不够积极，偶尔还会推诿责任的一个角色，这是我从破产中吸取的深刻教训。"

没有任何事物是空穴来风的，树有根、水有源，任何破产失败的背后都是有深刻原因的。现在我要问大家的是:"一个公司在年底时,发现与年终目标相差甚远,是这两个月冲一把,还是干脆放弃,认真做好明年的规划?"团队为什么会破产呢?目标想得都不错,但过程做好了吗?由此可见,过程管控至关重要!无论是助教还是队长,都忽略了过程管控。如果你控制不了过程,那么你就无法控制结果。

如果你置身一家优秀而伟大的企业,哪怕只是一个普通的员工,你也会因此感到自豪。但如果你经营的是一家破产的企业,即使你是董事长,脸上也照样无光。团队破产以后,每一个成员都要自我推销,给自己重新找一个团队。如果你很优秀,可以选择别人;但如果是你来自破产团队,那应该面临别人对你的选择。别人要质问你,甚至刁难你,你都要忍受这一切。为什么?因为我选择你,你要达到我的标准才能收你!现实就是这样残酷,而在真正的社会中,企业破产要比演练的虚拟破产要惨烈得多!

在破产演练中,我设置了一个环节——让队长推销自己的学员,让其他团队重新接收他们。为什么要让队长推销他的学员呢?在企业发展过程中,有两件事情很重要,第一要欣赏你的成员。如果在一个团队中,成员互相欣赏和推崇,这个团队的氛围就会非常好;如果彼此贬低,这个团队是没法让人待下去的。在企业里,我们要讲感恩之心,所以同事与同事之间要互相推崇,高管与高管之间要互相推崇。我们要让互相推崇成为深入企业骨髓的一种文化;第二要看领导者对他的属员了解有多少?他能看到属员的优点吗?当然,这只是个游戏,但我希望大家不要把它看成游戏。如果你把它当成游戏,那么它必然会游戏你的人生!要知道,我们做任何事都要投入,做任何事都要演好自己的角色。

有个拿过冠军团队的学员说:"要么拿冠军,因为冠军的感觉有点甜;要么就当破产团队,因为多一次破产,就多一次人生的体验。"的确如此,不成功便成仁,我们总是在破产失败中学到更多。没有谁随随便便就能获得成功,每次成功的背后都有着无数的挫折和磨炼。关于这个道理,《增广贤文》中曾如此写道——

未曾清贫难成人,不经打击老天真。

自古英雄出炼狱,从来富贵入凡尘。

醉生梦死谁成器,拓马长枪定乾坤。

挥军千里山河在,立名扬威传后人!

人生就是这样,我们没有捷径可走,游戏的背后隐藏着深刻的哲理。多一份苦难,就会多一份历练;多一份阻挡,就会多一分成长。只有饱受煎熬,才能百炼成钢。在我授课的历史中,几乎所有演说比赛的冠、亚、季军都出在破产团队。为什么会有这种奇怪的现象出现?因为破产团队的成员,比别人多了一份人生的体验和历练!

如果你在我的课堂演练中遭遇破产,这对你的团队来说实际上是一种幸运。一场虚拟的破产,避免了以后真实的破产,不是很值得吗?因为破产,你有了更多展现自我的机会,你需要更加努力地推销自己和自己的团队成员。这是别的团队所没有的一种经历,经历是一种体验,而体验会变成经验。经验会变成资历,资历会变成财富。我希望大家都能把人生路上所遭遇的一切失败和破产经历变成自己的财富。

第五讲　否极泰来——易经中的大商成败智慧

作为一名商人,我们要时刻让自己有一种生死存亡的危机感。《诗经·小雅·小旻》中说:"战战兢兢,如临深渊,如履薄冰。"一方面,商人要胆大;另一方面商人要谨慎,有居安思危的意识。

居安思危的理念最早来自哪里?《易经》。一代大商张瑞敏,这位海尔的灵魂人物,始终带着一种危机感,他为海尔注入"向死而生""在蜕变中求生"的理念。他最崇尚的是道家哲学。什么叫"道可道,非常道"?

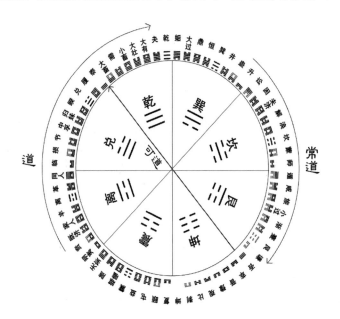

图9-1 伏羲六十四卦方圆图

冬至阴极而一阳生,夏至全阳。由全阴到全阳为"出生",由全阳到全阴是"入死"。乾卦为全阳,坤卦为全阴。坤卦的卦象是地,乾卦的卦象是天。地接受天上的光和热,抚育万物生长,这不是坏事;不过,地上的一切必须顺从天的变化,受控于天,地自己的个性被否定了。在主客双方关系的例子中,地象征主方,天象征客方,主方必须顺应客方而变化。

天地否(否卦)不交不通。否卦,阐释由安泰到混乱,由通畅到闭塞,小人势长,君子势消的黑暗时期,终于到来的应对原则。当此反常时期,君子应当提高警觉、巩固团结、坚定立场、伸张正义,以防患于未然;当小人势力显露衰败迹象时,也不可轻举妄动,必须谨慎,集中力量、把握时机,给予致命的一击。

面临死亡威胁的时候,有一种如临深渊、如履薄冰的危机感,一般对应的是否卦。这个时候,我们应该怎么办?小心谨慎、集中心神,察微知著,尽可能捕捉一切商机,打一场翻身仗。《周易·否卦·象》曰:"天地不交,否;君子以俭德辟难,不可荣以禄。"天在上,清轻向上飘;地在下,重浊向下沉,这样一来,天地之气沟通不畅,所以才造成日益窘迫的局面。如何破解?君子要培养自己勤俭的美德,让自己避开危险和灾难,不可追求虚荣的华贵以及妄求高官厚禄。人心不足蛇吞象,步子太大,最后下场会很惨。很多落马高官和跌下尘埃的富豪案例都证明了这一点。越是位居高位,越要谨慎。

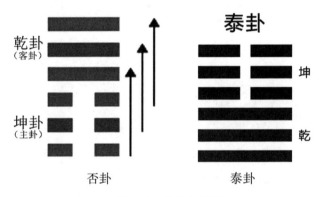

图9-2 否卦与泰卦

否卦要是打个翻身仗又如何呢?那就变成泰卦。你看泰卦,天地交融,活力十足,犹如人生 24 岁时年轻状态。让自己从 56 岁的否卦状态回到 24 岁时泰卦的年轻状态,这个过程就叫否极泰来。按照太极的原理来看,从危机到生机,从 56 岁否卦到 24 岁时的泰卦,我们是可以做到的。正如阴阳的循环往复,从 56 岁回到 24 岁,再从 24 岁到 56 岁,再从 56 岁到 24 岁……这就是生生不息之道。对于否卦和泰卦的关系,《吕氏春秋·博志》篇中说:"全则必缺,极则必反,盈则必亏。"一个企业的发展也是如此,不是从 0 岁发展到 56 岁就死了,而是可以化险为夷,完全能做到"否极泰来""向死而生"。

如何否极泰来?否卦每爻各变一次,就变成了泰卦。道家、儒家、佛家全都倡导六个步骤。哪六个步骤?佛家是"唵嘛呢叭咪吽",这就是佛家六字真言,也叫"六字大明咒",出于《佛说大乘庄严宝王经》,每天念诵此咒,可以消灾解厄(虽说古人有迷信的层面,但不可否认强大的心理暗示力)。儒家六个步骤为:"知止而后有定,定而后能静,静而后能安,安而后能虑,虑而后能得。"可精简为六字——止、定、静、安、虑、得,这就是儒家六字真言。道家也是如此,六字真言为"嘘、呵、呼、呬、吹、嘻",修身养性之法。每天早晨呼唱道家六字,神清气爽、身心通泰。

什么叫否卦?否卦上为乾,下为坤。乾代表领导,代表男人,代表天。坤代表地,代表女人。乾向上坤向下,阴阳不调、水火未济。如果一个人的心属火,肾属水,水火未济就是精神与肉体分开了。如果是夫妻之间,那就是貌合神离,各过各的,婚姻就完了。如果是老板与员工之间,各玩各的,那企业就该完了,这就叫否卦。

什么叫泰卦?泰卦上为坤下为乾。乾特性是向上,坤的特性是向下,于是阴阳相交、水火既济。男人把女人放在心上,婚姻就稳定;老板把员工利益放在上面,员工反过来关心老板的事业,公司就同心同德。如何由否卦到泰卦?你看刚好变六次。这个过程就是否极泰来的过程。如何变这六次,中间正好隔着六个卦象。

图9-3 否泰回归图

从否卦到益卦,再到未济卦、咸卦、既济卦、恒卦最后变化至泰卦。这六卦的变化又暗藏着丰富的人生玄机,我会在"鬼谷子大商之道"的课程中详细讲解。由于内容篇幅关系,在此恕不能一一为大家讲解了。

　　你看,泰卦一变身就是否卦,这说明从风光到落汤鸡只是一步之遥,繁华背后潜藏着危机,不可不慎。然而,要从否卦到泰卦要经历六个卦象。秦国历经多少代英明祖先的努力,才最终一统天下。从否到泰不可说不十分漫长。但到了胡亥称帝,二世而亡,只是十年光景就玩完了。可见,从泰到否的转化速度实在太快了!创业就是这样,成功很难,但在鼎盛时期衰败很容易,所以我们要彻悟生死之道,用心领悟否极泰来的智慧。

第十部分

大商无算：格局和境界

第一讲　大商无算，大道无名

大商制胜的秘诀何在？多少年来，人们苦苦寻求。

孟洛川在晚年的时候，他带着子孙登上泰山，最后一次欣赏泰山日出的辉煌、高远和辽阔。大家面向东方，看着冉冉升起的旭日，孟洛川的儿子想到父亲纵横商场70多年的人生，不禁豪情激荡，情不自禁地向父亲询问大商秘诀："父亲，您这一生的经商之道是什么？"孟洛川在泰山之巅沉思片刻，斩钉截铁地吐出四个字："大商无算！"

在开谈"大商无算"之前，我想请大家一起看下《一代大商孟洛川》片尾主题曲的歌词：

疆域无边

商机无限

关山重重路万千

仁爱在心

达江通海

帆影丛丛接九天

诚信在胸

走北闯南

君子爱财道不偏

经天纬地

利民为先

长我中华大商风范

大象无形

大爱无言

大道无名

大商无算

大道无名

大商无算

这首歌由曲直老师作词,著名音乐家徐沛东谱曲、演唱,可以说是为我们商人群体量身打造的歌曲。从头听下来,你是不是感到大气磅礴?的确如此,这首歌中蕴藏着一代大商孟洛川的经营哲学,渗透着我们现代商人要学习和领悟的商道准则。

为什么说"大象无形"?因为真正的大美,无法用形状去概括,无法用语言去描述。大爱无言,是说真正的爱是不需要说出来的,也是无须回报的,这样才叫无私的爱,大爱。

为什么说"大道无名"?道教典籍《太上老君说常清静经》开篇讲:"大道无形,生育天地;大道无情,运行日月;大道无名,长养万物;吾不知其名,强名曰道。"所谓大道无名,就是无法名状的一种规律。什么叫"道可道,非常道"?道是包罗万象的,道是无处不在的,任何人想用语言去描绘道时,只要说出来,就是以偏概全了。只要你说出来,你讲的就不是道的本身了,所以没有人可以用语言把道说清楚。"名可名,非常名",一旦起个名字,就等于框定了它的功能。比如我手里拿的这个杯子,一旦上面写上"茶杯",就标明它是喝茶用的。但如果我买一个同样的杯子,上面写上"尿壶",即便一次也没用过,但谁也不会用它去喝茶。为什么?因为我给它起了个名字,规定了它的功能。

名字不是乱起的,每个名字背后都有很强的暗示力。比如你给一个男孩儿起个女孩子的名字,只要叫他三五年,他一定会有女人的特质。大道无名,就是我们没有办法去命名的事物,"吾不知其名,强名曰道",为了能够说得清楚,勉强给它起个名字叫"道"。

大商无算,什么意思?真正的大商不拘于蝇头小利,不求眼前的小利、小名,要求就求千秋名、万世名,要建万世功。"疆域无边,商机无限",就是告诉我们不要在一个狭隘的区域里竞争,应该把蛋糕做大。

"关山重重路万千",通往大商的道路有很多,我们到达罗马的路绝不是一条。另外,我们要做大商,第一条准则要"仁爱在心",就是我以前常说的帮助之心、恩惠之心和成就之心。

"达江通海,帆影丛丛接九天"指什么?不管是古代还是现代,做生意都离不开物流。最早的时候,物流行业用的是帆船,物流繁忙方可"生意兴隆通四海,财源茂盛达三江"。紧跟着,歌词中对商人提出了忠告:"诚信在胸、走北闯南,君子爱财道不偏。"这句话告诉商人们,用歪门邪道可以得一时,但无法得永远。这就是我们常说的"财自道生,利源义取"。

"经天纬地"是什么意思呢?就是要胸怀天下。"经世济民,利民为先",告诉我们一切都要有利他之心、诚信之心、恩惠之心,这样才能"长我中华大商风范"。这就是《大商之道》这首歌的含义。怎么样?是不是感觉内涵丰富,可以作为人生奋斗的座右铭了呢?所以我建议大家好好学一学这首歌。

"大商无算"在于格局和境界,作为中国商人,千万要明白这一点。中国人的谋略也是这种特点,不在乎一城一地的得失,而在于全局的胜利。清朝陈澹然的《寤言二·迁都建藩议》中说:"不谋万世者,不足谋一时;不谋全局者,不足谋一域。"就是告诉我们,做人做事、考虑问题格局一定要大,一定要从大局出发。

每个人都喜欢和格局大的人交往,因为他们能帮你打开一扇门,让你看到整个世界。三十功名尘与土,八千里路云和月,胸襟多么辽阔,灵魂多么酣畅!"大商无算"正是这样一种大格局,大眼界、大智慧、大涵养和大气度。下面请看孟洛川是如何体现这一点的:

1900年8月14日,八国联军攻占北京,胡作非为、无恶不作,一把大火将北京前门外大栅栏地区商铺民宅数千家烧个精光。不幸的是,瑞蚨祥北京分点库存的丝绸和来往的账目也在大火中化为灰烬。经受此劫之后,很多同行都不敢重新开张了。可是,作为瑞蚨祥掌门人的孟洛川看到民众对日常布匹用品的需求,率先宣布对外重新营业。在废墟上架起木板、搭起帐篷,更重要的是挂出了醒目的告示牌,上面写着:"凡本店所欠客户的款项一律奉还,凡客户欠本店的款项一律勾销,本店永不歇业!"

你看,这真是一个可爱可敬的"傻瓜"!宁愿亏了自己,也绝不能亏了客户,这种大格局和牺牲精神让人们深受感动,于是纷纷登门照顾瑞蚨祥的生意,不仅自己来,而且介绍更多的亲戚朋友前来。瑞蚨祥因此在废墟中崛起,积累了大量的忠诚粉丝。就是因为孟洛川的"无算",瑞蚨祥才成为举世闻名、流传至今的中华老字号。

从古至今,凡是做出大成就的商人,无不是慷慨大度的人。西汉早期,在南阳有一位著名的冶铁商人孔氏。孔氏的生意做得很大,他家的商队一队连着一队,在全国各地络绎不绝。他做生意,最大的特点就是大方,从不斤斤计较。跟他合作的人都能多赚不少利润。奇怪的是,孔氏并没有因此损失,反而赚到了更多的财富。

对于慷慨大方的铁商孔氏,司马迁在《史记·货殖列传》中如此评价道:"连车骑,游诸侯,因通商贾之利,有游闲公子之赐与名。然其赢得过当,愈于纤啬。"所谓赐与名,即施舍的美名。意思就是,通过慷慨大方赢得的利益比吝啬守财更划算。此言真可谓一语道破古今大商无算的真谛,能悟透此道者绝不会久居人下,迟早会迎来一飞冲天的日子。

第二讲　小商做事,大商做人——不计较才是大境界

小商、中商和大商的最大区别是什么?我认为,最大区别就体现在做人、做事上,用一句话来概括就是——小商做事,中商做市,大商作势。小商小贩勤奋辛苦,力求把手头的事做到尽善尽美。但光靠埋头苦干,累死也做不大。

中商聪明一点,懂得抬头研究市场,捕捉商机赚取财富。随着发展,就会遭遇市场变化及资源局限,中商也就做不大了。大商又如何呢?他们最重要的工作就是作势,作势是做商誉、做人心,归根结底是做人。人做好了,商机、资源纷沓而至,这就是大商的成事秘诀。

做人,首推格局。格局决定人生的结局。纵观古今人物,凡能成就大业者无不具有大格局。格局是什么?格局是一个人世界观、人生观和价值观的综合体现,不仅显示你的心理空间,更揭示你的精神结构。你的格局有多大,你的生命容量就有多大,你的世界就有多大,你的成就就有多大。如果你的成就是一块饼,那么格局就是烙饼的锅。再大的烙饼也大不过烙它的锅。所以,格局决定你人生发展的界限。对于那些小肚鸡肠、斤斤计较的人来说,格局的规模,将宣告他们事业的停滞和终结。对那些格局大的人来说,他们的事业将如一艘巨轮,向着广阔无限的海洋进军,永无止境。

在中华商业史上,有这样一位著名的商人,他的大格局和大气度,值得我们每一个商人学习。这个人是谁呢?他就是明代晋商中的突出代表王海峰。他做人的格局赢得了同行、客户、朋友的一致称赞。关于王海峰做人的豪爽大气,曾有这样两个经典故事流传至今,下面我跟大家分享一下。

有一年冬天,天刚刚降过大雪,在狭长崎岖的山路上,一辆辆的马车在艰难行进,这是来自晋商的商队。突然,一辆满载大缸的马车陷进泥泞,前进不了,又后退不得。这样一来,后面的车队就被堵在路上,都走不动了。车队越堵越长,转眼之间就排成绵延数里的长蛇阵。大家你看我,我看你,谁也没什么好办法。几个小时过去,眼看就要天黑了,如果再想不出办法,大家就全都要在路上挨冻过夜了。

就在这个时候,王海峰的车队赶了上来。他发现拥堵的情况,就派随从前去调查原因。王海峰听到具体情况以后,马上来到陷入泥泞的马车面前,发现之所以拉不上来,就是因为车上的缸太重了。于是,王海峰问大缸主人:"你这车缸打算卖多少钱?"大缸主人回答:"60两银子。"王海峰回头对随从说:"拿60两银子给他!"大缸主人接过银子,王海峰跳上马车,割断捆绳,把车上的大缸全推下悬崖。很快,车子空了,大家轻轻一推车就从泥泞中上来了。拥堵得到解决,商队得以顺畅通行。

这场不计个人得失的豪举让王海峰赢得了良好的口碑。提起他的人品,商圈无人不知、无人不晓。由此可见,积攒财富不如积攒人品,财富是有形的资源,总有耗尽的一天;但人品是无形的资源,可以让你拥有源源不断的财富。

关于王海峰大度做人的行为,还有一个经典故事。

回到老家以后,王海峰打算建造一处新庭院。不巧的是,有一幢别人家的房子正好夹在他的宅地中间,在规划布局时很受影响。房子的主人是卖豆腐的,虽说是小本生意,但由于全家赖此为生,无论怎样交涉洽谈,房子主人都不愿意卖掉。对于王海峰愿出的高价,老房子主人也坚决拒绝。这事可气坏了王家人,纷纷建言通过官府整治对方。王海峰阻止了家人的行动,淡然一笑,毫不计较和在意。

庭院工程启动以后,大量的工人需要食用豆腐。王海峰就派人到老房子主人这里采购,由于人数众多,需求量大,豆腐店的生意大为火爆。这样一来,他们平时的豆腐产量就不够卖了,加上赚了不少钱,就开始添置工具、增雇人手扩大规模。最关键的问题是,老房子的空间过于狭窄,不够他们用了,只能搬到别处更为开阔宽敞的房间里继续卖豆腐。这个老房子呢,你猜怎么处理的?豆腐老板为了感谢王海峰的支持,主动拿出老房子的房契,亲手交给他,并说这是无偿赠送,不要一文钱。

对于王海峰其人,明代万历年间内阁首辅、大学士张四维曾如此评价:"蒲州(今山西永济)虽多豪商巨贾,但少见王海峰这等有雄才大略之商人。"在当下的商人群体中,同样少见这等英豪之辈。可以说,王海峰的大商风范值得大家引为楷模,反思自我、完善自我,在大商路上愈行愈远。

周大福集团创始人郑裕彤曾说过,一个商人最好永远不要有敌人,不用视对手为敌人。做生意要胸襟广阔,不广阔做不了大事。我的原则是:大事过得去,小事决不斤斤计较,所以长期合作的伙伴很多。如果你能做到胸襟广阔,那么我敢保证,你未来的事业绝对小不了!

第三讲 范蠡救子的启示——别让小算计害了你

如果你想成为一代大商,就要有一掷千金毫不皱眉的定力和格局。有人这样总结道——干大事者必须具备三个条件:挥金如土、爱才如命、杀人如麻!挥金如土,就是出手宽绰,不要抠抠唆唆。正所谓,大商人大算盘,小商人小算盘!爱才如命,是说要擅长挖掘人才和爱惜人才,具有团队建设能力。杀人如麻,这是一个形象的比喻,并非真的让你杀人,而是说当领导的要有无情开除害群之马的狠劲,绝不姑息养奸。不行霹雳手段,何以显菩萨心肠?

在这里,我们重点谈谈"挥金如土"这一条。在现实生活中,到处都是貌似精明算计的商人,他们总是爱打小算盘、算小账,所有的钱财,只有进没有出。要知道,有时候该花的钱不花是不行的,如果省了这点小钱,可能以后会带来更大的祸患。下面我给大家讲个故事,看看总是小算计、该花的钱不花是什么后果。这是一则与范蠡儿子有关的故事——

根据《史记·货殖列传》记载,范蠡从勾践那里辞官退隐后打拼商场,成为一代巨富,被后人称之为"商圣"。有一年,他们家发生了一件大事,二儿子因杀人被囚在楚国。怎么办?杀人偿命天经地义,但在战国时期,如果有钱的话还是有办法可想的。范蠡想派小儿子带黄金千镒到楚国打通关系,以救二儿子出来。可是大儿子不愿意了,他觉得老小没出过远门,经验和能力不足。而且自己是老大,营救应该自己去。范蠡的老婆支持老大去,于是就换成老大了。老大带着黄金及老爸写给楚国隐士庄生的书信就动身了,走之前范蠡特别嘱咐他把钱和信给庄生以后,一句话都不要多说,然后等你弟弟放出来,也不要问任何过程,直接带他回家!

大儿子到楚国后,找到庄生,给了钱和信,庄生就全明白了。然后瞅准机会向楚王进言,我夜观天象,发现有颗灾星对楚国不利。楚王问他有什么破解之法。庄生说,积德行善可以消除灾祸,咱们可以大赦一批囚犯,如此可破灾星之象。楚王听从,这个消息很快传开了。范蠡的大儿子也听到了这个消息,他想,如果楚王大赦天下,我弟弟就可以被放出来了。这样的话,还把那么多钱给庄生干什么呀!这不是一笔巨大的浪费嘛!接下来,他干了一件超级愚蠢的事——直接找到庄生,暗示庄生把钱归还自己。庄生何等人?一听就明白了,把钱给了老大,但脸色十分难看。

庄生很生气,后果很严重。庄生特别爱面子,加上跟范蠡也不是至交,他哪里受得了这样的侮辱?于是就找到楚王说,我前日谈论星象,大王打算修德行善,可是今天我出门听见众人纷纷议论,说囚犯中有个人是范蠡的二公子,因为杀人被关在牢狱,他们家上下贿赂,所以大王大赦囚犯不是为了修德,只是为了借机放走范蠡的儿子。楚王听后大怒,把范蠡的二儿子立刻杀掉,然后再大赦囚犯。

就这样,大儿子带着千金和二弟的尸体回家了。全家人都痛哭流涕,唯有范蠡在狂笑,笑完又哭。为什么他当初派小儿子去?就是因为小儿子自幼娇生惯养,视金钱如粪土,大把花钱绝不眨眼。范蠡的大儿子是吃过苦的人,做事比较精于算计。但他做梦也没有想到,正是由于自己斤斤计较,反而害了自己弟弟的性命。勤俭是中华民族的一种美德,但吝啬不是一个概念。这个故事给我们的忠告是——该花的钱不要吝啬,有胆有魄力有格局,不管你是创业经商,还是打拼职场,都能获得巨大的成功。美国心理学家威廉说,凡是太精于算计的人,实际上都是不幸的人,甚至是多病和短命的。

善用小聪明的人机关算尽、锱铢必较、不顾大局,一味追求眼前利益。在《红楼梦》中有这样一个工于算计的"聪明人",她就是王熙凤。

王熙凤聪明绝顶、才华出众,不仅伶牙俐齿、机智聪慧,算计功夫更是滴水不漏。可惜她格局太小、眼光太短,个人算盘打得太精。她的心胸狭隘,大权在手,专横毒辣。

对于王熙凤,书中评价是"聪明反被聪明误,反误了卿卿性命",真可谓一针见血!人人都称赞王熙凤聪明,事实上王熙凤的聪明只是小聪明。她的格局和见识决定了她最终的失败。

当下因财失德的商人比比皆是,他们为了赚取丰厚利润,不惜向市场兜售伪劣产品,有的甚至在食品、药品中掺入有毒物质,坑蒙拐骗,无所不用其极。每当提起商人,中国人的一致想法就是"无商不奸"。为什么会有人说你"奸"?就是因为你过于算计,对客户斤斤计较,为牟取个人利益心黑手辣、不择手段。

事实上,中国流传的俗话是"无尖不商"。古时候,米粮买卖常用升斗做量具。当人们前来购买,米店老板喜欢在最后斤两确定后于升斗里再堆一个"尖"作为馈赠。买布的话,商家会"足尺放三",满足顾客爱占便宜的心理。由此可见,"无尖不商"才真正符合大商无算之道,而过于算计的"无商不奸"则会让你的经商之路越走越狭窄,直到无路可走。

第四讲 大商无域——打破地域限制,放眼天下皆生意

"大商无域"是什么意思?要想弄明白这句话,让我们先来看下老子在《道德经》第四十一章中所写的这句话:"大方无隅,大器晚成。大音希声,大象无形。"这句话意思是,最方正的东西反而没有棱角,越大的器皿(如鼎、钟)反而越晚成型。最大的乐声听起来反而无声无息,最大的形象反而看不见形状。所谓"大商无域",就是做生意不要受地域限制,只要你看得足够远,格局足够大,放眼天下到处都是生意。

现在我们来讲一个在全世界做玻璃生意的大佬——曹德旺的故事。曹德旺,一个出生在上海的福建人,年轻时卖过水果、贩过木耳,做过玻璃厂采购员。1987年,曹德旺成立了福耀玻璃厂,第一年就赚了500万元。然而,赚到这么多钱的曹德旺却迷茫了,他想不通人赚钱是为了什么,甚至决定遁

入空门。后来,曹德旺一边做企业一边做慈善。凭借先进技术,福耀玻璃厂生产的玻璃不仅占领了中国市场,而且成功打入国际市场。截至2019年,30多年来曹德旺捐款超过100亿元,被媒体称为"首善"。然而不知什么时候开始,网络却流传着"曹德旺跑了"的声音,什么原因呢?原来是曹德旺将玻璃厂开到了全球,尤其是在美国投资建工厂。面对众人的非议与质疑,曹德旺发声,福耀玻璃的销路65%都在中国,不过,这并不等于我不出去投资。因为我要想变成全球公司,就要了解外面的投资环境是什么样的,和世界接轨。我是制造业全球供应链,按照我的生意战略,必须具备全球化供货能力,才能生存下来。中国做汽车玻璃的,属于全中资并且有资格参与国际竞标的,总共不超过两家,其中一家就是我。

你看,曹德旺之所以将工厂开到全世界,正是因为他的格局足够大,他想到的是全球的生意。

截至2017年,曹德旺在海外建厂投资了100亿元,但他从国外赚回来的纯利润已经远远超过100亿元。同时,在一年时间内,福耀玻璃厂出口创汇已经达到了10亿美元。你看,曹德旺赚外国人的钱,回中国行善,可以说这是很多有抱负、有想法的商人都想做的事情。那么,如何才能做到呢?这就需要你具有大格局,打破地域界限,放眼世界。

作为商人,格局的重要性是不言而喻的。你有多大的格局,就能做多大的生意。在明清时期,山西晋商就是一帮有胆识、有眼光、有格局的商人,他们并不满足于小富即安的生活。当其他地方商人的生意还局限于国内某个城市时,晋商已经将商业触角延伸到蒙古地区,以及俄罗斯、韩国、日本等国家。

早在唐朝时,中国的茶叶已经传入吐蕃、西域、北疆等地,另外还通过贡使、僧侣、留学生传入朝鲜、日本。宋朝、元朝期间,中国的茶叶不仅深受吐蕃、西域、朝鲜、日本等国家欢迎,而且南洋不少国家也喜欢喝中国的茶叶,它们引进了茶叶生产技术,并形成了以中国为中心的亚洲茶文化圈。明清时期,茶叶已成为中国最重要的贸易商品。法国文学家巴尔扎克曾在自己的作品中赞美中国茶叶:"精细如拉塔亚烟丝,色黄如威尼斯金子,未曾品饮即已幽香四溢。"

17世纪时,中国开通了"万里茶路",它与"丝绸之路"被誉为中国历史上最重要的贸易黄金通道。万里茶道从中国福建崇安开始,终止于中俄边境的买卖城恰克图,全程大约4 760千米。而这"万里茶道"的主要经营者竟然是不生产茶叶的晋商!他们从武夷山茶区收购茶叶,在当地加工成茶砖,经过水路运到汉口,再经汉口运到襄樊、河南唐河等地。上岸后由骡马驮着北上,经过洛阳、长治、太原、大同、张家口、归化,之后换用骆驼,经过1 000多千米的荒漠,抵达恰克图。之后,经过俄国商人贩卖到彼得堡、莫斯科等地。在当时,晋商可谓是天下第一茶商,他们通过茶叶贸易赚取了巨额财富,成为当时富甲天下的商人。

你看,晋商在明清时候就开始大规模地进行国际贸易了!他们的生意突破了国内的地域局限,做到了全世界!由此而见,大商与小商人、普通商人的最大不同之处就是格局。小商人和普通商人往往盯着自己的一亩三分地打转,跟同行的竞争者拼得你死我活,他们的眼睛就看到这么远的地方。而真正的大商人的目光却超越了自己所在的地域,在他们看来,全世界都是可供开垦播种的处女地,是展示自我商业才能的舞台!

胡雪岩曾说:"如果你有一县的眼光,做一县的生意;有一省的眼光,做一省的生意;有天下的眼光,做天下的生意。"这里说的是什么?其实就是"大商无域"的概念。总之,如果你想让自己从小商迈向大商,当务之急就是塑造格局、打破地域界限,让自己不仅拥有超常的经商智慧,而且更具有放眼世界的大格局、大胆识。只有这样,你才能够将生意越做越大,一步步走出全省、走出全国,并进而迈向全世界。

第五讲 大商无界——永远不要"爱"上一个行业

商人最忌讳的就是头脑不够灵活,始终在一条老路上打转转,思维开始僵化,不善于创新。

关于这种墨守成规、不思变通的人,著名学者林语堂说:"明智的放弃胜过盲目的执着。"李嘉诚以其商人的经验,对变通进行了更为精辟的论述,作为商人,你永远不要"爱"上一个行业。这句话的意思就是,要想成为大商,你不能禁锢于自己的行业。如果你所从事的行业已经不适应时代的发展,应及时转舵。

李嘉诚不仅是这么说的,也是这么做的。他比任何人都清楚,商人最应该追求的是利益,而不是情怀。

众所周知,李嘉诚是靠塑胶花起家的,但当他发现塑胶花行业市场饱和,发展前景受限之后,立刻转型做了房地产。当有段时间楼市开始降温,李嘉诚又果断抛售自己旗下不少的房地产。2017年,他的长实集团以402亿港元出售中环中心75%权益。有人批判李嘉诚,说他在内地、香港赚到钱后,准备无情地抛弃内地和香港,将商人唯利是图的本性显露无遗,他也不为所动。面对众人的不满和批判,李嘉诚并没有标榜自己有多伟大,而是坦诚地回复,自己是一个投资者,是纯粹的商人。作为商人,他最需要考虑的是利益最大化,而不是别人对他道德的指责。他卖掉地产物业之后,转型干什么呢?将大量资金投入以英国为重心的欧洲,以及加拿大等国家,重点布局在能源和基础设施。在美国,他也投资了一大批科技公司。

李嘉诚的商人敏锐度极高,对他来说,眼中没有特别偏爱的行业,只有趋势和商机。

对于这一经营哲学,李嘉诚自己说过,我平时对经济、政治、民生、市场供求、技术演变等一切与自己经营行业有关或最新、最准确数据及讯息,全都掌握详细数据,加上公司内拥有内行的专家,当机会来临时我便能迅速作出决定。由此可见,他的思维是跨行业的,不受任何一个行业所限制,我们可称为"跨界思维"。

经商最需要的就是思维灵活。可以说,善于变通是商人最重要的素质。商人一定不能被所谓的原则和各种条条框框所约束,更不能被世俗的眼光所绑架,否则就只能在死胡同中等死了。

社会在发展,各种行业也随着时代的变化而变化。一些原本兴隆的行业逐渐落寞,也有很多新兴行业从无到有逐渐壮大。如果一个商人几十年如一日地钟爱于某一行业,对新兴行业不理不问,更不愿尝试,他将会和社会脱轨,更可能成为时代发展的弃儿。所以,商人一定要具备灵活变通的能力和胆量,永远不要"爱"上一个行业。

明朝洪武年间,为了防卫瓦剌和鞑靼对中原的袭击,朝廷设立九边进行防御。朝廷为减轻边防供给的负担,推行了开中制。简单来说,就是商人将内地的粮食运到边防,官府为补偿这些商人,会给他们盐引(运销盐的凭证),商人拿着盐引到盐场领盐,然后卖掉食盐赚取差价。山西商人自开中制开始,就垄断了北边的开中制特权,给大同、居庸等大的边关运输粮食,通过合法贩卖"官盐"赚取高额利润。

然而,到明弘治五年(1492),户部尚书叶淇推行了"折色制",这一制度规定盐商可以通过纳银的方式向相关机构领取盐引,不再需要通过开中纳粮的方式换取盐引。这种"折色制"使临近生产地的盐商更便捷地获得了盐引,但对处于西北内陆地区的山西商人却大为不利。其一,他们没有了先前的地理优势,必须到东南产盐的地区支取盐引;其二,由于不需要以粮食换取盐引,山西商人手中储存的粮食变成无用之物,短时间卖不出去,使他们损失惨重。

怎么办?山西商人久经商场,早就练就灵活、变通的思维,在面对这种不利局面时,他们并没退缩,也没有听天由命。为应对新局势,智慧的晋商一部分移居扬州,继续从事贩卖食盐的生意,与当地的徽商抢占食盐市场;而另一部分商人则继续将粮食运输到边疆地区,凭借着自己多年的运粮经验与地理优势，赚取了相当的利润。但是，对于更聪明、更智慧的商人来说，这些都是下策。真正智慧的晋商看到过去行业的危机，开始从贩卖食盐转型到贩卖丝绸、棉布、中药、茶叶、木材等，从原来单一的军需加食盐商业模式变成多元化经营。另外，晋商在经营地域上从原来的北方边疆扩展到全国各地，乃至世界各地。可以说，正是这种多元化、规模化、跨界化经营，为晋商的崛起打下了扎实的基础。

很多时候就是这样，我们只有跳出自我的行业局限，才能发现新的商机。真正智慧的商人都独具慧眼，能够发现别人发现不了的商机，根据客户需求创造一个新行业。比如，山西商人雷履泰就从日常经营中先人一步发现了金融行业对商业发展的重要性，所以成了创建"山西票号"第一人，将自己推向民间钱财流通主宰者的位置上，在金融行业发展史上具有划时代的意义。

正所谓"大商无界"，所有的行业都可以成为你驰骋的战场。所以，一个人要想成为举足轻重的大商，就不要固守某一个行业，而要对自己的行业有着清醒的分析和判断，同时要善于了解、尝试其他新行业，并在最有前景的行业中发现商机、寻找机会。

第六讲　回报社会——心怀苍生，大爱无言

对商人来说，赚钱是一件很重要的事情，然而当你赚到足够多的钱后，如何将钱花得有意义、有价值更为重要。一个商人在经商获利后，如果能够乐善好施地回报社会，这是一种值得称赞的行为。要知道，人生的目的并不是一个敛财的过程。正如美国石油大王洛克菲勒所说，上帝派我来赚这些钱，然后再通过我的手还给社会。他认为，在巨富中死去是一种耻辱。每个人都是上天派来的使者，你所拥有得再多，也不过像一粒微尘，人生的价值并不是

靠财富堆积出来的,而是看你为社会、为人类做过什么。由此可见,凡大商无不心有大道、胸怀四海,利用财富造福于社会和人类,这正是大爱所在。

小商崇尚攫取,大商崇尚奉献,结果是越攫取越贪婪,越奉献越是富有四海。放下小我,才能拥抱大我。放下小商的算计,才能拥有大商的格局。在中国历史上,范蠡就是一个热衷于回报社会的大商。司马迁深为范蠡这种大爱的精神所感动,在《史记·货殖列传》中如此评价道:"君子富,好行其德;小人富,以适其力。渊深而鱼生之,山深而兽往之,人富而仁义附焉。"作为一名商人,富有之后,就要施与自己的德行和仁义,这样你就像深渊和深山,才会有鱼群和鸟兽归附于你。你的影响力才能越来越大。

清光绪三年(1877),山西、陕西、河南、河北等地遭受几百年来最严重的大灾荒,这次的大灾荒不仅涉及地区之广,而且持续三年之久。据清政府官方文件记载,仅1877年至1878年,就有1 000多万百姓死去,其中山西死亡人数最多。

这次灾荒不仅给百姓带来灾难,对当地商人造成的损失也是不可估量的,尤其是山西晋商常氏家族。他们主要业务是与俄罗斯进行茶叶贸易。旱灾发生后,粮食绝收,人们只能靠树皮、菜根充饥,依靠牲畜当做运输工具的常氏家族很难组建商队。平时,晋商每年给俄罗斯输送20万担茶叶,灾荒时每年减少到8 000担。从这个数据中我们不难发现,靠经营茶叶为主的常氏家族遭受了多么巨大的经济损失,只能靠节俭维持日常。

然而,令人费解的是,常氏家族却在这个危难时期拿出3万两银子修建祠堂戏台。在戏台开建后,常氏家族向乡邻们宣布:"只要你能搬动一块砖头,今天我就管饭了。"就这样,灾荒持续了三年,常氏家族的戏台也跟着修建了三年。

有些人认为,在大灾荒时期修戏台,这真是炫富呀!然而很多人不明白常氏家族的良苦用心——修建戏台只是个幌子,其真实目的是解决乡邻们的吃饭问题。常氏家族这样做是为了给接受救济的人留下尊严,让他们感觉自己是靠双手劳动来换取食物的,而不是平白无故地接受他人的施舍。这是一种智慧、委婉而又人性化的慈善方式。

的确,如何花钱比如何赚钱更能看出一个商人的境界。你是用于个人吃喝玩乐,还是用于回报社会,这是两种完全不同的人生境界。作为一个商人,应该如何花钱呢?李嘉诚说过,1957年至1958年我赚了很多钱,但对自己是否快乐感到迷茫,觉得不一定。后来想明白了,事业上应该做到多赚钱,有机会就要用钱,用到好处,这样赚钱的人生才有意义。李嘉诚的大儿子李泽钜如此评价父亲,爸爸是一个懂得如何用钱的人,他清楚生命中哪些事情是最重要的。在他的一生中,如果他能够在教育与医疗方面帮助那些不幸的人,他会感觉自己更加富有。李嘉诚最大的愿望是为教育事业和医疗事业做贡献。1978年,李嘉诚被邀请参加国庆典礼,他兴奋地想,我为国家做些什么事情好呢?不久,潮州同乡在家乡兴建大学,李嘉诚毫不犹豫地捐出3 000万港元,为汕头大学的建造打下了基础。直到现在,汕头大学每年1.2亿人民币经费,其中有七成都是李嘉诚出资的。李嘉诚为汕头大学捐出的总资金已经超过12亿港元。

国外的企业家同样如此,比尔·盖茨在卸任微软执行董事长后,自己连"人"带"钱"全部投入慈善事业。他宣布将把80%的时间用于慈善事业,并将总计市值580亿美元的个人资产悉数移交至比尔和梅琳达·盖茨基金会账户名下。一时之间,震惊世人。2006年6月25日,沃伦·巴菲特在纽约公共图书馆签署捐款意向书,正式决定向5个慈善基金会捐出其85%的财富,约合375亿美元。

中国有句话说"富而不仁",然而历数国内外的大商,我们发现"富而仁善"是他们身上最突出的标签。他们深深地认识到,一个人赚钱不是本事,能够慈悲为怀、回报社会才是真正的人生价值。这是一种生命的高远境界,体验到的是常人难以体验的大欢乐!除了人生的追求之外,大商们明白——在能力范围内多做善事多捐钱,不仅能够帮助别人,同时也能够为本人和企业赢得美名与美誉。可以说,这是一种最合算、最有效的投资。

对于商家的捐赠,自古褒贬不一,有人感激他们慈悲为怀、心念群众,也有人说他们是沽名钓誉、舍小取大。但不管怎么说,商人拿出来的总是白花花的银子,同时也为社会为苍生做了实实在在看得见、摸得着的贡献。无论外人如何评价,慈善家与商人两种身份并不矛盾。只要我们做到问心无愧,始终心怀苍生和大爱,你就是受世人代代敬仰传颂的大商!

后记

写《鬼谷子大商之道》这本书源自于我的同名课程,这么多年来,我在国内多所大学的 EMBA 和总裁班讲课,学员大都是企业界高层。我在和企业家学员的交流中,发现很多人都有一种困惑:在创业初期,学习并践行西方的管理理论,使自己的企业逐渐壮大起来了。但随之而来的问题是,企业为了发展而发展,到一定程度失去了方向,后劲不足。自己赚到了钱但不快乐。员工是大奖大干,小奖小干,不奖不干,没有职业认同感,更谈不上忠诚!很多同行恶意竞争,竭泽而渔,破坏性开拓市场,造成企业生态环境险恶,举步维艰。

有没有一把钥匙能够打开身心的枷锁?有没有一副肩膀能够担起我们的喜和忧?有没有一种智慧能够消除分歧、仇恨,化戾气为祥和?

如果在不远的将来,中国拥有了网络信息业的锋线尖刀;拥有了金融服务业的强大中场;拥有了高端制造业的经济后盾;但要想在人类世界大赛场上举起"大力神杯",还要有位伟大的教练,而这位铁血名帅就是中华文明。法家的管理力量,儒家的道德力量,道家的顺天应人,墨家的科学精神,兵家的竞争法则,纵横家的外交理论,商家的流通精神。五千年不倒的中华文化,记录了圣贤面对生活起落的心得报告。历久弥新的经典,为我们打开另一扇门。

羊群逐草,商人逐利。但大商之道,以君子爱财取之有道为原则;以财自道生、利源义取为理念;以穷则独善其身,达则兼济天下为胸怀;以合纵连横捭阖阴阳为策略;以千里之行始于足下为决心。放宽视野、敞开胸怀、广结义士、驰骋商场、博施济众，是中国文化和中国商道的完美结合！

北宋思想家、教育家、理学领袖张载有言："为天地立心，为生民立命，为往圣继绝学，为万世开太平。"张载的这段话，深深影响了我，能不能梳理一下古今中外的大商巨贾的道德修为和经营韬略，融汇西方管理和东方治理为一炉，摸索出一套适合中国企业发展的经营哲学？于是，我深耕于此领域十数年，广泛涉猎古今中外的资料典籍，走访无数企业名家、老字号传承人。历时三年，终于完成本书。此间的艰辛困难，只有自知。

1996年，我开始系统研究《鬼谷子》，尤其是在中国先秦史学会和鬼谷子研究学会作研究的这段时间，广泛涉猎经史子集，专项从事鬼谷子及纵横家的研究，发现鬼谷子的思想在今天依然具有广泛而现实的意义。《鬼谷子》是中华文化中一朵吐露芳香的瑰宝！对心理学、说服谈判学、领导决策学和预测学等领域进行了全面深刻的论述，成为纵横家们的"圣经"。此书既孕育出苏秦、张仪、孙膑、庞涓等将相之才，也影响和启发了商祖白圭、大商吕不韦、瑞蚨祥创始人孟洛川等商界典范。本书就是将鬼谷子的思维结合诸子百家的智慧来解析大商之道。

如果我们想从小商做到大商的境界，有必要从这些传统文化经典中学习大商之道。这就是我写这本书的初衷，既有一种中华民族崛起的责任感和使命感，又有一种为中国商人做大做强走向世界暗助推力的紧迫感。时不我待，中国最好的发展机遇稍纵即逝，所以我们每一个创业者都应该抓住当前最好的时代机遇，从观念到行动全面更新自己，凤凰涅槃、浴火重生，从小商升华为大商。

我在讲授"鬼谷子大商之道"课程期间，表达了我要把我多年潜心研究的课题写成书，以助力中国企业家开创伟业，推动中国经济发展。我问询在场的学员，愿不愿意成为此书的联合发起人？没承想，现场学员热烈响应，经过认真沟通与遴选，我们最终确认并共同发起筹建了"大商兰友会"。非常感谢各位志同道合的企业家学员，我的今天是广大学友和读者给予的，和大家一起成长是我的承诺和责任。

笔者在此仍要说明，因学术水平所限，书中所述未免偏颇。望诸君多提宝贵意见，将大商之道的精髓内化、践行，诚意、正心、修身、齐家、治企，此之为正道。

感谢清华大学出版社各位编辑老师的辛勤付出，感谢修正药业董事长修涞贵先生、方太集团董事长茅忠群先生为本书写序，感谢百家讲坛主讲人李任飞教授的推荐，感谢《一代大商孟洛川》的剧作者、著名作家曲直老师给予我的启发，感谢好友著名作家章岩老师为此书内容策划统筹，感谢纵横智慧的各位伙伴的支持。最后，要特别提到我生命中的贵人——大商兰友们的鼎力支持，是你们再次坚定了我心中的那份信念！